눈물이 별이 되어

히브리서 11장, 그 찬란한 고통의 여정

히브리서 11장, 그 찬란한 고통의 여정

눈물이 별이 되어

초판 발행 2017년 4월 28일

지은이 송병현

펴낸곳 도서출판 이엠
등록번호 제25100-2015-000063
주소 서울시 구로구 공원로 3번지
전화 070-8832-4671
E-mail empublisher@gmail.com

Copyright ⓒ 송병현, 2017, *Print in Korea.*
ISBN 979-11-86880-47-0 93230

「이 도서의 국립중앙도서관 출판시도서목록(CIP)은 서지정보유통지원시스템 홈페이지(http://seoji.nl.go.kr)와 국가자
료공동목록시스템(http://www.nl.go.kr/kolisnet)에서 이용하실 수 있습니다. (CIP제어번호:CIP2015000753)」

눈물이 별이 되어

히브리서 11장, 그 찬란한 고통의 여정

송병현 지음

이 땅에서의 삶이
너무 고통스럽고 아파서
눈물을 흘리며
주님께 위로받을 날을 갈망하는
모든 성도들에게
이 책을 바칩니다.

시작하는
말

  세상 사람들은 잘 먹고 잘사는 것을 가장 중요하게 여깁니다. 그것은 오늘날 교회들도 별반 다르지 않아 보입니다. 부흥회와 사경회는 기도를 통해 받은 하나님의 능력을 이용해 개인의 이익을 추구하는 비법 전수장으로 변질되었고, 매주 강단에서 선포되는 설교는 이 땅에서 성공하는 비결을 알려 주는 듯합니다. 간증 집회도 상황은 마찬가지입니다. 하나님을 사랑하기 때문에 고난을 받고 실패한 사람에게는 간증할 기회를 주지 않고, 세상에서 성공한 사람들만 간증하게 합니다.

  모든 교회가 그런 것은 아니지만, 이처럼 고난받는 그리스도가 사라져 버린 교회가 참으로 많습니다. 그렇다 보니 교회는 어느덧 세상에서 성공한 사람들이 존귀함을 받고 큰소리치는 곳이 되어 버렸고, 삶이 잘 풀리지 않아 힘들어 하는 사람들은 기를 펴지 못하는 곳으로 전락했습니다.

  이런 분위기 때문인지 히브리서 11장의 믿음의 선진들도 '영웅'

이라는 거창한 타이틀로 소개되며 적지 않은 오해를 받고 있습니다. 히브리서 11장은 흔히 '믿음의 명예의 전당'이라 불리는데, 여기에 이름이 올랐다면 일단 우리와는 거리가 먼 대단한 믿음의 소유자일 것이라고 생각합니다. 어떤 고난이 와도 한 치의 흔들림도 없이 확고한 믿음으로 하나님께 나아가 당당히 하나님의 뜻을 이루어 드리는 그런 영웅적인 인물 말입니다.

그러나 사실 그들의 삶을 들여다보면 오히려 수많은 실패와 고통이 가득합니다. 어린 시절 아버지에게 받은 끔찍한 상처 때문에 평생 하나님에 대한 원망을 가슴에 묻고 살아온 이도 있습니다. 믿고 의지했던 남편에게 두 번이나 배신당한 아내, 장자권을 차지하기 위해 아버지와 형을 속이고 도망간 아들, 형들의 미움을 받아 타국에 노예로 팔려 간 동생도 있습니다. 세상의 조롱과 비웃음거리가 되기도 하고, 심지어 억울한 누명을 쓰고 감옥에 간 이도 있습니다. 그는 하나님께 살려 달라고 간절히 매달렸지만 하나님의 침묵에 절망할 뿐이었습니다.

그렇다면 이런 사람들이 어떻게 명예로운 믿음의 전당에 입성하게 되었을까요? 저는 여러분과 함께 히브리서 11장을 묵상하면서 그들이 걸어간 영적 여정을 따라가 보려 합니다. 그전에 서론에서 모든 인간의 삶에 존재하는 고통에 대해 먼저 살펴보고자 합니다. 고난 혹은 고통은 믿음과 떼려야 뗄 수 없는 주제이기도 하지만, 오늘날 수많은 교회가 성공주의에 오염되어 성도의 고난을 외면하거나 상당 부분 오해하고 있기 때문입니다.

그런 다음 히브리서 11장의 본문으로 들어가 1부에서는 광야와 같은 세상에서 남다른 길을 걸어야 했던 아벨, 에녹, 노아, 아브라함, 사라의 삶을 살펴보겠습니다. 2부에서는 아브라함, 이삭, 야곱, 요셉, 모세의 부모와 모세, 이스라엘 백성의 삶을 통해 보이지 않는 것을 보고 걷는 믿음의 여정이 어떤 것인지 살펴보겠습니다. 3부에서는 여호수아, 라합, 기드온, 바락, 삼손, 입다의 삶을 통해, 우리의 불완전함을 온전히 사용하시는 하나님의 은혜에 대해 살펴보겠습니다. 4부에서는 하나님의 약속을 기다리며 살다 간 다윗과 많은 선지자들의 삶을 통해, 기나긴 믿음의 여정에서 우리가 궁극적으로 무엇을 붙잡고 나아갈 수 있는지를 살펴보겠습니다.

구약은 히브리서 11장이 언급한 인물들 중 일부에 대해서는 매우 제한된 정보를 제공하고 있어서 그들의 삶을 재구성하기가 어렵습니다. 이럴 때는 성경에 기록된 내용을 토대로 상상력을 발휘해 '행간 읽기'(reading between the lines)를 시도했습니다. 행간 읽기를 통해 우리는 우리와 시간적으로 수천 년이나 멀리 떨어진 성경 속의 인물을 친숙하게 그려 볼 수 있습니다.

"믿음으로 노아는 방주를 준비하였다"라는 성경의 짧은 서술에서 행간 읽기를 통해 우리는 120년간 묵묵히 방주를 짓는 노아의 일상을 상상해 볼 수 있습니다. 다소 황당하게 생각될 수도 있으나 그 행간 읽기의 과정에서 우리는 믿음의 선진들이 살다 간 하루하루의 불안과 갈등을 엿볼 수 있습니다. 그런 과정을 보게 된다면 히브리서 11장에서 상당히 많은 구절들이 '믿음으로'라는 말로 시작하는 이유를 알게 될 것입니다. 이 '믿음으로'가 얼마나 많은 의심과 불안과 갈등을 거쳐서 나온 결론인지도 깨닫게 될 것입니다.

하루에 한 장(章)씩 읽고 묵상하면서 믿음의 선진들과 함께 여정을 떠나 보십시오. 먼저 충분한 시간을 할애해 내용을 차근히 읽고, 각 장 마지막 부분에 제시된 질문들에 유의하면서 성경 인물들에 대해 생각해 보십시오. 질문들 중에 자신과 별 연관성이 없는 것은 그냥 지나치셔도 됩니다.

성경공부나 구역 모임 교재로도 이 책을 활용할 수 있습니다. 먼저 각자 집에서 내용을 읽어 본 후, 모였을 때 질문들에 대한 각자의 답을 나누어 보십시오. 각자 삶의 상황과 형태가 다르듯이 각자의 답도 다를 수 있습니다. 삶에 관한 한 모범 답안이란 없습니다. 각자의 경험과 생각과 깨달음을 나누면서 믿음의 여정에서 자신만의 길을 찾아가면 됩니다.

저는 여러분이 이 묵상집을 통해 우리와 많이 다른 영웅들이 아니라, 우리와 비슷한 고민을 했던 신앙인들을 만나게 되기를 소망합니다. 믿음의 전당에 이름을 올린 선진들은 우리보다 먼저 광야 길을 걸으며 많은 눈물을 흘렸습니다. 그리고 그 눈물이 별이 되어 같은 길을 걸어가는 우리를 비추고 있습니다. 믿음의 선진들이 보내는 응원과 위로의 빛이 여러분의 삶에 가득하기를 소망합니다.

2017년 방배동에서
송병현

목차

서론:
고통과 성도의 삶

고난이 사라진 공동체

　　제가 꿈꾸는 교회는 힘들고 지친 삶을 사는 이들을 하나님의 위로와 따스한 품으로 안아 주는 교회입니다. 이 세상에서 성공하지 못한 사람들도 당당히 가슴을 펼 수 있는 교회, 하나님의 말씀에 따라 살다가 실패한 사람들이 당당하게 간증하는 교회를 꿈꿉니다. 교회라는 믿음의 공동체에 대한 저의 바람이 지나친 것일까요? 아닙니다. 사실 이것은 성경이 증언하는 교회의 참 모습입니다.

　　세상은 하나님을 미워하고 그가 보내신 메시아 예수가 싫다며 십자가에 매달았습니다. 그런 세상이 하나님을 사랑하는 주의 자녀들을 좋아하거나 가만히 내버려둘 리 없습니다. 따라서 성도의 삶은 처음부터 고난과 분리될 수 없습니다. 구세주는 고난받기 위해 이 땅에 오셨고, 우리는 고난받으신 예수님을 따르려고 합니다. 예수님을 따르려는 우리에게 주님은 십자가를 지고 따라오라고 하십니다. 여기서 십자가는 결코 승리나 성공을 의미하지 않고, 고난과 시련을 상징합니다.

이렇게 기독교인의 삶이 고난과 분리될 수 없다면, 어쩌다 오늘날 교회의 성도들은 세상에서 성공하는 것(잘 먹고 잘사는 것)에 집착하게 되었을까요? 두 가지 이유가 있습니다.

첫째는 복음에 대한 잘못된 이해입니다. 예수님이 십자가에서 우리를 대신하여 모든 육체적-정신적 고통과 질병을 지셨기 때문에, 예수님을 구주로 고백하는 사람들은 이 땅에서 건강하고 풍요롭게 살 자격이 있다는 것입니다. 이러한 주장이 극단적으로 전개되면 가난하게 사는 것도 죄가 되고, 질병에 걸리는 것도 죄가 됩니다. 실제로 수년 전에 미국의 한 교회에서는 장로의 아내가 암에 걸렸다는 이유로 남편의 직분을 박탈한 적이 있습니다. 장로의 아내가 병에 걸린 것은 죄 때문이라는 논리에 사로잡힌 교회였습니다.

저도 성도의 삶이 항상 건강하고 풍요로우면 참 좋겠다는 생각을 하곤 합니다. 사실 많은 것을 바라지도 않습니다. 우리가 이 땅에서 하나님의 자녀가 되었다는 이유로 하나님이 한 가지 질병만이라도 걸리지 않게 해 주시면 참 좋겠다고 생각합니다. 예를 들면 기독교인들은 여러 암 중에 대장암 한 가지만이라도 걸리지 않게 해 주시면 얼마나 좋겠습니까! 그렇게 되면 전도하는 것도 더 쉬워지고, 예수님을 믿는 사람도 얼마나 더 많아지겠습니까!

그러나 안타깝게도 현실은 그렇지 않습니다. 기독교인이라고 해도 믿지 않는 사람과 마찬가지로 질병에 걸립니다. 다른 모든 사람들처럼 우리도 모든 육체적 질병에 시달리고, 모든 정신적 질환에 노출되어 있습니다. 어찌된 일일까요? 예수님이 십자가에 매달려 죽으실 때 우리의 모든 육체적-정신적 고통과 질병을 지셨다는 것은 사실입니다. 그러나 그로 인해 우리 삶에서 이 모든 문제가 해결되는 것은 아닙니다. 성경은 예수님이 다시 오실 때 이런 일이 일어날 것이지만, 우리가 이 땅에 사는 동안에는 많은 고통과 아픔이 우리 삶에 동반될 것이라고 합니다. 따라서 위 주장은 미래에 있을 일을 현재에 적용하는 오류를 범하고 있는 것입니다.

수많은 기독교인들이 세상에서 성공하여 이 땅에서 잘 먹고 잘 사는 것에 집착하게 된 두 번째 이유는, 이 땅의 삶에 대한 올바른 이해가 없기 때문입니다. 성경은 이 땅은 죄 많은 세상이며, 우리가 잠시 지나가는 곳이지 영원히 머물 곳은 아니라고 합니다. 우리는 지금 본향을 향해 가고 있습니다. 그런데 어느 순간부터 마치 이 땅에서 영원히 살 것처럼 착각하기 시작했습니다.

성경은 이 땅에서의 삶을 '나그네(여행자, 방랑자)의 삶'이라고 합니다. 오늘은 이곳, 내일은 저곳을 떠돌며 전전긍긍해야 하는 나그네의 삶은 고달픕니다. 게다가 나그네가 걷는 이 땅은 광야입니다. 광야는 사람이 살 수 없을 정도로 물이 귀하고 양식도 구하기 어렵이 땅에서 그리스도인의 삶은 위험한 광야를 지나는 고달픈 나그네의 삶입니다.

습니다. 의식주를 해결하기 어려울 뿐만 아니라 수많은 위험에 노출되어 있습니다.

불과 100여 년 전만 해도 서양에서 출판된 기독교 신앙 서적들은 고난(suffering)과 희생(sacrifice)에 대한 가르침을 많이 담고 있었습니다. 성도의 삶에서 이 두 주제는 피할 수 없는 운명으로 받아들여졌습니다. 그러나 오늘날에는 대부분의 신앙 서적들이 이 두 주제를 기피합니다. 성도들이 그리스도의 고난에 동참하고 하나님의 나라를 위해 자신을 희생하는 것을 좋아하지 않기 때문입니다.

어느덧 우리는 실용적 무신론자(practical atheists)가 되어 버린 것은 아닌지 두렵습니다. 실용적 무신론자는 교회 안에서 신앙생활은 열심히 하되, 일상에서는 믿지 않는 자들처럼 세상의 가치관과 기준에 따라 살아가는 사람입니다. 세상은 잘 먹고 잘사는 것이 최고라고 주장합니다. 세상은 고난을 싫어합니다. 세상은 실패한 사람을 환영하지 않습니다. 오늘날 교회가 세상의 일부가 되어 세상의 가치관으로 성도를 판단하지 않나 염려스럽습니다.

의로운 삶에 따르는 고난

성경은 우리가 이 땅에서 하나님이 기뻐하시는 삶을 살고자 한다면 고난은 피할 수 없는 현실이라고 말합니다. 아브라함 시대에 우스라는 곳에 살던 이방인 성도 욥을 생각해 봅시다.[1] 욥기 저자는 욥의 고난이 그의 죄에서 비롯된 것이 아니라는 사실을 1-2장에서 세 차례나 강조합니다(욥 1:1, 8; 2:3). 이중 한 번은 욥기 진행자(narrator)가, 나머지 두 번은 하나님이 직접 욥의 의로움을 말씀하십니다.

그러나 욥의 세 친구는 자꾸 그의 고난을 죄(심지어 그가 알지 못하는 상황에서 지은 죄)와 연관시키려 했습니다. 전능자께서 죄를 짓지 않은 사람을 절대 벌하실 리 없다는 것입니다. 그러나 욥은 자신의 결백을 주장했습니다. 자신의 억울함을 항변하는 과정에서 하나님에 대한 서운함과 도저히 이해가 되지 않는 세상의 이치에 대해 솔직하게 토로했습니다.

욥의 이 같은 발언은 창조주 하나님이 하신 일과 세상을 운영해 가시는 원칙에 문제가 있다는 뜻으로 들릴 수 있습니다. 욥기 저자가 1-2장을 통해 세 차례나 주장했던 흠 없는 신앙의 소유자 욥은 온데간데없어 보입니다. 그래서 욥의 친구들은 하나님 편에 서서 더욱더 소리 높여 욥의 교만과 어리석음을 비난합니다.

---

1) 욥과 욥기에 대한 간략한 소개는 저의 『엑스포지멘터리 시가서 개론』(서울: 도서출판 이엠, 2014), 81-103쪽을 참고하고, 자세한 것은 2018년 봄에 출판될 『엑스포지멘터리 욥기』를 참조하십시오.

사실 욥의 세 친구는 두 가지 사실을 깨닫지 못하여 이러한 오류를 범했습니다.

첫째, 욥은 그들에게 익숙한 세상의 원칙과 신학적 체계로 설명할 수 없는 특별한 경험을 하고 있다는 사실입니다. 세 친구의 주장을 살펴보면 일상적인 상황에서는 당연히 옳은 이야기입니다. 아니 땐 굴뚝에 연기 날 리 없으며, 창조주께서 그를 경외하는 사람을 벌하실 리 없습니다. 그들의 신학적 체계에 의하면, 욥이 경험한 혹독한 고통은 그가 범한 심각한 죄에 대한 응징으로밖에 볼 수 없습니다.

그러나 문제는 욥이 죄를 짓지 않았다는 것입니다. 욥은 세 친구의 신학적 시스템으로는 설명할 수 없는 일을 경험한 것입니다. 하지만 욥의 친구들은 이 사실을 인정하지도, 이해하려 들지도 않았습니다. 욥이 교만한 것이 아니라, 자신들의 사고방식이 유일하게 옳다고 믿는 세 친구가 교만했던 것입니다.

둘째, 욥의 탄식과 원망은 이유도 모른 채 고난을 당하는 사람의 울부짖음이었습니다. 어찌 보면 욥이 고난을 받게 된 것은 하나님 때문입니다. 신앙생활을 잘하고 있는 욥을 하나님이 사탄에게 자랑하신 것이 화근이었습니다. 결국 욥은 영문도 모르고 고난을 당합니다. 그것도 신앙생활을 너무 잘해서 말입니다. 물론 하나님은 고난받는 욥을 보면서 몹시 안쓰러우셨을 것입니다. 그러나 사탄과의 합의 때문에 욥에게 고통의 이유를 설명해 주실 수 없었습니다.

종종 사람들은 욥이 세 친구와의 대화에서 하나님을 원망하고 자기가 태어난 날을 저주한 것이 죄라며, 욥이 이 죄 때문에 고난당한 것이라고 주장합니다. 그러나 이 주장은 다음 세 가지를 간과하고 있습니다.

첫째, 욥의 고난은 먼저 그가 죄를 짓지 않은 상황에서 시작되었습니다. 욥의 원망과 탄식은 혹독한 고난이 그의 삶을 파괴한 다음에 있었던 것이지 처음부터 있었던 일이 아닙니다. 그러므로 욥이 죄를 지었기 때문에 벌을 받은 것이라는 논리는 성립되지 않습니다.

둘째, 욥의 탄식과 원망은 하나님에 대한 불신의 표현이 아니라, 여태까지 믿고 따랐던 하나님에 대해 혼란스러운 성도의 마음을 표현한 것입니다. 욥 역시 그의 친구들처럼 창조주 하나님은 의인을 축복하고 악인을 벌하시는 분으로 알았습니다. 그러나 욥이 겪은 일은 이러한 원리로 설명되지 않는 경험입니다. 욥은 자신의 신학적 체계가 흔들리는 경험을 하며 혼란스러웠습니다. 그래서 이렇게 울부짖습니다.

"저를 한 번만 만나 주십시오. 저는 이처럼 엄청난 고난을 받을 만한 짓을 한 적이 없습니다. 그러니 하나님, 만일 하나님이 저를 만나 주시어 제가 왜 이 고통을 당하는지 알려만 주신다면 저는 그 자리에서 죽어도 여한이 없습니다."

욥은 끝까지 신앙의 끈을 놓지 않았고, 믿지 못해서가 아니라 혼란스러워서 하나님께 외쳤습니다.

셋째, 하나님은 사람이 자기 생각을 표현하는 말과 그가 아파서 지르는 소리를 구분하십니다. 사람은 조금만 고통을 당해도 마음에 없는 말, 즉 창조주에 대한 원망을 내뱉습니다. 그래서 하나님은 주의 백성이 신음하며 주님을 원망하는 소리는 정죄하지 않으십니다. 예레미야서를 보면, 눈물의 선지자 예레미야가 극심한 고통 중에 하나님을 원망하는 말을 쏟아냅니다. 그러나 하나님은 그런 예레미야를 정죄하거나 비난하지 않으시고 오히려 그를 껴안고 함께 아파해 주십니다.

삶이 고통스러울 때는 하나님께 아프다고 소리치는 것이 좋습니다. 성도로서 고상하게 고난을 이겨 내야 한다는 부담감도 느낄 필요가 없습니다. 생존이 위협을 받을 때는 모든 격식을 접어 두고 하나님께 하소연하며 도와 달라고 하십시오. 해결되지 않은 감정을 마음속에 쌓아 두면 병이 되기도 합니다.

고난과 위로

욥은 영문도 모른 채 상상을 초월하는 고통을 당했습니다. 그런 그가 창조주 하나님을 원망하는 것은 당연한 일이라고 할 수도 있습니다. 하나님은 욥의 원망을 모두 들으시고도 그를 정죄하기는커녕 오히려 욥에게 상처를 준 세 친구를 책망하셨습니다. 신학에도 예외가 있고 눈물이 있어야 하는데, 욥의 세 친구는 피도 눈물도 없이 욥의 고통을 설명하려고 했기 때문에 욥에게 위로는커녕 큰 상처만 안겨 준 것입니다.

욥의 고난을 보며 우리가 염두에 두어야 할 한 가지 중요한 사실이 있습니다. 우리는 욥기를 통해 그가 왜 고난을 당했는지 압니다. 하나님과 사탄 사이에 일종의 경합으로 빚어진 일입니다. 그러

고통은 신비라는 창조주의 고유 영역
에 속한 것이므로 인간은 함부로 고통
의 이유를 논할 수 없습니다.

나 정작 당사자인 욥은 이 사실을 모릅니다. 그는 죽을 때까지 자기
가 왜 고난을 당했는지 알지 못하고 죽었습니다. 욥에게 고난은 끝
까지 수수께끼로 남은 것입니다.

오늘날에도 욥과 같은 사람이 있을까요? 있습니다. 저는 제 주
변에서 하나님을 신실하게 믿고 따른다는 이유 때문에 눈물로 하루
하루를 살아 내는 욥들을 봅니다. 특히 집안에서 처음으로, 유일하
게 믿음 생활을 시작한 사람들 중에는 그 믿음 때문에 핍박받는 사
람들이 제법 있습니다. 이들을 어떤 말로 위로할 수 있을까요? 말
로 위로하려 하지 마십시오. 세 친구가 욥에게 가장 도움이 되었을
때는 욥이 당한 재앙을 함께 아파하며 금식하고 침묵하던 일주일이
었습니다. 그들이 입을 열기 시작하면서부터는 전혀 도움이 되지
않았습니다. 아파하는 사람에게는 그저 묵묵히 옆을 지켜주다가 그
가 울고 싶을 때 기대어 울 수 있게 조용히 어깨를 내어 주는 것이
가장 큰 도움이 됩니다.

고통당하는 이에게 우리의 말이 별 도움이 되지 않는 이유는, 그

가 왜 고통을 당하는지 우리로서는 알 수 없기 때문입니다. 욥기가 고통에 대해 가르쳐 주는 중요한 교훈은 "고통에 대해 함부로 논하지 말라"는 것입니다. 인간의 고통은 신비(mystery)라는 창조주 하나님의 고유 영역에 속한 것이므로 너무 알려고 하지도 말고(알려고 해도 알 수 없지만), 말을 아끼라고 합니다. 그저 아파하고 힘들어 하는 사람과 함께 아파하며 그들이 눈물을 닦을 수 있도록 티슈를 뽑아 주는 정도만 하면 됩니다. 이때 고난당하는 사람들을 위해 무언가 해 주고 싶지만 아무것도 해 줄 수 없는 자신의 무능함을 확실히 깨닫게 되지만, 이렇게 하는 것이 우리가 줄 수 있는 가장 큰 도움입니다.

묵상과
적용

a. 많은 사람들이 하나님의 자녀가 될 때 하나님의 도움으로 이 땅에서 잘 먹고 잘살며 승리하기를 기대합니다. 이러한 이유로 신앙생활을 시작하는 것이 잘못은 아닙니다. 다만 몇 십 년이 지나도 여전히 주님을 이용해 이 땅에서 성공하려는 초보적인 단계에 머무는 것이 문제입니다. 하나님께 무엇을 바라기보다는 그저 하나님이 좋아서 그를 사랑하고 예배하는 단계까지 우리의 신앙이 성장해야 합니다. 당신의 믿음은 현재 어느 수준에 도달해 있나요?

b. 교회는 온갖 다양한 사람이 모여 있는 곳입니다. 그렇다 보니 어떤 사람은 공동체에 도움이 되기보다는 해가 되는 지체도 있습니다. 신앙의 연륜이 있는 사람은 이런 지체도 마다하지 않고 오히려 치료하고 양육해서 신실한 하나님의 자녀가 되도록 이끌어 줍니다. 당신이 꿈꾸는 교회는 어떤 사람들로 구성되기를 바라나요? 그런 공동체를 이루기 위해 당신이 당장 시작할 수 있는 일은 무엇인가요?

c. 하나님의 자녀가 이 땅에 살면서 불신자와 똑같은 질병을 앓고 그들이 겪는 어려움보다 더 큰 어려움을 겪기도 한다는 것은 이해하기 어려운 신앙의 딜레마 중 하나입니다. 당신은 이 딜레마를 어떻게 이해하고 있나요? 신자나 불신자에게 이것을 설명할 수 있나요?

d. 욥은 신앙생활을 잘못해서가 아니라 오히려 너무 잘해서 고난을 당했습니다. 당신 주변에 욥과 같은 처지에 놓인 사람이 있나요? 그 사람이 제일 먼저 떠오른 이유는 무엇인가요? 잠시 모든 것을 멈추고 그를 위해 기도하는 시간을 가져 보세요.

1부

홀로 맞서야 하는
광야의 여정

^{11:1} 믿음은 바라는 것들의 실상이요 보이지 않는 것들의 증거니
² 선진들이 이로써 증거를 얻었느니라 ³ 믿음으로 모든 세계가
하나님의 말씀으로 지어진 줄을 우리가 아나니 보이는 것은 나
타난 것으로 말미암아 된 것이 아니니라

1장

믿음,
그 어려운 과제와 결과

히브리서 기자는 믿음의 선진들에 대해 언급하기 전에 먼저 믿음이 무엇인지 두 가지로 정의합니다(1절). 첫째, 믿음은 '바라는 것들의 실상'이라고 하는데 이것은 미래와 연관된 것입니다. 둘째, 믿음은 '보이지 않는 것들의 증거(보증)'라고 하는데, 이는 우리가 당면한 현 세계에 관한 것입니다. 선진들은 이런 믿음으로 하나님께 인정을 받았습니다(2절). 또한 하나님이 인정하시는 믿음의 기본은, 창조주 하나님이 말씀으로 세상을 창조하신 것을 확신하고 고백하는 것입니다(3절).

믿음은 바라는 것들의 실상(1절)

이 땅에서 하나님의 자녀로 산다는 것은 참으로 힘들고

어렵습니다. 성경도 이러한 사실을 잘 알고 있기에 우리 삶을 '나그네의 삶'에 비유합니다. 이 삶은 크게 두 가지를 전제합니다.

첫째, 나그네의 삶은 불편하며 때로 생명의 위협을 받기도 합니다. 집을 떠나 먼 길을 가는 나그네를 생각해 보십시오. 나그네는 집이 줄 수 있는 안락과 편안함을 포기한 사람입니다. 불편한 잠을 자야 하고, 먹고 마실 것이 마땅치 않을 수도 있습니다. 강도를 만나 생명의 위협을 당할 수도 있습니다. 성경은 이런 불편함과 위험을 염두에 두고 우리 삶을 나그네의 삶이라고 합니다.

둘째, 나그네의 삶은 잠시 지나가는 삶입니다. 이 사실이 얼마나 다행인지 모릅니다. 만일 우리가 영원히 나그네로 살아야 한다면 우리는 절망할 수밖에 없습니다. 고통과 시련이 영원히 우리를 괴롭힐 것이기 때문입니다. 성경은 이 땅에서의 삶은 잠시 지나가는 것이므로 머지않아 끝날 것이라고 합니다. 이 땅에서의 삶이 끝나는 날, 우리는 영원히 사라지는 것이 아니라 꿈에도 그리던 천국에 입성하게 됩니다. 천국을 '본향'이라고 해도 좋고, '떠나온 고향 집'이라고 해도 좋습니다. 그곳에서 우리는 선하신 하나님과 영원히 살게 될 것입니다.

또한 성경은 우리가 나그네가 되어 지나가는 이 세상을 '광야'와 같다고 말합니다. 성경의 지리적 배경인 근동 지역의 광야는 인간의 생명을 위협하는 곳입니다. 먹을 것은 물론이고 마실 물도 구할 수 없기 때문입니다. 심지어 변변한 나무 하나 없어 살인적인 뙤약볕을 고스란히 받아야 하는 곳이 광야입니다. 상상해 보십시오. 나

광야의 삶은 우리에게 하나님을 가장
가까이 경험할 계기를 마련해 줍니다.

그네의 삶 자체가 이미 불편함과 위험을 동반하는데, 더구나 생명
을 위협하는 광야를 지나간다는 것은 참으로 어렵고 험난한 길입니
다. 이것이 바로 이 땅에서 펼쳐지는 우리의 삶입니다. 그러므로 그
리스도인의 삶은 많은 아픔과 고통을 동반합니다. 오죽하면 예수님
이 "십자가를 지고 나를 따르라"(마 16:24)라고 말씀하셨겠습니까!

다행히 사람의 생존을 위협하는 광야가 우리에게 주는 한 가지
긍정적인 교훈이 있습니다. 광야는 하나님만 의지하고 사는 믿음
훈련을 받기에 최적의 장소입니다. 사람은 광야에서 스스로 생존할
수 없습니다. 오직 전능하신 하나님의 도우심으로만 가능합니다.
그러므로 광야의 삶은 사람이 하나님을 가장 가까이 경험할 계기
를 마련해 줍니다. 이런 관점으로 성경을 보면, 하나님 나라를 위
해 새 사역을 시작하는 사람들은 모두 광야로 나아갔습니다. 생명
을 위협하는 광야 같은 세상에서 오직 하나님만 바라보고, 하나님
이 주시는 능력으로 사역을 하겠다는 의지를 다지기 위해서입니다.
그래서 세례 요한과 예수님도 사역을 시작하기 전에 먼저 광야로
갔습니다.

오늘날 우리도 광야 같은 세상에서 온갖 고난을 당하며 나그네의 삶을 살고 있습니다. 이 땅에서의 삶이 끝나자마자 시작될 새로운 삶을 준비하기 위해서입니다. 히브리서 기자도 '믿음은 바라는 것들의 실상'이라며 우리에게 미래를 준비할 것을 권면합니다. 그렇다면 어떻게 미래를 준비해야 할까요? 꿈을 꾸면 됩니다. 우리는 믿음으로 다가올 세상에 대한 꿈을 꾸어야 합니다. 우리가 믿음으로 꿈을 꿀 때 바라는 것들이 꼭 이루어질 것입니다. 믿음은 하나님께서 꿈꾸는 이들에게 주신 보증 수표이기 때문입니다.

삶이 힘들고 어려워지면 가장 쉽게 포기하는 것이 꿈입니다. 생존 자체가 불투명한 상황에서 꿈은 사치로 여겨질 수 있기 때문입니다. 그러나 우리는 삶이 힘들수록 더 많은 꿈을 꾸고, 더 많은 것을 바라야 합니다. 꿈은 암울하고 답답한 현실에서 다가오는 밝은 세상으로 우리의 시야를 넓혀 줍니다. 또한 다가오는 세상에 대해 꿈꾸는 것은 우리의 믿음의 표현입니다. 하나님이 다스리시는 세상에 대해 많은 것을 기대하십시오.

성경의 가르침과 상반되지만 않는다면 어떤 꿈이라도 좋습니다. 예수님이 통치하시는 공의롭고 정의로운 세상을 꿈꾸십시오. 죄와 질병에서 자유로운 세상을 꿈꾸어도 좋습니다. 의식주가 위협받지 않는 세상을 꿈꾸어도 좋습니다. 우리가 이 땅에서 흘린 눈물을 하나님께서 헤아리고 위로해 주시는 세상을 꿈꾸십시오. 이 땅에서 우리가 헌신하고 희생한 것에 대한 보상과 상급을 받는 꿈도 좋습니다.

하나님은 우리가 이 땅에서 수고하며 꾸는 꿈을 꼭 이루어 주실 것입니다. 그에 대한 보증으로 우리에게 믿음을 주시고, '믿음은 바라는 것들의 실상(보증)'이라고 말씀해 주셨습니다. 다가오는 세상에 대해 많은 것을 기대하는 일이 결코 헛되지 않음을 우리의 믿음이 증명합니다. 그리고 그 믿음으로 우리가 오늘의 어려움을 견디어 내는 것을 하나님이 기뻐하십니다.

믿음은 보이지 않는 것들의 증거(1절)

마술사가 공연을 할 때 청중에게 항상 외치는 말이 있습니다. "보는 것이 믿는 것이다!"(Seeing is believing!) 민첩한 손동작으로 청중의 시선을 유도한 다음 동전을 장미로 둔갑시키고는 본 것(동전이 순식간에 장미로 변한 것)을 사실로 믿으라고 하는 것입니다. 마술을 처음 보는 사람은 자신이 본 것을 사실로 믿기도 할 것입니다.

우리는 이 땅에서 일어나는 일들 중 직접 경험하거나 본 것은 모두 사실로 믿으려 합니다. 반면 우리 눈에 보이지 않는 것은 사실로 받아들이려 하지 않습니다. 그러나 마술쇼에서 일어나는 일들이 사실이 아닌 것처럼, 우리가 경험하고 보는 것이 사실이 아닐 수도 있습니다. 오히려 진실은 우리 눈에 보이지 않을 때가 더 많습니다. 눈에 보이는 것이 전부가 아니기 때문입니다.

하나님이 세상을 다스리시지만, 정작 세상을 다스리는 주님의 손을 본 적은 없습니다. 예수님이 우리 죄를 위해 십자가에서 죽으셨지만, 우리는 주님이 십자가에 매달릴 때 그곳에 없었기 때문에

우리는 이 땅에서 하나님의 다스림을
직접 볼 수 없지만 믿음의 눈으로 확실
하게 이 세상을 다스리는 주님의 손을
볼 수 있습니다.

직접 보지는 못했습니다. 사망의 권세를 무력화하고 우리에게 영생
을 주신 부활의 예수님을 본 적이 없습니다. 우리가 보지 못했다고
해서 사실이 아니라고 할 수 있을까요? 그렇지 않습니다. 우리가
보거나 보지 못하거나 상관없이 진실은 진실이며, 진실은 바뀌지
않습니다. 예수님이 우리 죄를 위해 십자가에 매달려 죽으신 일은
우리가 직접 보지 못했다 할지라도 진실입니다. 그렇다면 예수님이
십자가에 달리신 것이 진실이라는 것을 어떻게 알 수 있을까요? 바
로 믿음으로 압니다.

　믿음으로 우리는 예수님이 우리 죄를 용서하시기 위해 2천 년
전에 십자가에 매달려 죽으신 것을 압니다. 믿음으로 우리는 오늘
이 땅에서 고생하고 아파하는 것이 우리 삶의 전부가 아니라는 것
을 압니다. 우리의 수고와 눈물은 결코 헛되지 않으며, 우리 눈에
보이지 않는 곳에서 별이 되어 하나님의 나라를 비추고 있다는 사
실을 압니다. 우리에게는 이러한 믿음이 있기에 아프고 힘든 현실

을 견뎌 낼 수 있습니다. 그러므로 히브리서 기자는 '믿음은 보이지 않는 것들의 증거'라고 합니다. 예수님도 "보지 못하고 믿는 자들은 복되도다"(요 20:29)라고 하셨습니다. 믿음의 눈은 육신의 눈보다 훨씬 더 확실하게 영적 세계를 볼 수 있습니다.

선진들은 이런 믿음으로 증거를 얻음(2절)

히브리서 기자는 앞서 믿음은 미래에 대해 우리가 바라는 것들이 그렇게 될 것이라는 보증이며, 오늘 우리에게 보이지 않는 것들에 대해 증언하는 증거라고 정의했습니다. 그리고 선진들이 이런 믿음으로 하나님께 증거를 얻었다고 말합니다. 믿음은 우리가 보고 체험한 것이 아니라 보이지 않는 미래와 현실에 가려진 진실에 근거합니다. 믿음의 선진들은 보지 못하고 경험하지 못한 일이라도 하나님이 말씀하셨기 때문에 그것이 미래에 꼭 이루어질 것을 바라고, 눈에 보이지 않는 진실을 확신한 것입니다.

히브리서 기자는 이 말씀으로 우리도 선진들과 같은 믿음을 가지고 살 것을 권면합니다. 현실은 항상 어렵습니다. 우리가 보고 체험하는 상황은 우리를 절망하게 하기도 합니다. 그래서 믿음이 더욱더 필요합니다. 우리가 경험하는 어렵고 힘든 현실이 전부가 아니라는 것을 말해 주는 것이 믿음입니다. 믿음은 현실 세계의 상당 부분이 우리 눈에는 보이지 않으며, 인류 역사를 좌우하는 것은 보이지 않는 곳에서 보이는 세계에 영향을 미치고 있다는 사실을 확신하게 합니다.

또한 우리가 경험하는 혼란스럽고 어두운 현실에도 불구하고 세상은 하나님이 계획하고 준비하신 미래를 향해 가고 있다는 확신을 갖게 하는 것이 믿음입니다. 믿음은 미래 지향적이며 우리를 꿈꾸게 합니다. 기독교는 미래에 대한 꿈을 바탕으로 세워진 종교입니다. 언젠가는 하나님이 우리가 이 땅에서 흘리는 모든 눈물과 수고를 헤아려 주시고 위로와 상급을 주실 것이라는 꿈을 의식하고 산다면 어렵고 힘든 현실이 훨씬 견디기 쉬워집니다.

중요한 것은 현실과 미래에 대한 균형을 잃지 않는 것입니다. 지나치게 현실에 집착하면 미래에 대한 소망을 접게 되고, 반대로 미래에 집착하면 현실을 회피하거나 등한시할 수 있습니다. 미래 지향적이면서도 현실의 삶에 성실하게 임하는 것이 믿는 자들이 가져야 할 삶의 태도입니다.

믿음으로 세상이 하나님의 말씀으로 지어짐을 앎(3절)

히브리서 기자는 선진들이 지녔던 믿음의 실제적인 예로, 세상이 하나님의 말씀으로 창조되었다는 사실을 인정하고 고백한 일을 듭니다. 그는 하나님이 천지를 창조하실 때 '이미 존재하던 것(나타난 것)'으로 만드신 것이 아니라 '보이지 않는 것'으로 창조하셨다고 합니다. 하나님이 세상을 창조할 때 사용하신 유일한 재료는 '하나님의 말씀'입니다. 하나님의 말씀은 우리 눈에 보이지 않지만 세상을 창조하는 능력을 지녔습니다. 믿음의 사람은 말씀의 능력을 믿고 의지합니다.

히브리서 기자가 이렇게 선언하면서 회상하는 구약 말씀은 창세기 1:1입니다. 창세기는 성경 전체의 첫 번째 책이며, 그 책을 시작하는 첫 번째 말씀, 곧 성경 전체를 여는 첫 번째 문장은 "태초에 하나님이 천지를 창조하시니라"입니다. 이 선언문은 평범해 보이지만 기독교 신앙에 매우 중요한 의미를 지닙니다.

첫째, 창세기 1:1은 천지를 창조하신 창조주 하나님이 계심을 전제합니다. 성경은 하나님의 존재 여부에 대해 논하거나 입증하기 위해 쓰인 책이 아닙니다. 하나님이 계시다는 것과 그분이 세상을 창조하셨다는 것을 전제하고 시작합니다. 즉, 성경은 읽는 사람들에게 믿음을 요구하는 선언문으로 시작하고 있습니다. 그러므로 믿음이 없이는 성경 저자들이 의도한 대로 성경을 읽을 수가 없습니다.

둘째, 창세기 1:1은 성경이 창조주의 말씀을 기록해 놓은 것임을 믿고 고백하는 사람들을 위한 책이라고 선언합니다. 물론 무신론자나 타 종교 사람들도 성경을 읽으면 어느 정도 하나님에 대해 알 수 있고 삶에 유익이 됩니다. 그러나 그들은 결코 구원에 이르지는 못할 것입니다. 성경은 그들을 위해 쓰인 책이 아니라, 성경이 하나님의 말씀이라 믿고 확신하는 사람들을 위해 쓰인 책이기 때문입니다. 그래서 같은 성경을 읽고도 어떤 사람은 삶의 지표로 삼을 정도로 큰 감동을 받지만, 어떤 사람은 믿지 못하는 것입니다.

하나님이 계시고, 그분이 천지를 창조하셨다는 사실을 믿습니까? 성경은 바로 그 창조주가 하신 말씀을 기록한 책이라는 사실을 믿습니까? 그렇다면 당신도 믿음의 선진에 합류할 자격이 있습니다. 믿음의 선진들은 이러한 사실을 확신하고 고백하는 믿음을 가졌기 때문에 명예의 전당에 입성했습니다. 이 땅에서의 모든 수고가 끝나는 날, 당신도 믿음의 전당에 들어갈 소망이 있습니다.

그런데 히브리서 기자는 왜 가장 오래된 창세기 1:1 말씀의 전제(前提)를 액면 그대로 받아들이고 고백하는 것을 이상적이고 실제적인 믿음의 예로 제시하는 것일까요? 더욱이 1절에서는 미래와 현실에 집중했는데 3절에서는 초점을 과거로 돌리고 있습니다. 그 사실이 잘 이해되지 않을 수 있습니다. 그러나 저자가 이렇게 하는 데는 매우 중요한 이유가 있습니다. 히브리서는 잠시 나그네가 되어 광야 같은 세상을 지나며 힘들게 사는 성도들을 위로하고 권면하기 위해 쓰인 책입니다. 이런 상황에서 과거의 일을 회상하는 것은 다음과 같은 의미가 있습니다.

첫째, 하나님이 천지를 창조하신 이래로 세상은 창조주의 다스림 아래 지속되어 왔습니다. 우리가 당하는 고통이 너무 아프고 힘들때면 아무도 그 고통을 이해하지 못한다고 생각하기 쉽습니다. 고통이 혹독할수록 우리를 더 불안하게 하는 것은, 하나님이 우리의 아픔에 대해 모르고 계신 것은 아닌가 하는 불안감입니다.

히브리서 기자가 태초와 창조주를 언급하는 것은, 하나님은 자신이 창조하신 땅에서 아파하는 자녀들의 고난을 이미 모두 헤아리고 계신다는 것을 암시하기 위해서입니다. 또한 우리가 힘겹게 살아가고 있는 이 세상은 하나님이 창조하셨을 뿐만 아니라 여전히 그분이 다스리고 계신 세상입니다. 따라서 우리의 고통이 아무리 혹독하다 할지라도 주님의 통치 아래 있다는 사실을 강조하기 위해 창조와 창조주 이야기로 초점을 전환한 것입니다.

둘째, 과거는 우리가 오늘을 견디어 내고 미래를 소망하게 하는 가장 큰 원동력입니다. 미래의 불확실성과 현재의 불안감을 해소하는 데 과거를 회상하는 것만큼 효과적인 방법은 없습니다. 생각해 보십시오. 당신이 참으로 견디기 힘든 일로 하나님께 간절히 기도했는데 하나님은 침묵하십니다. 불현듯 '하나님이 나를 버리셨나?' 하는 불안한 생각이 들 수밖에 없습니다. 그럴 때 과거에 하나님이 당신에게 베풀어 주셨던 은혜들을 헤아려 보십시오. 참으로 많을 것입니다. 지금까지 이처럼 많은 복을 내려 주신 분이 오늘 이 순간 당신을 버리셨을 리 만무합니다.

하나님이 우리에게 주신 복은 하나님이 우리에게 투자하신 것으로 볼 수 있습니다. 세상의 어떤 투자자가 이처럼 많은 투자를 해 놓고 한순간에 포기하겠습니까? 논리적으로 맞지 않습니다. 그러므로 우리의 현실에서 하나님이 침묵하신다고 불안해 할 필요는 없습니다. 사실 하나님은 침묵하지 않으십니다. 우리가 보지 못하고 듣지 못할 뿐입니다.

묵상과
적용

a. 믿음은 우리가 미래에 바라는 것들의 실상입니다. 그러므로 믿음은 우리를 꿈꾸게 합니다. 하나님이 다스리시는 세상을 꿈꾸며 당신이 가장 간절히 바라는 것은 무엇인가요? 왜 그것을 간절히 소망하나요?

b. 믿음은 우리 눈에 보이지 않는 것들의 증거로 현실에서 우리가 보지 못하는 것들이 존재한다는 사실을 확신시켜 줍니다. 눈에 보이지는 않지만, 힘들고 어려울 때 당신을 가장 크게 위로하는 진실 한 가지는 무엇인가요?

c. 당신이 주변에서 가장 닮고 싶은 믿음의 선진(선배)은 누구인가요? 그(녀)를 닮고자 하는 이유는 무엇인가요?

d. 과거를 기념하는 것은 좋은 일입니다. 미래의 불확실성과 현재의 불안감을 해소해 주기 때문입니다. 구원받은 것 외에 당신이 지금까지 살아오면서 경험한 하나님의 가장 큰 복(은혜)은 무엇인가요?

⁴ 믿음으로 아벨은 가인보다 더 나은 제사를 하나님께 드림으로 의로운 자라 하시는 증거를 얻었으니 하나님이 그 예물에 대하여 증언하심이라 그가 죽었으나 그 믿음으로써 지금도 말하느니라

2장

아벨:
죽음으로 드린 예배

그의 시대

믿음이 어떤 효력을 발휘하는지를 설명한 히브리서 기자는 명예의 전당에 오른 첫 번째 인물로 아벨을 언급합니다.[1] 아벨의 이야기가 성경의 첫 번째 책인 창세기 4장에 등장하기 때문이기도 하지만, 다른 인물들은 시대적 순서를 따르지 않는 것을 보면(32절) 아벨이 가장 중요한 신앙의 면모를 보여 주기 때문일 것입니다.

아벨이 살았던 시대를 우리의 연대로 논하는 것은 불가능한 일입니다. 천지가 창조된 시점을 정확히 알 수 없기 때문입니다. 그러나 아벨이 살았던 시대는 아담과 하와가 창조된 때로부터 그다지

---

1) 아벨에 대한 자세한 이야기는 저의 『엑스포지멘터리 창세기』 (서울: 도서출판 이엠, 2010), 139-152쪽을 참고하십시오.

하나님같이 되는 것보다 하나님과 같
이 있는 것이 더 복된 일입니다.

많은 세월이 흐른 것 같지는 않습니다. 바로 앞 장인 창세기 3장은
참으로 비통하고 절망적인 이야기를 기록하고 있습니다. 하나님은
자기의 모양과 형상에 따라 최초의 사람들을 지으시고 그들을 에덴
동산에 두셨습니다. 그들을 곁에 두시고 그들과 함께 교제하기 원
하셨기 때문입니다.

그러나 하나님의 모양과 형상대로 창조된 것에 만족하지 못한
인간은 스스로 하나님처럼 되려고 죄를 지었고, 결국 하나님의 심
판을 받아 에덴동산에서 쫓겨났습니다. 반역을 통해 어느 정도 하
나님같이 된 이상 더는 하나님과 함께 있을 수 없게 된 것입니다.
우리는 항상 기억해야 합니다. 하나님같이 되는 것보다 하나님과
같이 있는 것이 더 복된 일이라는 사실을 말입니다.

아담과 하와가 에덴동산에서 얼마나 살다가 쫓겨났는지는 알 길
이 없습니다. 그러나 그리 오래 살지는 못한 것으로 생각됩니다. 에
덴동산에서 쫓겨난 아담과 하와는 자녀를 낳았습니다. 가인이 아벨
을 죽였을 때는 아담과 하와가 창조된 때로부터 대략 125년이 지난
시점으로 간주하면 무난합니다. 죽은 아벨을 대신할 셋이 태어났을

때 아담의 나이가 130세였기 때문입니다(창 4:25; 5:3).

아담과 하와는 성인으로 창조되었기에 이때까지 매 2년마다 아이를 낳았고, 이들이 자라 결혼한 것으로 가정하면 가인이 아벨을 죽였을 때 이 땅에는 이미 수백 명이 살고 있었습니다. 아담의 계보를 정리한 창세기 5장이 이러한 사실을 입증해 줍니다. 아담의 대를 이을 셋이 태어났을 때 아담은 130세였으며, 셋이 태어난 후에도 800년을 더 살며 아들들과 딸들을 낳았다고 합니다(창 5:4). 아담의 계보는 아무개가 그의 대를 이을 아들이 태어난 후에도 몇 백 년을 더 살며 아들들과 딸들을 더 낳았다는 사실을 수차례 반복합니다. 그러므로 셋이 태어나기 전까지 가인과 아벨이 아담과 하와의 유일한 자녀들이었다고 전제할 필요는 없습니다. 이 두 형제 외에도 수십 명의 자녀들이 더 있었을 것입니다. 또한 이들이 성인이 되어 서로 결혼해서 자녀들을 낳았다면 가인과 아벨의 시대에 이미 수백 명이 있었을 것입니다. 가인이 아벨을 죽이고 난 후 보복을 두려워하는 것도 바로 이 친족들 때문입니다(창 4:14).

그의 삶

에덴동산에서 인간이 저지른 죄로 인해 발생한 가장 큰 문제는 하나님과의 단절입니다. 하나님 앞에서 추방당한 사람들이 하나님께 다시 돌아갈 수 있는 방법을 알지 못하고 영영 쫓겨났습니다. 게다가 하나님은 에덴동산의 입구에 불칼을 든 천사들을 배치하여 인간이 다시 에덴동산으로 들어가는 것을 막으셨습니다. 피조물은 창조 이래 가장 큰 위기를 맞은 것입니다. 다행히 하나님은 가인과 아벨의 이야기를 통해 인류가 다시 창조주에게 나아가는 길을 알려 주셨습니다. 바로 예배를 통해 하나님께 나아가는 것입니다. 예배는 피조물인 인간이 창조주 하나님께 나아가는 유일한 방법이며, 단절된 관계를 회복시키는 효력이 있습니다.

아벨은 짐승을 치는 목자였고, 그의 형 가인은 농부였습니다. 하나님께 예배를 드릴 때가 되자 두 사람은 각자 자기가 이 땅에서 수고하여 거둔 열매를 가지고 하나님께 나아갔습니다. 아벨은 짐승을, 가인은 곡식을 주님께 제물로 바쳤습니다. 아직도 이 두 형제가 드린 예배의 차이는 그들이 드린 제물의 종류에 있다고 주장하는 사람들이 종종 있습니다. 하나님이 가인의 제사를 받지 않으신 것은 그가 [생명이 없는] 곡식을 제물로 드렸기 때문이며, 아벨의 제사를 받으신 것은 그가 [생명이 있는] 양을 제물로 드렸기 때문이라는 주장입니다. 이는 전혀 설득력이 없으며 올바른 성경 해석이 아닙니다.

만일 그들의 주장대로 하나님이 곡식 제물(곡식 제사)보다 짐승 제물(피 제사)을 선호하신다면, 하나님은 목축업에 종사하는 사람들의 신은 될지언정 농업에 종사하는 사람들의 신은 되지 못합니다. 또한 훗날 모세를 통해 주신 율법에서도 곡물로 드리는 제사를 막았을 것입니다. 그러나 율법은 곡물로도 제사를 드리도록 지시하고 있습니다.

하나님은 인간이 노동의 대가로 얻은 물질의 일부를 드리는 모든 제물을 기뻐하시며 차별하지 않으십니다. 농부 가인이 땅을 경작하여 얻은 곡식으로 하나님을 예배하는 것은 당연한 일입니다. 목축을 하는 아벨이 양을 제물로 삼아 하나님을 예배하는 것 또한 당연한 일입니다. 그러므로 하나님은 이 두 형제의 제물을 차별하지 않으십니다. 둘 다 하나님을 기쁘게 해 드릴 만한 제물을 가지고 나온 것입니다.

그렇다면 무엇이 문제일까요? 왜 하나님은 아벨의 제사는 받으시고 가인의 제사는 거부하셨을까요? 바로 예배에 임하는 두 사람의 자세가 달랐기 때문입니다. 하나님께 예배를 드릴 때가 되자 가인은 별생각 없이 자신의 곡물 중 일부를 가지고 나왔습니다. 반면 아벨은 자기 양의 첫 새끼(첫 열매)와 그 기름(좋은 짐승)으로 드렸습니다(창 4:3-4). 아벨의 예배는 집을 떠나기 전 하나님께 드릴 제물을 고를 때부터 시작된 것입니다. 아벨은 예배자의 삶을 살고 있었으며 예배를 위해 철저하게 준비하고 집을 나섰습니다. 아벨과는 대조적으로 가인은 이렇다 할 준비를 하지 않고 집에 쌓여 있던 곡식의 일부를 가지고 나왔습니다. 그의 예배는 그가 예배 장소에 도착해서야 비로소 시작된 것입니다.

저도 어릴 때 아벨과 비슷한 경험을 한 적이 있습니다. 저는 예수님을 영접한 후 한동안 일주일 내내 가장 깨끗한 지폐를 찾았습니다. 월요일에 깨끗한 지폐가 생기면 지갑 속에 잘 간수해 두었습니다. 그러다가 목요일, 금요일에 더 깨끗한 지폐가 생기면 지갑 속에 간수하던 것과 바꾸었습니다. 이렇게 해서 주일이면 그 주에 제가 접한 지폐 중에 가장 깨끗한 돈으로 헌금을 했습니다. 저는 이런 방법으로 하나님께 가장 좋은 것을 드리려는 열망을 표현했습니다. 저의 예배는 주일이 아니라 주중에 지갑 속 지폐를 더 깨끗하고 빳빳한 돈으로 바꿀 때 시작되었다고 할 수 있습니다.

아벨이 예배를 사모하고 준비된 마음을 담아 드린 예물을 하나님은 기쁘게 받으셨습니다. 그러나 준비와 정성이 부족하다고 할 수 있는 가인의 예물은 거부하셨습니다. 훗날 이 사건을 회고하면서 히브리서 기자는 아벨이 믿음으로 가인보다 더 나은 제사를 드렸다고 기록하고 있습니다. 한 가지를 보면 열 가지를 안다고, 아벨이 예배에 임하는 자세를 보면 그의 삶을 상상할 수 있습니다. 그는 경건하고 거룩한 삶을 살았습니다. 이렇게 단정할 수 있는 것은, 참예배는 삶으로 드리는 예배라고 성경이 말하기 때문입니다(롬 12:1). 또한 예배는 하나님을 닮은 삶을 살려고 노력하는 일상의 연장선에서 드리는 것이기 때문입니다.

하나님은 아벨의 예배를 참으로 기뻐하셨지만, 그의 예배는 이 세상에서 어이없는 결과를 초래했습니다. 가인이 아벨을 시기하고 미워한 것입니다. 신앙생활을 잘하는 사람, 세상을 착하게 살아가는 사람을 격려하고 도와주지는 못할망정 오히려 시기하고 미워하는 일이 어떻게 가능할까요? 세상이 악해서 그렇습니다. 세상은 하나님을 미워합니다. 그래서 하나님을 사랑하는 사람들까지 미워합니다.

시기와 질투가 우리를 괴롭힐 때 무엇이 우리를 가장 힘들게 합

인간은 예배를 통해 하나님께 나아갑
니다. 예배를 준비하는 삶에서부터 우
리의 예배는 시작됩니다.

니까? 대부분의 경우 그 시기와 질투가 우리와 가장 가까운 사람들
을 통해서 온다는 사실입니다. 아벨이 하나님께 드린 정성스런 예
배로 인해 형 가인의 미움을 사게 된 것처럼 말입니다. 참으로 당혹
스러운 일 같지만, 생각해 보면 우리의 삶에서도 이런 일은 끊임없
이 반복되고 있습니다.

결국 가인은 아벨을 죽였습니다. 단지 하나님이 아벨을 기뻐하
시고 그를 인정하셨다는 이유로 말입니다. 참으로 마음 아프고 어
이없는 일이지만, 이 일로 인해 아벨은 인류 최초로 살인 사건의 피
해자, 그것도 형제 살인(fratricide)의 희생자가 되는 수치와 아픔을 겪
습니다.

당시 사람들이 보통 800-900년을 살았던 것을 감안하면 아벨의
삶은 참으로 짧았습니다. 경건한 사람이 오래 살 수 있으면 참 좋겠
지만 항상 그렇지는 않습니다. 오히려 우리 주변에는 아벨처럼 훌
륭한 믿음을 가지고도 일찍 하나님의 부르심을 받는 경우가 허다합
니다. 안타까운 것은, 일찍 부르심을 받은 사람의 부재는 이 땅에

남아 있는 이들에게 큰 상처가 되기도 합니다. 떠난 그를 많이 사랑하고 그리워하기 때문입니다.

그의 믿음

아벨은 어떤 믿음의 소유자이기에 명예의 전당에 처음으로 이름을 올리는 영광을 얻었을까요? 아벨의 믿음은 하나님을 어떻게 예배해야 하는가를 알려 줍니다. 예배는 에덴동산에서 쫓겨난 인류가 다시 창조주 하나님께 나아가는 길입니다. 아벨의 믿음은 이렇게 귀중한 예배에 대해 우리에게 중요한 두 가지 교훈을 줍니다.

첫째, 예배는 정한 때와 장소에 도착해서 시작하는 것이 아니라, 집을 떠나기 전부터 시작된다는 교훈입니다. 즉, 일상 속에서 늘 예배하는 마음으로 살아가야 하며, 여럿이 함께 드리는 예배를 위해서는 미리 준비하고 나가야 합니다. 예배는 창조주가 그를 믿는 소수에게 주신 특권이기 때문입니다. 아벨은 바로 이 점을 분명히 알고 있습니다.

모세가 선포한 율법의 상당 부분이 예배와 제물에 관한 것이라는 점도 예배가 특권이라는 사실을 증거합니다. 또한 선지자들이 하나님의 심판이 임하면 제일 먼저 없어질 것이 예배라고 말한 것도 같은 맥락입니다. 예배는 하나님이 자기 백성에게 지워 주신 짐이 아니라, 소수에게 허락하신 특권입니다. 원한다고 해서 누구나 하나님을 예배할 수는 없습니다. 오직 하나님이 선택하신 소수만이 주님을 예배할 수 있습니다. 그런데 사람들이 이 특권을 축복으로 여기지 않고 짐이라 생각할 때, 하나님은 심판을 통해 더 이상 예배를 드리지 못하도록 하십니다.

둘째, 아벨은 예배에서 가장 중요한 것이 사람의 마음이라는 것을 알았습니다. 그래서 집을 떠나기 전부터 하나님을 사모하는 준비된 마음으로 자신이 드릴 수 있는 최상의 것(첫 새끼, 기름진 것)을 골라 예물로 드린 것입니다. 예물도 분명 예배의 중요한 부분입니다. 그러나 아벨의 이야기는 예물보다 중요한 것이 그 예물을 드리는 사람의 마음이라는 사실을 강조합니다. 만일 예배에서 예물이 마음보다 더 중요하다면, 가난한 사람들은 하나님을 예배하는 것이 참으로 어려운 일이 됩니다. 다행히 성경은 상한 심령으로 드리는 예배가 가장 귀하다고 말합니다.

왜 예배 드리는 자의 마음이 가장 중요할까요? 앞서 언급한 대로 예배는 선택받은 자의 특권이기 때문입니다. 또한 예배는 하나님을 위한 것이기 때문입니다. 예배를 선물로 받으시는 하나님이 무엇을 가장 중요하게 보시겠습니까? 예배자가 무엇을 제물로 가져오는가는 사실 하나님께 그다지 중요하지 않습니다. 예배자가 소유한 모든 것이 창조주께서 그에게 복으로 내려주신 것들이기 때문입니다. 그러므로 하나님이 가장 원하시는 것은 예배자의 마음입니다.

하나님은 아벨이 믿음으로 드린 예배를 기뻐하시고 그를 의롭다 하셨습니다. 아벨은 하나님께 인정받은 최초의 인간이 된 것입니다. 그러나 그렇다고 해서 아벨의 삶이 만사형통인 것은 아니었습니다. 오히려 그의 믿음과 하나님의 인정하심이 화근이 되어 끔찍한 살인사건의 피해자가 되었습니다. 그것도 가장 가까운 혈육에게 말입니다.

믿음 좋은 사람들은 이 땅에 더 오래 두시고 하나님 나라를 확장하는 데 더 많이 기여하게 하시면 좋으련만, 왜 때로는 그들을 더 일찍 부르시는 걸까요? 일찍 세상을 떠난 사람의 믿음을 보면서 '왜 하나님은 나보다 훨씬 더 나은 믿음을 가진 저 사람을 먼저 부르시고 나는 이 땅에 두실까?' 하고 안타까워해 본 적이 있습니까? 아마도 이 질문은 아들 아벨을 먼저 떠나보낸 아버지 아담의 질문이기도 했을 것입니다.

영어 속담에 이런 말이 있습니다. "[세상이 감당할 수 없을 정도로] 착한 사람들만이 일찍 죽는다!"(Only the good die young!) 히브리서 기자도 순교자의 삶을 산 사람들을 언급하고 난 후 같은 말을 합니다. "이런 사람은 세상이 감당하지 못하느니라"(38절).

이 땅은 우리가 신앙 훈련을 받는 곳입니다. 우리의 믿음이 어느 정도 성장하여 주님 곁에 영원히 거할 정도가 될 때 주님은 우리를 부르실 것입니다. 따라서 주님이 일찍 부르시는 것은 곧 그의 믿음이 이미 그 경지에 이르렀다는 뜻이 아닐까요? 아벨처럼 말입니다. 이런 사람은 죄로 얼룩진 세상이 감당하기에 너무나도 경건하고 거룩합니다. 그래서 하나님은 그를 빨리 자기 옆에 두시려고 일찍 부르시는 것입니다.

혹시 사랑하는 이를 먼저 떠나보냈습니까? 그가 일찍 떠났다고 해서 하나님 나라에 기여하지 않은 것은 아닙니다. 아벨은 매우 짧은 생을 살고 죽었지만, 하나님은 그의 이름을 믿음의 전당에 첫 번째로 올려 주셨습니다. 역시 삶은 길이(length)보다 질(quality)이 더 중요하다는 것을 깨닫게 됩니다.

언젠가 우리도 주님의 부르심을 받을 것입니다. 그때 먼저 떠나보낸 사랑하는 이들을 다시 만날 것을 소망하며, 오늘을 성실하게 믿음으로 살아가는 것이 우리의 몫입니다. 우리 모두 먼저 떠난 이들의 믿음을 교훈 삼아 오늘의 고난과 희생을 감수하며 믿음에 정진했으면 좋겠습니다.

아벨은 억울하게 죽었지만 하나님의 가슴에 별이 되어 이 어두운 세상을 비추고 있습니다. 아벨은 무슨 말을 하고 있을까요? 비록 자신의 삶은 고난과 아픔으로 얼룩진 짧은 생이었지만, 하나님이 인정하시니 참으로 귀하고 의미 있는 삶이었다고 증언하고 있습니다. 또한 아벨은 믿음의 후배인 우리에게 하나님을 사랑하는 일로 인해 고난당하는 것을 두려워하지 말라고 격려합니다. 아벨이 하나님을 만난 날, 주님이 그의 눈물을 닦아 주시고 껴안아 주신 것처럼, 우리가 주님을 만나는 날, 이 땅에서 흘린 눈물이 헛되지 않았다는 것을 하나님이 인정하고 위로하실 것이라고 말합니다.

그와
우리

a. 창세기 3장에서 아담과 하와는 '하나님같이' 되려고 욕심을 부리다가 죄를 지었습니다. 그들은 선악과를 먹고 어느 정도는 하나님같이 되었습니다. 그러나 죄인이 된 그들은 더 이상 거룩하신 '하나님과 같이' 있을 수는 없었습니다. 당신은 그동안 신앙생활에서 무엇을 더 추구해 왔나요? '하나님같이' 되는 것인가요, 아니면 '하나님과 같이' 있는 것인가요?

b. 아벨은 죄인인 우리가 창조주 하나님께 나아가는 유일한 길이 예배라는 사실을 강조합니다. 또한 하나님께 드리는 예배에서 가장 중요한 것은 예배자의 마음이라는 것을 알려 줍니다. 당신은 어떤 마음으로 창조주 하나님께 예배드리고 있나요?

c. 아벨은 죄가 아니라 훌륭한 믿음 때문에 형 가인의 질투와 시기를 받아 일찍 생을 마감했습니다. 당신은 아벨처럼 믿음 때문에 고통당한 적이 있나요?

d. 당신의 삶에 아벨 같은 존재가 있나요? 당신보다 훨씬 더 큰 믿음을 가졌는데 하나님께 일찍 불려간 사람 말입니다. 당신의 아벨은 하나님의 가슴에 별이 되어 당신에게 말하고 있습니다. 그를 떠나보내고 힘들어하는 당신에게 그가 들려주는 이야기는 무엇인가요?

⁵ 믿음으로 에녹은 죽음을 보지 않고 옮겨졌으니 하나님이 그를 옮기심으로 다시 보이지 아니하였느니라 그는 옮겨지기 전에 하나님을 기쁘시게 하는 자라 하는 증거를 받았느니라 ⁶ 믿음이 없이는 하나님을 기쁘시게 하지 못하나니 하나님께 나아가는 자는 반드시 그가 계신 것과 또한 그가 자기를 찾는 자들에게 상 주시는 이심을 믿어야 할지니라

3장

에녹:
삶으로 고백한 믿음

그의 시대

　　창세기는 에녹에 대해 매우 간단히 언급합니다.[1] 그는 야렛의 아들로 아버지 야렛이 162세가 되던 해에 태어났습니다. 창세기 5장에 기록된 계보의 수를 계산해 보면 에녹은 아담과 하와가 창조된 지 622년 후에 세상에 태어난 것입니다. 에녹은 65세에 그의 대를 이을 므두셀라를 낳았습니다. 이후 300년을 더 살며 아들들과 딸들을 낳았습니다. 성경은 므두셀라가 태어난 후 300년간 에녹의 삶을 하나님과 동행한 삶이라고 합니다. 그러다가 에녹이 365세 되던 해에 하나님이 그를 데려가시므로 그는 더 이상 이 세상에 없었

---

1) 에녹에 대한 자세한 이야기는 저의 『엑스포지멘터리 창세기』(서울: 도서출판 이엠, 2010), 160-166쪽을 참고하십시오.

습니다(창 5:24).

그런데 "하나님이 그를 데려가시므로 세상에 있지 아니하였더라"라는 말씀은 무엇을 의미하는 것일까요? 어떤 이는 하나님이 에녹을 데려가셨기 때문에 그가 더 이상 이 세상에 없다는 말을 에녹의 죽음을 뜻하는 완곡어법으로 간주합니다. 당대 사람들은 보통 800-900년을 살고 죽었습니다. 반면 에녹은 겨우 365년을 살고 죽었으므로 이를 안타까워하여 성경이 이렇게 표현하고 있다는 것입니다.

그러나 이러한 해석은 잘못된 것입니다. 에녹의 이야기는 창세기 5장에 기록된 아담의 후손들의 계보 이야기에 등장합니다. 이 계보는 정확히 열 세대를 언급하고 있으며, 다음 섹션인 창세기 6-9장에서 중심인물이 될 노아의 등장으로 마무리됩니다. 창세기 저자는 에녹과 다음 장에서 이야기를 이어갈 노아를 제외한 나머지 여덟 명에 대해 모두 '죽었다'라고 표기합니다.

이러한 문학적 표현 기준을 고려할 때 에녹이 죽었다면 같은 표현을 써야 합니다. 그러나 성경은 하나님이 에녹을 데려가셨기 때문에 그가 이 세상에 더 이상 없다고 합니다. 에녹은 죽지 않고 하나님께 들림을 받은 것입니다. 히브리서 기자도 에녹이 죽지 않았다고 증언하고 있습니다(5절).

더 나아가 유대인 전승에는 다음과 같은 이야기가 남아 있습니다. 우리는 성경 66권을 정경(canon)이라 하고, 가톨릭 성경이 구약과 신약 사이에 끼워 넣은 몇 권의 경전을 외경(apocrypha)이라고 합니다. 외경에도 속하지 못한 경전들을 위경(pseudepigrapha)이라고 하는데 상당 분량의 위경이 남아 있습니다. 위경에는 에녹에 대한 이야기가 여럿 나옵니다. 그가 죽지 않고 하나님과 함께 살게 되었다는 것이 많은 사람들의 상상력을 자극한 것입니다.

위경에 기록된 한 이야기에 의하면, 이 땅에서 죽지 않고 들림을 받아 하나님과 함께 살던 에녹의 귀에 머지않아 하나님이 세상을 심판하실 것이라는 계획이 들리게 됩니다. 에녹은 다가오는 심판에 대해 전혀 알지 못하고 살아가는 이 땅의 사람들이 불쌍해서 하나님께 자신이 잠시 세상으로 내려가 사람들에게 심판을 경고하고 돌아오도록 해 달라고 간구합니다. 하나님은 그들이 에녹의 말을 듣지 않을 것이라며 말렸지만, 워낙 에녹이 간절히 원해서 잠시 다녀오도록 허락하셨습니다. 이윽고 에녹은 한 산의 중턱에 서서 사람들에게 다가올 심판에 대해 예언하고 다시 하나님이 계신 곳으로 올라갔습니다. 안타깝게도 세상 사람들은 에녹의 경고를 귀담아듣지 않았고, 결국 노아 시대에 물 심판이 와서 모두 죽었다는 이야기입니다. 에녹도 우리처럼 참으로 악한 시대를 산 선진이었습니다.

이 이야기가 사실일까요? 정확히 알 수는 없습니다. 한 가지 흥미로운 것은 유다서 14절이 에녹을 선지자라고 부르는데, 오늘날까지 발굴된 유대인 문헌들 중 에녹이 선지자로 활동한(다가오는 심판에 대해 경고한) 예는 위 이야기가 유일합니다. 만일 유다서 기자가 위경에 기록된 이 사건을 염두에 두고 그를 인류 최초의 선지자라 불렀다면, 위 이야기는 역사적 사실일 것입니다.

그의 삶

창세기가 에녹의 삶에 대해 워낙 간단히 기록하고 있기 때문에 그의 삶이 어떠했는가를 논하는 것은 매우 어렵습니다. 창조 이후 세상은 계속 악해져 노아 시대에 이르러서는 하나님의 심판을 받게 됩니다. 창세기 5장이 기록하고 있는 계보는 열 세대를 언급하고 있는데, 심판이 임한 노아가 열 번째 세대이고 에녹이 일곱 번째 세대입니다.

인류의 역사가 시작된 지 열 세대 만에 타락과 부패로 인해 창조주의 심판이 임했습니다. 에녹이 일곱 번째 세대이므로 그가 살던 시대는 아담 때보다 훨씬 더 악했습니다. 그러므로 하나님과 그의 자녀를 미워하는 세상에서 에녹이 하나님을 기쁘시게 하는 삶을 살았다면 분명 많은 수치와 고통을 당했을 것입니다.

앞서 언급한 위경 이야기(그가 선지자였다는 것)가 사실이라면, 에녹은 큰 실망과 아픔을 경험한 사람입니다. 그는 죽음을 경험하지 않고 하나님과 함께 살게 된 자신의 위치에 만족하지 않고, 세상에 남아 있는 사람들을 위해 하나님께 무리한 부탁까지 해 가면서 그들에게 다가올 심판에 대해 경고했습니다. 그러나 아무도 그의 말에 귀를 기울이지 않았습니다. 아마도 에녹은 이처럼 냉정한 사람들의 반응에 안타까움뿐만 아니라 배신감까지 느꼈을 것입니다.

이 땅에서 주님과 동행한다고 해서 모든 일에 승승장구하는 것은 아닙니다. 특히 영적인 세계에서는 도무지 논리적으로 설명할 수 없는 일들이 많습니다. 우리는 하나님을 알고 섬기며 사는 것이 주님과 동행한다는 말은 이 세상에서 받아들여지지 않는다는 말일 수도 있습니다.

얼마나 복된 일인지 잘 알고 있지만, 영적으로 어두운 사람들은 오히려 우리를 광신자나 정신이 온전하지 않은 사람으로 치부하기 일쑤입니다. 이러한 상황에 대해 놀랄 필요는 없습니다. 에녹도 그런 취급을 받았으니 말입니다.

에녹의 삶은 본의 아니게 그를 사랑하는 사람들에게 상처를 주었습니다. 당시 사람들은 보통 800-900년을 살았는데, 에녹은 365년을 살고 이 땅에 더 이상 없었습니다. 하나님이 주와 동행하는 그의 삶을 기쁘게 여기셔서 자기 거처로 데려가셨기 때문입니다. 에녹으로서는 이 얼마나 영광스러운 일입니까! 그러나 아버지와 일찍 작별해야 했던 에녹의 자식들은 어떠했을까요? 남편을 먼저 하나님께 보내고 이 땅에 홀로 남은 아내의 마음을 상상해 보십시오. 우리는 그리움과 아쉬움으로 얼룩졌을 그들의 마음을 충분히 헤아릴 수 있습니다. 먼저 떠난 자는 남은 자들의 마음에 꼭 흔적을 남기기 마련입니다.

중풍으로 몸져누운 시아버지를 8년 동안 수발한 며느리를 만난 적이 있습니다. 시어머니가 일찍 돌아가셨기 때문에 며느리는 8년 동안 시아버지의 대소변까지 받아 냈습니다. 며느리의 효성 어린 보살핌에도 불구하고 시아버지는 자리에서 영영 일어나지 못했습니다. 제가 그 며느리를 만났을 때는 시아버지가 죽은 지 1년 정도 되었을 때인데, 며느리는 저에게 이렇게 말했습니다. 비록 병수발이 힘들기는 했지만 그때가 좋았다고 말입니다. 아무것도 못하고 누워 계셨지만 아버님이 살아 계시다는 사실 하나만으로 의지가 되었다고 합니다. 의지하던 기둥이 뽑혀 나간 듯 허하다고 했습니다. 맞습니다. 때로는 우리가 사랑하는 이들에게 아무런 도움이 되지 못하고 오히려 짐만 되는 것 같지만, 우리가 그 자리에 있는 것 자체가 그들에게 힘이 되고 의지가 됩니다.

하나님의 부르심을 일찍 받은 에녹은 자신의 자리를 지키지 못했습니다. 에녹의 부재는 가족에게는 아쉬움과 그리움으로 얼룩진 상처가 되었을 것입니다. 이 또한 믿음이 좋아서 생긴 일입니다.

그의 믿음

하나님은 에녹의 믿음을 보고 기뻐하시어 그가 죽음을 경험하지 않도록 데려가셨습니다(5절). 히브리서 기자는 에녹의 믿음이 하나님을 기쁘시게 했다고 하는데, 그것은 과연 어떤 믿음이었을까요? 본문은 하나님을 기쁘시게 한 에녹의 믿음을 두 가지로 증언합니다.

첫째, 에녹은 하나님이 계신 것을 확신하고 고백하는 믿음을 지녔습니다. 우리는 그리스도인이라면 하나님이 계시다는 것을 확신하고 고백하는 사람들이라고 생각합니다. 그러나 성경을 보면 사탄도 하나님이 계시다는 것을 알고 인정한다고 합니다. 그럼에도 사탄은 마치 하나님이 존재하지 않는 것처럼 행동합니다. 우리는 이런 자를 '실용적 무신론자'라고 부릅니다.

교회에도 실용적 무신론자들이 많습니다. 주일이면 교회에 나와 예배를 드리고 하나님을 찬양하지만, 교회를 떠나는 순간부터 다음 주일 예배 때까지 하나님과 전혀 상관없이 사는 사람들 말입니다. 이들은 믿음과 삶이 일치해야 한다고 생각하지 않습니다. 그들에게 믿음은 불행을 피하게 해 주는 부적에 불과하며, 경건과 거룩을 추구하는 삶의 방식은 아니기 때문입니다.

그러나 에녹은 달랐습니다. 그는 일상에서 하나님이 계신 것을 확신하고 고백하는 삶을 살았습니다. 에녹의 세계관과 삶의 우선순위는 창조주이자 심판주이신 하나님의 살아 계심을 바탕으로 형성되었습니다. 그는 하나님이 주신 도덕적-신앙적 기준에 따라 세상을 살았습니다. 악한 세상에서 하나님의 기준에 따라 사는 것은 결코 쉽지 않았을 것입니다. 그러나 그는 살아 계신 창조주 하나님을 알고 의식하며 살았습니다. 하나님은 이런 에녹을 기뻐하시고 사람이라면 경험하게 마련인 죽음을 면하게 해주신 것입니다.

둘째, 에녹은 하나님이 자기를 찾는 자들에게 상 주시는 이심을 믿었습니다(6절). 피조물이 창조주를 찾아가 감사와 찬양을 드리는 것은 당연한 일입니다. 그러나 하나님은 사람들의 찬양과 경배를

하나님은 우리의 고백과 열정을 귀하
게 여기고 반드시 우리의 믿음에 상을
주십니다.

당연시하지 않으시고 오히려 상을 주시는 분입니다. 우리의 고백과
열정을 매우 중요하게 여기시기 때문입니다.

초대 교회와 중세 교회에서는 상/상급이라는 개념이 매우 강하
게 선포되고 강조되었습니다. 당시 성도들은 다가오는 세상에서 하
나님이 주시는 더 큰 상급을 받기 위해 더욱 헌신했고 희생을 감수
했습니다. 반면 오늘날 기독교에서는 상/상급이 예전처럼 강조되지
않습니다. 우리가 죄인 되었을 때 하나님께서 먼저 은혜를 베푸셔
서 구원하신 그 사실에 감격하여 장차 우리가 받을 상급은 별로 중
요하지 않다는 생각이 지배적인 것 같습니다. 심지어 어떤 사람들
은 천국은 겨우 턱걸이를 해서 가도 좋다고 말합니다. 물론 턱걸이
를 해서라도 천국은 가야 합니다. 그러나 우리가 천국에 입성하는
날, 하나님이 수고했다고 하시며 우리에게 큰상을 내리신다면 얼마
나 더 감격스럽겠습니까!

성경은 우리가 하나님 앞에 서는 날, 각자에게 이 땅에서 어떻게
살았느냐에 따라 다른 상급이 주어질 것이라고 합니다. 그러므로

구원을 받은 후에도 그 구원을 두려움과 떨림으로 이루라고 합니다 (빌 2:12). 어떤 이들은 분명 구원을 받기는 하지만 부끄러운 구원을 받을 것입니다. 우리는 하나님이 직접 위로하시며 큰상을 주시는 그런 구원을 이루도록 노력해야 합니다. 에녹처럼 말입니다. 그렇게 할 때 하나님도 우리를 구원한 보람을 느끼지 않으실까요?

그와
우리

a. 세상은 우리의 기능과 역할에 따라 우리를 평가하지만, 우리를 사랑하는 사람들은 단지 우리의 존재 자체로 우리의 가치를 느낍니다. 이 땅에서 우리가 주님을 닮아 간다는 것은 곧 사람들을 그 존재 자체로 귀하게 보려고 노력하는 것입니다. 당신의 삶에서 묵묵히 곁을 지켜 주는 이에게 고맙다고, 사랑한다고 말로 표현하는 것은 어떨까요?

b. 에녹은 선지자가 되어 다가올 심판에 대해 경고했지만, 사람들은 그의 말을 듣지 않았습니다. 그래서 하나님은 노아 시대에 홍수로 세상을 심판하셨습니다. 당신은 하나님을 구주로 모시고 사는 것이 너무 좋아서 사랑하는 사람에게 함께 신앙생활 하자고 전도했다가 거부당해 본 적이 있습니까? 당신도 아팠겠지만, 하나님의 마음은 어떠했을까요? 오늘은 그들의 구원을 위해 하나님께 기도하는 시간을 가져 보세요.

c. 에녹은 하나님이 자기를 찾는 사람들에게 상 주시는 분이라는 사실을 믿었습니다. 당신은 천국에 가서 하나님께 무엇을 상급으로 받고 싶나요? 믿음은 우리가 바라는 것들의 실상입니다. 그 상급을 꼭 받게 될 것입니다.

d. 가족과 친지 중에 일찍 주님의 부르심을 받아 당신의 곁을 떠난 분이 있나요? 그들의 빈자리가 남긴 그리움과 아쉬움을 우리가 이 세상을 떠날 때 다시 만날 것이라는 소망으로 승화시켰으면 좋겠습니다. 그들은 하나님과 함께 있을 뿐만 아니라, 장차 우리가 거할 처소를 준비해 놓고 우리의 귀향을 학수고대하고 있습니다. 하루하루를 최선을 다해 살면서 그날을 기대했으면 좋겠습니다.

⁷ 믿음으로 노아는 아직 보이지 않는 일에 경고하심을 받아 경외함으로 방주를 준비하여 그 집을 구원하였으니 이로 말미암아 세상을 정죄하고 믿음을 따르는 의의 상속자가 되었느니라

4장

노아:
고난이 깃든 노동의 영성

그의 시대

창세기 5장에 기록된 아담의 계보에 따르면 노아는 아담과 하와가 창조된 지 1056년이 되던 해에 태어났습니다.[1] 그러나 이때가 오늘날 연대로는 정확히 언제쯤인지 알 수는 없습니다. 노아 홍수 이전 시대에 대해서는 추측만 난무할 뿐 정확히 가늠하기 어렵습니다.

노아 시대에 세상에는 사람들의 수가 상당히 많았습니다. '생육하고 번성하여 온 땅에 충만하라'는 하나님의 축복이 상당 부분 실현된 것입니다. 그러나 문제가 생겼습니다. 사람 수만큼이나 세상

---

1) 노아와 그의 삶에 대한 자세한 이야기는 저의 『엑스포지멘터리 창세기』(서울: 도서
   출판 이엠, 2010), 178-204쪽을 참고하십시오.

은 온통 악으로 가득하게 된 것입니다. 인간은 선하신 하나님의 모양과 형상에 따라 창조되었으므로 이 세상에 인간이 많아질수록 세상은 더 경건하고 살 만한 곳이 될 것이라 생각할 수 있지만, 현실은 그렇지 않습니다. 에덴동산에서 타락한 이후 인간은 많으면 많을수록 연합하여 더 많은 죄를 지었습니다. 노아 시대에도 그랬습니다.

죄악이 날로 늘어만 가는 세상을 보시고 창조주 하나님은 많이 아파하셨습니다. 개혁으로 문제를 해결하기에는 세상을 가득 채운 죄가 너무 크고 심각했습니다. 도저히 다른 방법이 없다고 생각하신 하나님은 죄로 물든 세상을 멸망시키고 노아의 가족을 통해 새로운 세상을 열기로 하셨습니다. 하나님이 노아를 찾아오셨을 때 노아의 나이는 480살이었습니다. 하나님은 머지않아 홍수가 나서 세상이 초토화될 테니 생존할 사람들과 짐승들을 위해 방주를 지으라고 말씀하셨습니다. 노아와 가족들은 120년 동안 말씀대로 방주를 지었습니다.

수많은 사람들 중 노아가 하나님의 택하심을 입은 것은 그가 당시 사람들에 비해 의롭기도 했지만(창 6:9), 무엇보다도 하나님의 일방적인 은혜가 크게 작용했습니다(창 6:8). 노아는 방주를 지으며, 다가올 심판에 대해 사람들에게 계속 알렸습니다(벧후 2:5). 그러나 아무도 그의 메시지에 귀를 기울이지 않았습니다. 만일 귀를 기울이는 사람들이 있었다면 노아가 방주 짓는 일을 도왔을 것이며, 그들도 살았을 것입니다.

노아가 하나님의 택하심을 입은 것은
무엇보다도 하나님의 일방적인 은혜가
크게 작용했기 때문입니다.

성경이 노아와 그의 가족들만 살아남았다고 하는 것으로 보아
그들 외에는 아무도 노아의 말을 믿지 않았습니다. 결국 다가오는
심판에 대해 노아가 선포한 메시지는 그들을 정죄하는 결과를 초래
했으며, 그들은 모두 심판을 받아 죽었습니다. 노아는 세상이 죄로
인해 하나님의 심판을 받아 멸망한 시대를 살았는데, 그의 시대는
오늘날과 별반 다르지 않아 보입니다.

그의 삶

성경에 기록된 노아의 삶은 대부분 방주와 연관이 있습니
다. 그가 가족들과 지은 방주의 규모는 참으로 대단했습니다. 길이
300규빗(약 135미터), 너비 50규빗(약 22.5미터), 높이 30규빗(약 13.5
미터)의 대형 건물이었습니다. 3층으로 구성된 방주의 면적은 농구
장 20개를 합한 것과 같고, 총 적재량은 4만 3천 톤에 달했습니다.
오늘날의 기준으로도 대형 선박입니다. 노아와 가족들이 이처럼 큰
선박을 지은 이유는 방주가 그들만을 위한 것이 아니라 세상에 있

는 모든 짐승을 위한 것이기도 하기 때문입니다. 생물학자들은 오늘날 세상에는 17,600여 종의 포유류, 조류, 파충류가 있다고 하는데, 노아의 방주는 이 모든 짐승을 암수 한 쌍씩 실어도 별 문제가 없을 만큼 큰 공간입니다. 노아는 단순히 자기 가족뿐만 아니라, 하나님이 창조하신 모든 짐승을 보존하는 사명을 받은 것입니다.

우리는 하나님이 노아에게 주신 사명이 위대한 만큼 그가 감수해야 할 사람들의 조롱과 비아냥도 만만치 않았으리라 충분히 상상할 수 있습니다. 노아가 방주를 지을 때 주변 사람들의 반응은 어떠했을까요? 잘해 보라며 진심으로 격려하고 도와주었을까요? 조롱과 경멸이 만연했을 것입니다. 어떤 이들은 "도대체 비는 언제 오느냐? 세상의 모든 산을 덮을 홍수가 올 것이라고 진짜 믿느냐?"라고 물었을 것입니다. 아예 어떤 이들은 "미친 X!"라는 원색적인 표현도 서슴없이 던졌을 것입니다. 그들이 보기에 노아 가족이 짓는 방주가 유용하게 사용될 만한 홍수는 절대 오지 않을 것 같았기 때문입니다. 오래전에 하늘로 들림을 받은 에녹이 잠시 내려와 다가오는 심판에 대해 경고를 했는데도 말입니다.

노아와 가족들은 주변의 조롱과 비아냥을 들을 때마다 괴로웠습니다. 이 괴로움은 잠시도 아니고 120년이라는 긴 세월 동안 지속되었습니다. 때로는 그저 반복되는 일상을 감당하기 버거워 하나님께 언제까지 이 일을 계속해야 하느냐고 묻기도 했습니다. 그러나 하나님은 속시원한 답을 주시지 않고 계속 방주를 지으라고만 하셨습니다. 노아와 가족들은 세상의 따가운 시선을 받으며 하나님께 순종했습니다.

도무지 올 것 같지 않던 홍수가 마침내 세상에 임했고, 노아와 그의 가족 외에는 아무도 살지 못했습니다. 노아 가족은 지난 세월 동안 방주 공사를 비웃던 사람들이 물에 빠져 죽는 것을 방주 위에서 목격했습니다. 이를 지켜보는 노아의 심정은 어땠을까요? 이제 더는 어찌해 줄 수 없는 상황에 무기력감과 상실감으로 많이 힘들었을 것입니다.

그동안 노아와 가족들은 주어진 일상을 성실하게 살아냈습니다. 하나님은 성실한 그들에게 강도 높은 노동을 요구하셨습니다. 주변의 비아냥과 훼방을 무릅쓰고 120년 동안 방주를 짓는 것만으로도 중노동이었지만, 방주에서의 삶을 준비하는 일도 만만치 않았습니다. 하나님은 노아에게 그들이 보존해야 할 모든 짐승의 식량도 함께 준비하라고 하셨습니다. 그 많은 짐승이 1년 동안 먹을 양식을 준비하는 일은 결코 쉽지 않았을 것입니다.

홍수로 인해 방주가 항해를 시작하고 나니 더 큰 고통이 그들을 기다리고 있었습니다. 짐승들은 방주 안에서 계속 먹고 쌌습니다. 노아와 가족들은 매일 짐승들의 배설물을 치워야 했습니다. 예를 들어 코끼리는 하루에 200-300킬로그램을 먹는다고 합니다. 따라서 코끼리의 배설물만 해도 엄청났으리라 상상할 수 있습니다. 그 외 수많은 짐승들의 배설물 또한 얼마나 많았겠습니까! 게다가 냄새는 또 얼마나 고약했겠습니까? 방주의 설계도를 보면 3층으로 구성된 방주는 지붕에만 공기가 통하는 창문이 있었습니다. 아무리

우리의 일상에서 이루어지는 힘든 노
동과 노력은 주님의 구원의 은혜에 보
답하는 영적인 일이기도 합니다.

노아와 가족들이 열심히 배설물을 치워도 통풍이 잘 되지 않는 방
주 내부는 항상 짐승들의 오물 냄새로 가득했을 것입니다. 노아와
가족들은 분명 하나님의 은혜로 살아남았지만, 힘든 노동과 수고로
구원의 은혜에 보답해야 했습니다.

노아의 이야기가 시작될 때 그는 하나님과 동행한 사람으로 묘
사됩니다. 노아는 창세기가 시작된 이후 '하나님과 동행했다'라는
평가를 받은 두 번째 사람입니다. 첫 번째는 에녹이었습니다. 에녹
은 하나님과 동행하여 죽음을 경험하지 않고 곧바로 하나님과 함께
하게 되었습니다. 그러므로 노아가 동일한 표현(하나님과 동행한 사람)
으로 묘사되는 순간 우리는 노아도 죽지 않고 하나님의 처소로 들
림을 받을 것이라 기대하게 됩니다. 그러나 창세기 9장은 노아가 죽
었다고 기록하고 있습니다(29절).

무엇이 문제였을까요? 하나님과 동행하던 노아가 왜 죽게 되었
는지에 대해 성경이 알려 주지 않으니 정확히 알 수는 없습니다. 그
러나 그의 이야기에서 유일하게 죄라고 할 수 있는 것이 두 가지 있

고, 여기서 그 이유를 어느 정도 유추할 수 있습니다.

첫째, 노아는 술에 취하는 과오를 범했습니다. 홍수가 끝나고 땅을 경작할 때 노아 가족은 포도를 심었습니다. 몇 년 후 포도를 수확하게 되었고 노아는 포도주를 담갔습니다. 술을 담그고 마시는 것이 문제가 되는 것은 아닙니다. 성경은 포도주를 창조주 하나님이 내려 주신 풍요로움으로 간주하고 있으며, 잔치 때 쓰이는 포도주는 기쁨의 상징이 됩니다.

다만 문제는 지나친 음주입니다. 취하지 않는 선에서 어느 정도 마시는 것은 괜찮지만, 지나치게 마셔서 분별력을 잃는 것은 문제가 됩니다. 노아가 그러했습니다. 새로 빚은 포도주를 마시고 취해서 옷을 벗어던지고 잠을 잤습니다. 성령과 말씀에 취해야 할 사람이 술에 취한 것입니다. 노아는 믿음의 사람이 결코 해서는 안 되는 추태를 만천하에 보이고 말았습니다.

둘째, 노아는 자기 잘못으로 빚어진 일 때문에 자식을 저주한 못난 아버지였습니다. 아버지가 술에 취해 나체로 나뒹굴어진 모습을 본 사람은 세 아들 중 가장 철이 없는 함이었습니다. 함은 조용히 아버지의 몸을 덮어 주기는커녕 형제들에게 이 사실을 까발렸습니다. 함이 하는 말을 들은 셈과 야벳이 뒷걸음질 쳐 들어가 아버지의 몸을 덮어 주었습니다. 철부지 함과는 대조적으로 셈과 야벳은 아버지의 부끄러움을 조용히 덮는 미덕을 지닌 자들이었습니다. 우리도 이웃의 약점이나 수치를 드러내기보다는 자비와 긍휼로 덮어 줄 줄 아는 성숙한 그리스도인이 되었으면 좋겠습니다.

그의 믿음

노아는 당대 최고의 믿음을 지닌 사람이었습니다(창 6:9). 중요한 것은 그의 믿음이 어디서 비롯되었는가 하는 것입니다. 바로 앞절인 창세기 6:8에서는 그가 하나님의 은혜를 입었다고 합니다. 노아의 믿음은 하나님의 은혜에서 비롯되었고 하나님의 선물이었습니다.

하나님이 선물로 주신 믿음을 소유한 노아는 어떻게 자신의 믿음을 표현했을까요? 첫째, 주어진 상황에 최선을 다하는 삶으로 자신의 믿음을 표현했습니다. 노아는 하나님이 방주를 지으라고 하시면 방주를 지었습니다. 방주에 실을 짐승들의 식량까지 준비하라고 하시면 그리했습니다. 방주 안에서는 매일 산더미처럼 쌓이는 짐승들의 배설물을 묵묵히 치웠습니다. 노아는 일상적인 노동을 성실하게 감당함으로써 자신의 믿음을 보여 주었습니다.

둘째, 하나님의 말씀을 의심하거나 거부하지 않고 순종했습니다. 그는 120년 후에 세상에 임할 하나님의 심판에 대한 말씀을 듣고 곧바로 방주를 짓기 시작했습니다. 주변 사람들의 조롱과 비아냥을 120년 동안이나 감수하면서 말입니다. 주변의 비난이 거셀 때는 노아도 방주 짓는 일을 포기하고 싶었을 것입니다. 그러나 그때마다 노아가 이겨 낼 수 있었던 것은, 세상 풍조와 달리 하나님의 말씀(계시)에 근거하여 미래를 내다보는 안목을 가졌기 때문입니다.

결국 누가 웃고 누가 울었습니까? 120년 전에 주신 하나님의 경고를 믿고 주변 사람들의 조롱과 비아냥을 감수하면서 철저하게 준비한 노아와 가족들이 웃었습니다. 반면에 그들을 비웃고 광신자 혹은 정신병자라고 매도했던 사람들은 모두 멸망했습니다. 때로는 믿음이란 이런 것입니다. 그래서 바울 사도는 하나님이 세상의 어리석음을 통해 지혜자들을 겸손하게 하신다고 한 것 아닐까요?(고전 1:27)

노아의 믿음과 순종은 그와 가족들뿐만 아니라 세상에 있는 모든 짐승을 구할 수 있었습니다. 오늘날 우리까지도 노아의 믿음과 순종의 열매를 누리고 있습니다. 세상에 생명을 주는 일보다 더 아름다운 일은 없습니다. 이 일은 피조물인 우리가 세상에 생명을 주시는 창조주를 가장 근접하게 모방하는 일이기 때문입니다. 노아는 이처럼 경이로운 일을 해냈습니다. 그러나 그 뒤에는 세상 사람들의 끊임없는 조롱과 훼방이 있었다는 것을 기억해야 합니다.

우리 중에 하나님의 말씀에 순종하며 살기 때문에 주변 사람들의 비아냥과 비난을 경험하고 있는 사람이 있다면, 노아 이야기는 바로 그의 이야기입니다. 지금은 세상이 우리를 비웃어도 그날이 되면 우리가 웃고 세상은 울게 될 것입니다. 믿음이란 때로는 세상 사람들의 이성과 이해를 초월합니다. 이럴 때마다 하나님은 우리에게 "나를 믿고 따르라"라고 말씀하시는 듯합니다.

그와
우리

a. 노아는 120년 동안 가족들과 방주를 지으며, 다가오는 심판에 대해 이웃들에게 계속해서 알렸습니다. 그러나 아무도 그가 전하는 하나님의 경고를 귀담아듣지 않았습니다. 우리가 기억해야 할 것은, 이웃에게 전도해야 하는 사명은 우리에게 있지만 그 결과는 하나님께 달려 있다는 사실입니다. 당신이 가장 최근에 전도한 것은 언제이며, 어떤 결과가 있었나요?

b. 노아는 믿음으로 120년 동안 조롱과 멸시를 견디며 방주를 지었습니다. 또 말씀에 순종함으로 방주 안에서 수고로운 일상을 감당했습니다. 노아가 괴롭고 힘든 일상의 노동을 기꺼이 감당했기에 오늘날 우리까지 그 열매를 누리고 있습니다. 당신에게 버겁지만 감당해야 할 일상의 수고는 무엇인가요? 그 자체가 세상에 하나님의 구원을 이루어 드리는 섬김이라는 사실을 믿나요?

c. 노아의 순종 뒤에는 세상 사람들의 끊임없는 비아냥과 훼방이 있었습니다. 당신이 온전히 하나님을 믿고 순종하는 데 가장 큰 걸림돌이 되는 것은 무엇인가요? 하나님께 그 문제를 해결해 달라고 기도해 보세요.

d. 노아는 술 때문에 사랑하는 가족에게 큰 상처를 주었습니다. 당신은 술로 인해 사랑하는 사람들에게 상처를 준 적이 있나요? 있다면 상처를 입은 사람에게 진심으로 미안하다고 말해 보세요. 피치 못할 술자리를 만날 때마다 주님께 지혜와 절제의 은사를 간구하세요.

⁸ 믿음으로 아브라함은 부르심을 받았을 때에 순종하여 장래의 유업으로 받을 땅에 나아갈새 갈 바를 알지 못하고 나아갔으며 ⁹ 믿음으로 그가 이방의 땅에 있는 것같이 약속의 땅에 거류하여 동일한 약속을 유업으로 함께 받은 이삭 및 야곱과 더불어 장막에 거하였으니 ¹⁰ 이는 그가 하나님이 계획하시고 지으실 터가 있는 성을 바랐음이라

5장

아브라함 I :
꿈꾸는 자의 오랜 기다림

그의 시대

     히브리서 기자는 아브라함의 이야기를 두 파트로 나누어서 진행합니다. 아브라함이 가나안에 입성한 후의 삶[1] 전체에 대해 먼저 회고하고, 이삭을 바친 일에 대해서는 몇 절 후에 별도로 회고합니다. 아브라함의 믿음에서 이삭을 제물로 삼으려 한 이야기가 가장 중요하기 때문입니다.

    아브라함의 아버지 데라는 가족들을 데리고 고향인 우르를 떠나 가나안으로 가고자 했습니다(창 11:31). 그러나 어떠한 이유에서인지 가나안 입성을 천 킬로미터 앞두고 하란에 정착하게 되었습니다.

---

1) 아브라함의 삶에 대하여는 저의 『엑스포지멘터리 창세기』(서울: 도서출판 이엠, 2010), 246-387쪽을 참고하십시오.

학자들은 데라가 하란에서 지병을 얻어 이곳에 정착한 것으로 추정합니다.

데라 가족이 하란에 정착한 후 수년이 지났습니다. 여호와께서 데라의 아들 아브라함을 찾아오셨습니다. 하나님은 아브라함에게 사랑하는 아버지와 친지들을 떠나 약속의 땅으로 가라고 하셨습니다. 아버지 데라가 이미 가족을 이끌고 가나안으로 가다가 하란에 정착했으니 아브라함도 하나님이 그에게 보여 주실 땅이 가나안에 있다는 것은 알고 있었을 것입니다. 다만 정확히 가나안 지역 어디로 인도하실지는 몰랐습니다. 그래서 히브리서 기자는 아브라함이 "갈 바를 알지 못하고"(8절) 순종했다고 합니다.

하나님의 부르심을 받은 아브라함은 무엇보다도 아버지 데라가 이루지 못한 꿈을 이루고자 했습니다. 데라는 가족들과 함께 가나안으로 가기 원했지만 하란에서 멈추어야 했습니다. 이제 그의 아들 아브라함이 그 꿈을 이어받게 된 것입니다.

쿠퍼 브러더스(Cooper Brothers)가 부른 노래 중에 이런 가사의 노래가 있습니다.

꿈은 죽지 않는다네, 꿈꾸는 자가 죽는 것이지

(dream never dies, just the dreamer)

노래는 죽지 않는다네, 가수가 죽는 것이지

(song never dies, just the singer)

약속을 받은 우리는 그 약속이 이루어지기 전에 죽을 수 있습니다. 그러나 하나님의 약속은 계속 유효하여 실현될 때까지 세대를 거듭하며 누군가에게 전수될 것입니다. 만일 우리가 하나님께 받은 비전과 약속이 우리 시대에 이루어질 것이 아니라면, 그저 우리는 그 꿈을 잘 품고 있다가 다음 세대에 전수해 주고 가면 됩니다. 우리가 아니라 하나님이 그 꿈을 꼭 이루실 것이기 때문입니다.

아브라함은 하나님이 인도하시고 보여 주신 대로 가나안에 입성했습니다. 하나님께 순종했으니 모든 것이 잘될 것이라 기대했지만, 그가 입성한 약속의 땅은 혹독한 기근에 시달리고 있었습니다. 예수님을 믿고 순종하면 모든 것이 순탄하리라 믿습니까? 꼭 그렇지만은 않습니다. 오히려 하나님께 순종하는 일이 우리에게 고난을 안겨 줄 수도 있습니다. 아브라함처럼 말입니다. 만일 그가 하나님의 명령을 거부하고 하란에 머물렀다면 가나안의 기근이 그를 괴롭히지 않았을 것입니다. 아브라함은 하나님께 순종했기 때문에 가나안에서 큰 위기를 맞았습니다.

아브라함은 궁여지책으로 물과 곡식이 있는 이집트로 내려가기로 했습니다. 문제는 그가 하나님의 인도하심을 구하지 않고 홀로 결정하고 이집트로 간 것입니다. 이때는 아브라함의 믿음이 초보인 때라 하나님의 허락을 구하지 않고 내려갔습니다. 이집트 땅이 가까워지자 아브라함이 잔머리를 굴립니다. 신변의 안전을 위해 자기 아내 사라를 아내가 아니라 여동생이라고 말해 이집트 사람들의 호의를 얻겠다는 것입니다. 사라도 남편의 제안에 동의했습니다.

결국 아브라함과 사라는 '인류 최초의 부부 사기단'이 되어 이집트 사람들과 그들의 왕을 속였습니다. 생각해 보면 참으로 어이없는 일입니다. 당시 아브라함은 75세였고, 사라는 65세였습니다. 도대체 65세 된 할머니가 얼마나 피부가 곱고 탱탱하여 이런 짓을 저질렀을까요? 더 기가 막히는 것은 그들에게 속아 넘어간 이집트 사람들입니다. 그들은 나이 든 사라에게서 무엇을 보았기에 왕에게 신붓감으로 추천했고, 왕도 흔쾌히 허락했을까요? 성경 이야기가 때로는 우리의 상상력을 초월합니다.

다행히 하나님이 개입하여 보호해 주셨기에 아브라함은 이집트 왕에게 사기를 치고도 살아남을 수 있었습니다. 그러나 그곳에서 온갖 수치와 모멸을 당하고 쫓겨나 다시 가나안으로 돌아왔습니다. 이때부터 아브라함의 가나안 삶이 본격적으로 시작됩니다. 이때가 언제쯤일까요?

노아 홍수 이전 시대에 대해서는 정확한 시대를 가늠하기가 참으로 어렵습니다. 반면에 아브라함 시대부터는 고대 근동의 고고학적 자료들과 문헌들을 통해 어느 정도 근거를 가지고 논할 수 있습니다. 학자들은 아브라함 시대를 빠르면 주전 2400년대, 늦으면 주전 1800년대로 봅니다. 만일 출애굽 사건을 주전 15세기 중반에 있었던 일로 간주한다면, 야곱의 후손이 이집트에서 산 430년과, 아브라함에서 야곱의 시대를 더하면 아브라함의 시대는 주전 2200-2100년대 정도로 보는 것이 바람직합니다.

그의 삶

아브라함은 아버지 데라가 이루지 못한 꿈을 이어받아 하란을 떠납니다. 그간 동고동락했던 아버지와 가족들을 이제 영영 다시 볼 수 없을지도 모릅니다. 사랑하는 가족과의 이별은 많은 미련과 눈물을 남깁니다. 아브라함이 하란을 떠날 때 데라의 나이는 145세였고, 데라는 아브라함을 떠나보낸 후 60년을 더 살고 죽었습니다. 비록 아브라함이 아버지의 꿈을 이어받아 길을 떠났지만, 정작 아버지는 아들에 대한 그리움을 가슴에 묻고 60년을 살았습니다. 게다가 한번 떠난 아들은 다시는 아버지를 찾아오지 못했습니다. 하나님의 부르심에 순종하는 일은 때로는 본의 아니게 사랑하는 이들에게 그리움과 상처를 남기기도 합니다.

아브라함은 가장(家長)으로서, 아버지로서도 결점이 많았습니다. 불임인 아내 사라와 임신한 여종 하갈이 갈등을 빚을 때, 두 여인의 남편으로서 둘 사이를 중재하는 것이 당연한 일인데, 아브라함은 사라에게 '하갈은 당신 종이니 당신이 알아서 하라'라며 둘 사이에 끼어들기를 거부했습니다(창 16장). 결국 학대를 견디지 못한 하갈이 가출하는 소동이 벌어지기도 했습니다.

다행히 하갈이 천사의 말을 듣고 다시 돌아오기는 했지만, 아브라함과 오래 살지는 못했습니다. 이삭이 태어난 후 사라는 아브라함에게 하갈과 이스마엘이 보기 싫으니 집에서 내보내라고 했습니다(창 21장). 가장으로서 가정 내 갈등을 풀어 가며 함께 살려고 노력하는 것이 당연한 일일 텐데 아브라함에게는 그럴 만한 용기가 없었습니다. 결국 하나님이 개입하셔서 하갈과 이스마엘을 돌보아 줄 테니 사라가 원하는 대로 그들을 내보내라고 하셨습니다.

다음날 아브라함이 하갈과 이스마엘을 내보냈는데 이 일도 가관입니다. 엄청난 부를 가진 아브라함이 하갈과 이스마엘에게 빵 하나와 물 한 자루를 들려 내보낸 것입니다. 나그네를 위해서는 송아지를 잡고 많은 양의 빵을 만드는 사람이 자기 혈육에게는 왜 그렇게 인색하게 굴었을까요? 도대체 그의 행동은 어떻게 설명해도 이해가 가지 않습니다.

오래전부터 유대 랍비들은 자신들의 사명 중 하나가 이처럼 상식적으로 이해가 가지 않는 선조들의 행동을 합리적으로 설명하여 미화하는 것이라고 했습니다. 그들은 이 작업을 선조들의 부끄러움을 가려 주는 일이라고 했습니다. 그들도 아브라함이 아버지로서 잘못하고 있다는 것을 알고 있었던 것입니다.

이스마엘은 아브라함의 첫째 아들이면서도 아버지를 아버지라 부르지 못하는 '고대 근동판 홍길동'이었습니다. 마음을 찡하게 하는 이스마엘의 이야기가 하나 더 있습니다. 아버지 아브라함에게 쫓겨나 아버지를 아버지라 부르지 못하고 살던 이스마엘이 아브라함이 죽었다는 소식을 들었습니다. 자기를 버린 아버지의 죽음을 냉소적으로 받아들일 수도 있었을 텐데 그는 소식을 듣자마자 곧바로 달려가 이삭과 함께 아버지의 장례식을 극진하게 치렀습니다 (창 25:9). 장례식을 치르면서 이스마엘은 어떤 생각을 했을까요? 어릴 때 냉정하게 그를 내친 아버지의 시신 앞에서 그는 어떤 기도를

> 아브라함이 믿음의 조상이 된 것은 흔들리지 않는 믿음을 가지고 있어서가 아니라 어떤 상황에서도 하나님의 약속은 실현된다는 것을 믿었기 때문입니다.

드렸을까요? 평생 그와 어머니 하갈의 가슴에 씻을 수 없는 아픔과 상처를 남긴 아버지의 죽음을 어떻게 받아들였을까요?

그의 믿음

아브라함은 '믿음의 조상'이라는 영광스러운 타이틀을 가지고 있지만, 히브리서 기자가 아브라함의 이야기에서 따로 구분해서 회고하는 '이삭을 제물로 바치려 했던 사건'(창 22장)이 있기 전까지 그의 믿음은 별 볼 일이 없었습니다. 이렇게 인격적 결함이 많은 아브라함을 하나님이 귀히 여기신 것은 그가 하나님의 약속은 언젠가는 꼭 실현된다는 것을 믿었기 때문입니다. 그렇다고 해서 아브라함의 믿음이 평생 흔들리지 않은 것은 아닙니다. 그의 믿음은 삶의 위기를 만날 때면 흔들리기 일쑤였습니다.

아브라함은 옛 습관을 쉽게 버리지 못했습니다. 하나님의 계획은 분명 사라가 아브라함에게 약속의 아들(이삭)을 낳아 주는 것이었습니다. 그러나 아브라함은 이집트 왕에게 사라를 빼앗길 뻔했습니다. 하나님의 계획을 위기에 빠뜨린 것입니다. 비록 하나님이 개입하셔서 위기에서 건져 주셨지만, 이 과정에서 아브라함은 엄청난 수치와 모멸감을 경험했습니다. 그러나 중독성이 강한 것이 죄인가 봅니다. 아브라함과 사라는 아비멜렉을 상대로 똑같은 사기극을 벌였습니다(창 20장). 또다시 하나님의 약속을 위기에 빠뜨린 것입니다.

기근으로 인해 이집트로 피신했다가 큰 수모를 당하고 돌아온 아브라함은 얼마 지나지 않아 조카 롯과 갈등합니다. 사람들은 흔히 돈이 없어서 갈등하는데, 이들은 재산이 너무 많아 갈등했습니다. 아브라함과 롯의 작별 이야기는 하나님이 내려 주시는 복도 잘 관리하지 못하면 시험이 될 수 있다는 사실을 깨닫게 합니다.

아브라함은 롯과 헤어지는 과정에서 큰 실수를 저질러 또 한 번 하나님의 약속을 위기에 빠뜨렸습니다. 아브라함이 롯에게 거할 땅을 먼저 택하게 한 것입니다. 아브라함의 제안이 표면적으로는 롯을 배려하는 것 같지만, 이 사건의 핵심은 '배려'가 아닙니다. 하나님이 이미 창세기 12장에서 아브라함과 그의 후손에게 가나안 땅을 기업으로 주시기로 약속하셨는데, 만일 롯이 자기가 이 땅(가나안)에 거할 테니 삼촌이 떠나 달라고 하면 문제가 생길 수밖에 없는 상황입니다. 천만다행으로 롯은 약속의 땅 밖에 있는 소돔과 고모라 지역을 택했습니다. 참으로 위험한 순간이었습니다.

'믿음의 조상'이라 불리는 아브라함도 처음에는 이처럼 어이없는 일로 하나님의 약속을 위험에 빠뜨렸습니다. 우리도 신앙생활에 실패하면 좌절하지 않고 다시 일어나 새로 출발했으면 좋겠습니다. 신앙의 성장은 끊임없는 노력의 결과이지 결코 하루아침에 얻어지는 것이 아니기 때문입니다.

이후에도 아브라함은 여러 차례 하나님과의 약속을 위기에 빠뜨립니다. 결정적인 순간에 말실수를 한 것입니다. 하나님이 아브라함에게 상급[자손]을 주시겠다고 하자 아브라함은 자기는 종 엘르아살을 양자로 세울 계획이니 괜찮다고 사양합니다(창 15장). 또 하나님이 사라를 통해 그에게 아들을 주시겠다고 하자 아브라함은 이스마엘로 충분하니 그 아이나 잘 자라게 해 달라고 합니다(창 17장). 차라리 아무 말도 하지 않고 침묵했더라면 중간이라도 갔을 텐데 참으로 안타까운 모습입니다.

그럼에도 불구하고 하나님은 아브라함의 믿음이 흔들릴 때마다 붙잡아 주셨습니다. 중요한 것은, 하나님이 붙잡아 주실 때(창 15:1-5) 아브라함이 뿌리치지 않고 그대로 믿었다는 사실입니다. 그래서 비록 흔들리는 믿음을 가진 아브라함이었지만, 하나님은 그를 의롭다고 칭하셨습니다(창 15:6).

그와
우리

a. 아브라함은 하나님의 약속을 믿고 아버지 집과 친척들을 떠나 가나안으로 갔습니다. 당신은 하나님의 말씀 때문에 가족들을 떠나거나 영적 홀로서기를 해 본 적이 있나요? 그럴 때 무엇이 가장 힘들었나요?

b. 아브라함이 침묵할 때는 좋았지만 말을 하면 실수가 많았습니다. 당신은 사랑하는 이에게 말로 상처를 준 적이 있나요? 만일 그 상황을 되돌릴 수 있다면 어떻게 다르게 말할 수 있을까요?

c. 아들과 아내를 냉정하게 버린 아브라함보다 그런 아버지를 잊지 못하고 찾아와 장례를 치러 주는 이스마엘이 더 의롭습니다. 당신은 어느 쪽인가요? 사랑하는 이들에게 상처를 안겨 준 아브라함인가요, 자기를 버린 부모를 그리워하는 이스마엘인가요? 둘 다 하나님의 치유와 위로가 필요합니다.

d. 하나님께 세움 받고도 좀처럼 변화되지 않는 자신을 보면서 좌절하나요? 그렇다면 아브라함의 이야기는 바로 당신의 이야기입니다. 하나님은 자질이 안 되는 아브라함을 먼저 부르시고 그를 변화시키는 역사를 이루어 가셨습니다. 하나님의 사역이 끝났을 때 아브라함은 믿음의 조상이 되었고, 하나님은 이런 아브라함을 '나의 벗'이라고 부르셨습니다(사 41:8). 우리 역시 주어진 상황 속에서 최선을 다하며 하나님이 언젠가는 '나의 벗'이라고 부르실 날을 기대할 수 있습니다. 우리 안에 선한 일을 시작하신 이가 그것을 꼭 이루실 것이기 때문입니다.

¹¹ 믿음으로 사라 자신도 나이가 많아 단산하였으나 잉태할 수 있는 힘을 얻었으니 이는 약속하신 이를 미쁘신 줄 알았음이라 ¹² 이러므로 죽은 자와 같은 한 사람으로 말미암아 하늘의 허다한 별과 또 해변의 무수한 모래와 같이 많은 후손이 생육하였느니라

사라:
배신당한 아내의 웃음

그녀의 시대

사라는 아브라함의 아내였습니다.[1] 그녀의 시대와 아브라함의 시대는 같습니다. 자세한 것은 그녀의 남편, 아브라함에 대한 묵상에 포함된 시대적 배경을 참고하십시오.

그녀의 삶

사라는 평생 많은 아픔을 겪고 산 여인입니다. 우르에서 아브라함과 결혼했지만 90세가 되도록 자식을 낳지 못했습니다. 당시 사회는 결혼한 여인이 아이를 낳지 못하는 것을 큰 수치로 여겼

---

1) 사라의 삶에 대하여는 저의 『엑스포지멘터리 창세기』(서울: 도서출판 이엠, 2010), 246-387쪽을 참고하십시오.

고, 신의 저주로까지 생각했습니다. 이러한 사회문화적 배경에서 사라가 얼마나 많은 정죄와 수모를 겪었을지 충분히 상상할 수 있습니다.

사라가 65세 되던 해, 여호와께서 하란에 머물던 그녀의 남편 아브라함에게 찾아오셨습니다. 그리고 아브라함을 큰 민족의 조상으로 삼겠다며 자기가 보여 줄 새 땅으로 떠나라고 하셨습니다. 평생 남편에게 아이를 낳아 주지 못한 것이 내내 미안했던 사라는 새 희망에 부풀었습니다. 그녀의 남편이 큰 민족의 조상이 되는 일은 아마도 하나님이 그녀의 몸을 통해 이루실 것이기 때문입니다. 게다가 사라는 아직 어떤 남자도 매력을 느낄 만큼 젊음을 유지하고 있었습니다.

이윽고 남편과 함께 하란을 떠나 하나님이 보여 주신 가나안 땅으로 이주했습니다. 부푼 꿈을 안고 남편과 함께 떠나온 길이지만, 가나안에 도착하자마자 그녀의 수난은 시작되었습니다. 약속의 땅 가나안을 강타한 혹독한 기근을 피해 남편과 함께 물과 곡식이 있는 이집트로 내려가야 했습니다. 가는 길에 남편 아브라함은 이집트 사람들이 자기를 해할까 두렵다며 사라에게 아내가 아니라 여동생인 척해 달라고 부탁했습니다. 두려워 떠는 남편의 부탁이기에 사라는 그렇게 하기로 했습니다.

이윽고 그들 일행이 이집트에 도착하자 문제가 생겼습니다. 사라의 미모에 반한 이집트 사람들이 그녀를 왕에게 소개했고, 왕도 사라를 아내로 맞이하기로 한 것입니다. 사라는 본의 아니게 이집트 왕과 사람들을 속이게 되었습니다. 후환이 두려워 진실을 밝힐 수도 없었습니다. 감히 누가 이집트 왕에게 사기를 치고 살아남을 수 있단 말입니까! 상황을 이렇게 만든 남편 아브라함이 한없이 미웠습니다. 사기극을 꾸민 당사자인 아브라함도 발만 동동 구를 뿐 아무것도 할 수 없었습니다. 이집트 왕을 찾아가 죽을 각오로 진실을 말할 용기는 차마 없었던 것입니다.

사라는 하나님께 매달렸습니다. 하나님을 원망하기도 했습니다. 하란에서 잘 살고 있던 자기를 불러내 왜 이런 위기를 겪게 하시냐고 원망했습니다. 사실 일이 이렇게 된 것은 전적으로 사라와 남편의 책임인데도 말입니다. 아브라함과 사라를 부르신 하나님이 그들을 구하러 오셨습니다! 이집트 왕의 집안에 재앙을 내려 하나님의 능력을 보이시고, 사라와 아브라함이 해를 입지 않고 이집트를 떠나도록 하셨습니다. 그것도 엄청난 재산까지 챙겨서 말입니다! 아브라함은 이 일을 통해 톡톡히 재미를 보았다고 생각했는지 훗날 아비멜렉을 상대로 비슷한 일을 꾸몄습니다. 그때에도 하나님의 기적적인 개입으로, 사라는 아비멜렉의 아내가 될 뻔한 위기를 겨우 넘겼습니다.

이후에도 사라의 고난은 계속되었습니다. 그녀가 남편과 함께 하란을 떠날 때 하나님은 분명 남편에게 큰 민족을 약속하셨는데, 어찌된 일인지 아이가 생길 기미가 보이지 않았기 때문입니다. 사라가 남편과 가나안으로 이주해 온 지 10년이 지났습니다. 사라는 점점 초조해져만 갔고 남편 아브라함에게 한없이 미안했습니다. 아이를 가질 수 없는 자기가 하나님의 약속 성취에 걸림돌이 되는 것 같다는 생각을 떨칠 수 없었습니다. 하나님이 이때까지 아브라함의 몸을 통해 자손이 나올 것이라고 하셨지, 사라의 몸에서 나올 것이라는 말씀은 하지 않으셨던 것입니다.

고심 끝에 사라는 조심스럽게 아브라함에게 말했습니다. 자기는 아무래도 아이를 가질 수 없을 것 같으니 여종 하갈과 잠자리를 같이하여 하나님이 약속하신 아이를 얻는 것이 어떻겠냐고 말입니다. 이때 사라가 아브라함에게 기대했던 반응은 '아니오. 하나님이 분명 당신을 통해 아이를 주실 것이오! 그러니 조금만 더 참고 기다려 봅시다'였습니다. 남편에게 한없이 미안한 자기는 이런 제안을 할 수밖에 없지만, 아브라함은 아내를 사랑하기 때문에 이 제안을 거부할 것이라고 믿었기 때문입니다.

그런데 믿는 도끼에 발등 찍힌다고, 아브라함은 마치 기다렸다는 듯이 덥석 사라의 제안을 받아들였습니다! 사라는 남편에게 크게 실망했지만, 이제 와서 제안을 거두어들일 수는 없었습니다. 그래서 평생을 함께해 온 남편이 딴 여자를 품는 것을 옆에서 지켜보아야 했습니다. 사라의 마음은 찢어질 듯 아팠습니다. 사라의 이야기는 곧, 믿었던 배우자에게 배신당한 경험을 해 본 사람들의 이야기입니다.

사라의 고통은 여기서 끝나지 않았습니다. 남편에게 붙여 준 하갈은 자신이 임신한 것을 알고 사라를 무시하기 시작했습니다. 자기는 사라가 평생 하지 못한 일, 곧 아브라함의 아이를 잉태하는 일을 단숨에 해냈다며 자기가 아브라함 집안의 안주인이 되어야 한다고 떠들어 댔습니다. 사라는 남편에게 배신당하고 자기 종 하갈에게 치이는 신세가 되었습니다. 하갈의 태도가 너무 괘씸하고 어이가 없어서 남편에게 항의해 보았지만, 아브라함은 '하갈은 당신 종이니 당신이 알아서 하라'라고 말할 뿐 두 사람 사이에 개입하려 하지 않았습니다. 사라는 의지하던 남편에게 다시 한 번 상처를 받았습니다. 세상에 홀로 버려진 느낌을 지울 수가 없었습니다.

우여곡절 끝에 하갈은 이스마엘이라는 남자아이를 낳았고, 아브라함은 이 아이를 자기 대를 이을 아이로 여기고 사랑했습니다. 이 모든 것이 남편에게 한없이 미안했던 사라가 시작한 일이기는 하지만, 남편 아브라함이 하갈과 이스마엘을 사랑하는 것을 지켜보는 그녀의 마음은 어땠을까요?

세월이 지나 사라가 89세, 아브라함이 99세가 되던 해에 하나님이 아브라함을 찾아오셔서 이듬해에 사라를 통해 아이를 얻을 것이라고 하셨습니다. 남편도 하나님의 말씀을 믿지 않았고, 사라도 하나님의 말씀을 비웃었습니다. 이때 아브라함은 남자 구실을 하기가 어려울 정도로 늙었고, 사라 역시 폐경한 지 오래되었기 때문입니다. 쉽게 말해서 아브라함과 사라가 아이를 갖는다는 것은 의학적으로 불가능한 때였기에 그들로서는 하나님의 말씀에 웃을 수밖에 없었던 것입니다.

그녀의 믿음

하나님이 아브라함과 사라에게 이삭을 주겠다고 말씀하실 때 그들이 하나님을 불신한 것은 하나님에 대한 실망을 반영합니다. 그들이 하란을 떠나던 24년 전에는 하나님의 능력에 대해 전혀 의심하지 않고 당당히 가나안으로 이주했습니다. 그러나 자손을 주시겠다는 하나님의 약속이 당장 실현되지 않고 오랜 세월 지연되자 그들은 하나님의 능력을 의심하게 되었습니다. 그래서 아브라함은 자식을 주시겠다는 하나님께 자신이 양자로 입양할 엘리에셀이나 잘 보살펴 달라며 하나님에 대한 실망을 토로했습니다(창 15:2). 집 안에 아이가 태어나는 것은 기대하지 않겠으니 부리는 종들 중 하나를 양자 삼아 대를 잇게 하겠다는 것입니다.

이 일이 있은 지 수년 후에 하나님이 드디어 이삭을 주겠다고 하시자 아브라함이 이번에는 이스마엘이나 잘 자라게 해 달라며 하나님의 약속을 기다리다 지친 자신의 심경을 표현했습니다(창 17:18). 사라의 몸에서 아이가 태어나는 일은 기대하지 않겠으니 이미 여종 하갈을 통해 얻은 아들 이스마엘이 대를 이을 수 있도록 해 달라는 것입니다. 아브라함과 사라 부부의 이야기는 하나님의 약속이 실현되기를 기다리다 지쳐 하나님께 실망한 사람들의 이야기입니다.

하나님의 역사가 일어나려면 세 가지가 일치해야 합니다. 하나님의 뜻, 하나님의 방법, 하나님의 때입니다. 세 가지 중 하나님의 뜻을 구별하는 것이 가장 쉽습니다. 하나님의 말씀인 성경을 묵상하면 하나님의 뜻을 구별하는 것은 그다지 어렵지 않습니다. 하나 사라는 하나님의 약속이 실현되기를 기다리다 지쳐 하나님께 실망한 사람입니다. 그러나 하나님은 비웃음의 상황을 뒤집어 사라에게 기쁨의 미소를 짓게 하셨습니다.

님의 방법도 어느 정도 구별하기 쉽습니다. 거룩하고 윤리적으로 완벽한 하나님이 부도덕한 방법으로 역사하지는 않으실 것이기 때문입니다.

세 가지 중 가장 분별하기 어려운 것이 바로 하나님의 때입니다. 사라는 하나님의 때를 구별하지 못해서 하나님께 실망하고 상처까지 받았습니다. 아직 하나님의 때가 이르지 않았는데도 자기가 생각하는 때가 하나님의 때라고 믿었습니다. 드디어 하나님의 때가 이르러 하나님이 찾아오셨는데 사라는 오히려 하나님을 비웃습니다. 우리는 기억해야 합니다. 하나님이 약속하신 것이 지연될 때는 분명 그럴 만한 이유가 있다는 사실을 말입니다. 하나님은 "내게 능치 못할 일이 있느냐"라며 사라의 불신을 나무라셨습니다. 그러면서 남자아이가 태어날 것이니 그 이름을 이삭('그가 웃다'라는 뜻이라 부르라고 하셨습니다. 아이의 이름을 부를 때마다 하나님의 말씀을 비웃은 것을 반성하라는 취지였습니다.

사실 하나님은 이때를 기다렸다가 사라에게 이삭을 주셨습니다. 24년 전, 그녀가 가나안에 입성할 때만 해도 아브라함과 사라는 상대적으로 젊었고, 아름다움도 간직하고 있었습니다. 그래서 이집트의 왕까지 사라를 아내로 맞으려 했던 것입니다. 만일 그때 하나님이 이 부부에게 자식을 주셨다면 그들은 분명 자신들의 능력으로 아이를 얻었다고 생각했을 것입니다. 그러나 이제 세월이 지나 아브라함과 사라는 너무 늙었고, 아이를 갖는 것은 의학적으로도 불가능한 일이라고 고백하게 되었습니다. 하나님은 이스라엘 민족의 잉태 단계에서부터 자신이 베풀어 준 은혜로운 기적의 결과라는 것을 강조하기 원하셨습니다. 그래서 더 일찍 아이를 주실 수도 있었지만 그들이 스스로 불가능하다고 고백할 때까지 기다리셨던 것입니다.

하나님의 말씀을 비웃었던 사라가 정신을 차렸습니다. 드디어 24년 전 하란을 떠날 때 주신 말씀이 실현될 때가 되었다는 것을 직감했습니다. 사라는 지난 수년간의 불신과 하나님에 대한 서운함을 버리고, 다시 하나님의 전능하심을 믿게 되었고 아이를 잉태하기를 사모했습니다. 이삭의 탄생은 사라가 하나님의 무한하신 능력을 새로이 확인하고 믿는 계기가 되었습니다. 이삭의 탄생은 온 집안의 경사였지만, 그보다 더 중요한 것은 아이의 탄생으로 사라의 믿음이 굳건하게 회복된 일입니다.

이삭의 이름을 부를 때마다 한동안 사라는 하나님에 대해 실망하고 주님의 능력을 의심한 일을 회개했습니다. 하나님은 사라의 회개를 받으시고 약속대로 큰 민족을 허락하셨습니다. 이 사건을 회고하는 히브리서 기자는 "죽은 자와 같은 한 사람(아브라함)으로 말미암아 수많은 후손들이 태어날 수 있었다"라고 합니다(12절). 사라의 회개가 있었기에 가능했던 일입니다.

그녀와
우리

a. 사라가 느꼈을 남편에 대한 실망감과 배신감은 오늘날에도 여전히 수많은 아내들이 겪고 있는 고통과 상처입니다. 그럼에도 불구하고 사라는 남편이 '믿음의 조상'으로 명명되기까지 남편과 함께했습니다. 사라가 그렇게 할 수 있었던 원동력은 무엇이었을까요? 배우자에 대한 실망과 배신감을 느낄 때 당신은 어떻게 하나요?

b. 남편 아브라함이 하나님께 자손의 복을 약속받았는데, 정작 아내인 사라는 폐경이 지나도록 임신하지 못했습니다. 얼마나 초조하고 불안했을까요? 그래서 자기 몸종을 통해서라도 남편에게 아들을 낳아 주려는 인간적인 방법까지 도모했습니다. 지금 당신이 불안하고 초조해 하는 문제는 무엇인가요? 인간적인 해결책을 찾기보다 하나님의 약속과 방법대로 해결되게 해 달라고 기도하는 시간을 가져 보세요.

c. 사라는 하나님의 약속이 자기가 생각한 때에 이루어지지 않자 실망이 컸습니다. 당신도 혹시 하나님의 약속이 당신이 생각한 때에 이루어지지 않아 초조해 하거나 하나님에 대한 실망과 원망을 품고 있지는 않나요? 하나님의 때를 기다리는 것도 믿음입니다.

d. 사라는 이삭('그가 웃다')의 이름을 부를 때마다 자신이 하나님을 믿지 못해 비웃은 일을 생각하며 반성과 겸손의 웃음을 지었습니다. 당신은 은연중에 영적으로 교만해져서 하나님의 말씀을 우습게 여길 때, 다시 겸손해지기 위해 취하는 영적 훈련이 있나요?

¹³ 이 사람들은 다 믿음을 따라 죽었으며 약속을 받지 못하였으되 그것들을 멀리서 보고 환영하며 또 땅에서는 외국인과 나그네임을 증언하였으니 ¹⁴ 그들이 이같이 말하는 것은 자기들이 본향 찾는 자임을 나타냄이라 ¹⁵ 그들이 나온 바 본향을 생각하였더라면 돌아갈 기회가 있었으려니와 ¹⁶ 그들이 이제는 더 나은 본향을 사모하니 곧 하늘에 있는 것이라 이러므로 하나님이 그들의 하나님이라 일컬음 받으심을 부끄러워하지 아니하시고 그들을 위하여 한 성을 예비하셨느니라

7장

믿음의 선진들:
고단하고 외로운 나그네의 설움

히브리서 기자는 아벨의 이야기로 시작된 선진들에 대한 회고를 잠시 멈춥니다. 대신 이제껏 언급했던 선진들의 믿음이 지닌 공통점을 이야기합니다. 저자가 제시한 선진들의 공통점을 하나씩 살펴보겠습니다.

약속의 실현을 먼발치에서 바라본 사람들

아벨 이후 아브라함 시대까지 살았던 믿음의 선진들은 하나님이 그들에게 약속하신 것을 누리지 못하고 그저 먼발치에서 그 약속이 조금씩 실현되어 가는 것을 보는 것으로 만족하고 죽었습니다. 하나님께 약속은 받았지만, 그 약속이 자신들의 시대에 온전히 실현되는 것을 보지 못하고 죽은 것입니다.

기다림이란 우리가 원하는 때가 아닌
하나님이 원하시는 때에 이루실 것을
기대하는 것입니다.

아브라함과 사라의 경우를 보십시오. 아브라함과 사라는 그들의 자손이 언젠가는 큰 민족을 이룰 것과 그들이 약속의 땅 가나안에 정착하여 살 것이라는 약속을 받았습니다. 그러나 그들의 일생동안 하나님의 약속은 실현되지 않았을 뿐만 아니라 실현될 기미도 보이지 않았습니다. 겨우 야곱의 열두 아들 시대에 가서야 후손의 수가 조금 늘어나면서 희미하게나마 그 가능성이 보였지만, 그때는 이미 아브라함과 사라는 죽은 지 오래되었습니다.

인스턴트 시대를 살아가는 우리는 모든 것이 '지금 이 순간' 이루어지기를 기대하며 삽니다. 무엇이든 조금만 지체되면 답답해 합니다. 그러나 기다림은 미덕일 뿐 아니라 믿음입니다. 기다림이란 우리가 원하는 때가 아닌 하나님이 원하시는 때에 이루실 것을 기대하는 것입니다. 또한 신앙 훈련에서 가장 어렵고 힘든 부분이 하나님을 바라보며 기다릴 줄 아는 것입니다. 오늘날 성도들은 이 부분에 매우 약합니다. 모든 것이 즉흥적으로 진행되는 데 익숙해져 있습니다.

이런 이야기가 있습니다. 신학교에 다니는 한 전도사가 주말이면 교회에서 열심히 사역을 했습니다. 담임 목사가 설교를 하라면 설교를 하고, 운전을 하라면 운전을 하고, 청소를 하라면 청소를 하고, 성경 공부를 인도하라면 인도하고, 찬양 인도를 하라면 찬양 인도를 하고, 심방을 하라면 심방을 했습니다. 매사에 적극적인 전도사는 이 모든 일을 잘 해냈습니다. 몇 달 후 담임 목사가 그 전도사를 불렀습니다. 담임 목사는 목회의 선배로서 그에게 진심 어린 조언을 해 주었습니다.

"자네는 참 은사가 많아. 앞으로 하나님이 자네를 크게 쓰실 것 같네. 그런데 자네에게 한 가지 약점이 있네. 성격이 급해서 오래 참지 못하는 것이야. 만일 자네가 이 문제만 해결한다면 하나님 나라를 위해 큰일을 할 수 있을 걸세. 목회를 잘하려면 오래 참는 것이 필수라네."

담임 목사의 조언에 도전을 받은 전도사는 자기의 참지 못하는 성격을 훈련하기로 결심했습니다. 그날로 짐을 싸서 기도원으로 올라갔습니다. 그리고 몇 날 며칠 동안 계속 같은 기도를 드렸습니다. "하나님, 저에게 오래 참는 성격을 주시옵소서. 지금 당장 주시옵소서!" 누군가가 지어낸 우스개 이야기지만, 저는 이 이야기를 듣고 왠지 저 자신을 보는 것 같아 씁쓸했습니다.

흔히 '사랑장'이라 부르는 고린도전서 13장은 사랑이 무엇인지를 정의합니다. 사도 바울은 제일 먼저 사랑은 '오래 참는 것'이라고 합니다(4절). 그리고 사랑은 '모든 것을 참으며 모든 것을 견디는 것'이라는 말로 마무리합니다(7절). 사랑의 가장 중요한 요소는 오래 참는 것입니다. 하나님을 사랑하십니까? 하나님의 약속이 더디더라도 때를 바라며 기다리는 것이 하나님을 사랑하는 것입니다. 영어에 이런 말이 있습니다. "좋은 것들은 시간이 걸린다"(Good things take time). 믿음은 기다릴 줄 아는 것입니다.

아브라함과 사라에게서 배웁시다. 설령 하나님의 약속이 우리 일생 동안 성취되지 않더라도 언젠가는 선하신 하나님이 꼭 이루실 것을 믿고 확신하며 기다립시다. 하나님의 약속이 성취되지 않는다고 초조해 할 필요도 없습니다. 우리는 그저 살아 있는 동안 그것을 위해 기도하고 성취될 것을 기대하되, 만일 성취되지 않으면 그 약속을 다음 세대에게 물려주고 하나님의 부르심에 응하면 됩니다.

하나님이 약속을 우리에게 주셨다고 해서 그 약속이 꼭 우리 시대에 실현되어야 하는 것은 아닙니다. 어떤 약속과 비전은 몇 세대 후에 성취되기도 합니다. 하나님이 아브라함에게 주신 민족과 땅에 대한 약속은 수백 년이 지나서 모세, 여호수아 시대에 가서야 실현되었습니다. 하나님의 역사에서 중요한 것은 우리 시대가 아니라 하나님의 때입니다.

본향으로 돌아가기를 사모한 사람들

믿음의 선진들은 이 땅이 잠시 지나가는 곳이라는 사실을 깨닫고, 하늘에 있는 본향으로 돌아가기를 사모했습니다. 본향은 우리가 떠나온 곳을 의미합니다. 히브리서 기자는 우리의 본향이 하늘에 있다고 합니다. 곧 우리는 하나님이 잠시 다녀오라며 이 땅으로 보냄 받은 자들입니다. 우리에게 장차 돌아갈 곳이 있다는 사실은 참으로 큰 위로가 될 뿐만 아니라 삶에 대한 많은 의문점을 해결해 줍니다.

우리는 우리의 의지와 상관없이 이 땅에 태어났습니다. 어떤 사람은 좋은 환경에서 태어나 평생 고생을 모르고 삽니다. 어떤 사람은 불우한 가정에 태어나 삶을 펼쳐 보기도 전에 많은 것을 포기해야 합니다. 또 어떤 사람은 믿음이 좋은 경건한 가정에 태어나 어릴 때부터 자연스럽게 신앙생활을 합니다. 또 어떤 사람은 온 집안이 다른 종교를 믿어 온갖 핍박을 감수하면서 홀로 신앙생활을 합니다.

어찌 보면 삶은 참으로 불공평해 보입니다. 그 무엇도 우리가 선택해서 된 것은 없으며, 우리 마음대로 할 수 없는 것이 너무나 많습니다. 이런 상황에서 우리에게 돌아갈 본향이 있다는 사실은 큰 위로가 되며, 이 불공평한 삶을 어느 정도 견뎌 낼 힘이 됩니다. 선하신 하나님이 우리를 이 땅으로 보내실 때 이 모든 것을 감안하여 우리에게 가장 적합한 곳으로 보내셨다는 사실을 믿어야 합니다.

또한 우리가 경험하는 이 세상이 실체의 전부가 아니며, 영원하고 더 큰 실체가 우리를 기다리고 있다는 사실은 참으로 흥분됩니다. 장차 우리가 돌아갈 본향에서 하나님은 우리가 이 땅에서 경험한 모든 불공평함을 해결해 주실 것입니다. 우리를 보내신 이가 바로 하나님이시기 때문입니다. 또한 하나님은 자신이 '본향을 갈망하는 사람들의 하나님'으로 불리는 것을 부끄러워하지 않으십니다(16절).

오히려 자랑스럽게 생각하십니다.

우리가 결함이 많은 존재임에도 불구하고, 하나님이 우리의 하나님으로 불리는 것을 자랑스러워하신다는 사실이 무척 감격스럽습니다. 이러한 사실을 깨닫고 믿으면, 우리가 사는 세상이 아무리 불공평하다 할지라도 비관할 필요가 없습니다. 이 세상에서의 수고가 모두 끝나는 날에 하나님이 우리를 위해 예비하신 처소, 곧 공의와 정의가 강물처럼 흐르고 따뜻한 안식이 있는 본향이 우리를 맞이해 줄 것입니다. 믿음은 그 본향을 기대하며 바라는 것입니다.

외국인과 나그네의 삶을 살았던 사람들

성경은 이 땅에서의 삶을 나그네의 삶으로 묘사합니다(13절). 세상은 우리가 잠시 지나가는 곳일 뿐 영원히 살 곳이 아닙니다. 신약이 우리의 삶을 '나그네의 삶'에 비유하듯이, 구약은 이 땅의 삶을 '광야의 삶'에 비유합니다. 광야에서의 삶에 대해 가장 확실하게 증언하는 책이 민수기입니다.

민수기의 히브리어 이름을 문자적으로 풀이하면 '광야에서'입니다. 원래 각 책의 히브리어 이름은 그 책을 시작하는 몇 단어에서 비롯됩니다. 그러나 민수기의 히브리어 이름은 이집트를 탈출하여 가나안 땅을 향해 가던 이스라엘 선조들의 광야에서의 삶을 매우 부정적으로 평가하는 의미를 지니기도 합니다.

이집트를 탈출한 이스라엘은 시내 산 앞에서 일 년을 지내며 하나님과 언약 관계를 맺었습니다. 여호와는 '이스라엘의 왕'이 되시

우리가 살아가는 이 세상은 본향으로
가기 위해 거쳐 가는 광야일 뿐입니다.

고, 이스라엘은 '하나님의 백성'이 된 것입니다. 왕이신 하나님은 자기 백성이 어떻게 살아야 할지 지침을 주셨습니다. 그것이 바로 모세 율법입니다. 하나님과 이스라엘이 맺은 언약의 세부 사항이라고 할 수 있습니다.

일 년 후, 하나님은 모세에게 이스라엘 백성을 이끌고 약속의 땅으로 들어가라고 하셨습니다. 시내 산에서 가나안까지는 그리 먼 길은 아니지만 험난한 광야를 통과해야 합니다. 이 광야는 사람이 묵을 만한 처소는커녕 물과 양식도 구하기 힘든 그런 곳입니다. 하나님은 매일 하늘에서 만나를 내려 이스라엘을 먹이시고, 바위를 쪼개 물을 내셨습니다. 추운 밤이면 불기둥으로 그들을 따뜻하게 하셨고, 뜨거운 낮에는 구름기둥으로 그들을 보호하셨습니다. 광야는 사람의 생존 자체가 위협받는 곳이며, 하나님이 기적을 베풀어 주셔야 살 수 있는 곳입니다. 한마디로 광야는 하나님만 바라는 신앙 훈련을 하기에 최적의 장소입니다.

이스라엘은 시내 산을 떠나 가나안 정복의 전진 기지가 될 가데스바네아로 향했습니다. 문제는 이스라엘이 가데스바네아로 가는 내내 불평을 했다는 것입니다. 먹을 것이 마땅치 않으면 불평하고, 마실 것이 마땅치 않으면 원망하고, 잠자리가 마땅치 않으면 이집트에서 살던 때가 좋았다며 탄식했습니다.

하나님은 이스라엘에게 광야에서 살라고 하지 않으셨습니다. 광야는 그저 잠시 지나가는 곳입니다. 만일 하나님이 이스라엘에게 광야가 약속의 땅이니 그곳에서 살라고 명령하셨다면 그들이 느끼는 불편함에 대해 문제 제기를 하는 것은 당연할 것입니다. 그러나 광야는 하나님이 약속하신 땅으로 가기 위해 잠시 거쳐 가는 곳입니다.

바보가 아니라면 누가 집에 있는 침대와 냉장고와 소파를 챙겨 여행을 떠납니까? 길을 떠나는 것은 불편을 감수한다는 뜻입니다. 우리말에도 '집 떠나면 개고생'이라고 하지 않습니까! 안타깝게도 이스라엘은 자신들이 광야에서 영원히 살 것처럼 착각하여 조금만 불편하면 하나님과 모세를 원망했습니다. 그들을 기다리고 있는 본향 가나안을 보지 못했기 때문입니다.

결국 불만투성이 이스라엘은 가데스바네아에서 하나님을 불신하는 대형 사고를 치고 그 벌로 40년 동안 광야생활을 해야 했습니다. 이 기간 동안 하나님을 믿지 못하고 불만을 터트린 출애굽 1세대는 모두 죽었습니다. 그리고 40년 후 모압 평지를 가나안 정복의 전진 기지로 삼았습니다. 이스라엘은 불평하다가 40년의 길을 돌아 다시 약속의 땅 접경 지역에 서게 된 것입니다. 하나님을 믿고 인내했다면 40년 전에 끝났을 일을 이제야 하게 되었습니다.

성경은 우리의 삶을 광야생활로 비유합니다. 광야에서의 삶은 불편할 수밖에 없습니다. 그러나 광야는 잠시 지나가는 곳이지 우리가 영원히 살 곳은 아닙니다. 이 땅에 살면서 겪는 불편함은 감수해야 합니다. 삶이 고달파도 좌절하거나 너무 원망하지 않았으면 좋겠습니다. 우리는 영원히 살 천국을 향해 가고 있고, 이 세상은 잠시 거쳐 가는 곳이기 때문입니다.

그들과
우리

a. 믿음에서 가장 중요한 것은, 하나님의 약속이 우리 삶에서 오늘 당장 실현되지 않더라도 언젠가는 꼭 이루어지리라 확신하며 인내하는 것입니다. 하나님이 당신에게 주신 여러 가지 약속 중에 먼 훗날에라도 꼭 실현되기를 간절히 바라며 기다리는 것은 무엇인가요?

b. 믿음에서 기다림이 가장 중요한 것처럼, 사랑에서는 참아 주는 것이 가장 중요합니다. 사랑하는 가족에게 당신은 얼마나 참아 주나요? 교회에서 함께 신앙생활을 하는 성도들에게 오래 참는 사랑으로 대하고 있나요?

c. 성경은 이 땅에서의 삶을 잠시 지나가는 나그네의 삶에 비유합니다. 당신은 혹시 이 세상에 안주하거나, 마치 이곳에서 영원히 살 것처럼 생각하고 있지는 않나요?

d. 한 시인은 이 땅에서의 우리 삶을 소풍에 비유합니다. 우리가 소풍을 마치고 집으로 돌아가는 날 당신이 하나님께 가장 듣고 싶은 말은 무엇인가요?

2부

믿음을 선택하는 여정

¹⁷ 아브라함은 시험을 받을 때에 믿음으로 이삭을 드렸으니 그는 약속들을 받은 자로되 그 외아들을 드렸느니라 ¹⁸ 그에게 이미 말씀하시기를 네 자손이라 칭할 자는 이삭으로 말미암으리라 하셨으니 ¹⁹ 그가 하나님이 능히 이삭을 죽은 자 가운데서 다시 살리실 줄로 생각한지라 비유컨대 그를 죽은 자 가운데서 도로 받은 것이니라

8장

아브라함 Ⅱ :
가장 소중한 것을
내어놓는 선택

그의 시대

우리는 이미 아브라함과 사라의 시대와 그들의 삶에 대해 묵상했으므로 여기서는 언급하지 않겠습니다.[1] 다만 이 사건의 역사적 배경에 대해 한 가지만 짚어 보겠습니다.

아브라함은 100세 되던 해에 이삭을 얻었습니다. 이삭은 하나님이 하란에서 아브라함을 불러내실 때 약속하신 큰 민족을 이룰 약속의 아들이었습니다. 아브라함은 이삭이 태어나기 15년 전에 이스마엘을 얻어 그를 사랑했지만, 이삭이 태어나자 비로소 그가 약속의 아들이라는 사실을 알게 되었습니다. 이후 아브라함은 이스마엘

---

1) 아브라함의 연대를 주전 2166-1991년으로 단정한 학자는 이삭이 15세 되던 해에 일어났고 이때가 주전 2051년이었다고 합니다.

을 내보내고 오직 이삭만을 사랑했습니다.

세월이 흘렀습니다. 아브라함이 대략 115-120세, 이삭이 약 15-20세가 되었을 때 하나님이 아브라함을 찾아오셔서 이삭을 번 제물로 바치라고 명령하셨습니다.[2] 이게 웬 마른하늘에 날벼락이며, 아닌 밤중에 홍두깨란 말입니까! 이삭은 아브라함이 노년에 얻은 귀한 아들일 뿐 아니라 아브라함이 가나안으로 이주한 목적의 성취였으며, 하나님이 그에게 약속하신 모든 축복의 핵심입니다. 그런데 그 아이를 제물로 바치라니요?

하나님의 명령이 좀처럼 이해되지 않았지만 아브라함은 순종하기로 했습니다. 아브라함은 이삭과 종들을 데리고 하나님이 말씀하신 모리아 산(예루살렘 성전 터)으로 갔습니다. 당시 브엘세바 지역에 거주하던 아브라함은 모리아 산까지 가는 데 3일 길을 걸었습니다.

그의 믿음

아브라함이 이삭을 모리아 산에서 하나님께 번제로 바치려고 했던 일(창 22장)은 아브라함 이야기에서 가장 유명한 사건이며, 우리에게 깊은 감동과 영감을 줍니다. '도대체 하나님을 얼마나 사랑해야 아브라함처럼 자기 아들을 아끼지 않고 내놓을 수 있을까?'라는 질문을 해 보며, 우리도 언젠가는 아브라함처럼 세상 그 무엇보다도 하나님을 더 사랑하기를 소망해 봅니다. 아브라함이

---

2) 아브라함이 이삭을 제물로 바치려 했던 이야기는 저의 『엑스포지멘터리 창세기』 (서울: 도서출판 이엠, 2010), 388-401쪽을 참고하십시오.

하나님은 우리가 즉흥적으로 순종하기
보다는 깊이 생각하고 결단하며 순종
하기를 바라십니다.

이삭을 바친 이야기는 하나님이 인정하신 아브라함의 믿음에 대해
몇 가지 교훈을 줍니다.

첫째, 깊이 생각하고 결단한 믿음입니다. 아브라함은 모리아 산
에 도착할 때까지 3일 내내 끊임없이 고민하고 질문했을 것입니다.
'약속의 아들인 이삭을 바칠 것인가, 아니면 집으로 돌아갈 것인
가?' 차라리 하나님이 아브라함에게 집 뒤뜰에서 이삭을 제물로 바
치라고 하셨으면 더 쉬웠을 것입니다. 3일 동안 고민할 시간은 없었
을 테니까요.

그러나 하나님은 아브라함에게 먼 길을 가게 하셨습니다. 길을
가는 동안 철저하게 고민하고 모든 것을 생각해 본 다음에 순종할
지 불순종할지 결정하도록 시간을 주신 것입니다. 만일 아브라함이
도저히 순종할 수 없을 것 같으면 모리아 산에 도착하는 순간에라
도 돌이켜 이삭을 데리고 집으로 돌아갈 수 있었습니다. 이 이야기
에서 우리는 하나님이 우리의 즉흥적인 순종보다 많이 생각해 보고
결정한 순종을 기뻐하시는 분임을 알 수 있습니다.

둘째, 하나님의 예비하심을 확신한 믿음입니다. 아브라함 일행이 모리아 산에 도착했을 때, 아브라함은 종들을 모두 산 아래 두고 이삭에게 장작을 지워 산을 오르기 시작했습니다. 이삭은 의아했을 것입니다. 아버지가 분명 제사를 드리기 위해 모리아 산을 오르는 것이라고 했는데, 불과 장작만 있고 제물로 바칠 짐승은 없었기 때문입니다. 이삭은 자기가 그 제물이 될 것이라는 사실을 꿈에도 몰랐습니다.

이삭이 아브라함에게 물었습니다. 불과 장작은 있는데, 왜 제물로 바칠 짐승은 없냐고 말입니다. 저는 이삭의 이 질문이 아브라함을 가장 괴롭게 했을 것이라고 생각합니다. 아버지가 아들을 제물로 바칠 생각으로 그를 데리고 산을 오르고 있는데, 제물이 될 아들이 아버지에게 이런 질문을 하면 세상에 어떤 아버지가 복받치는 감정을 억제하며 냉정하게 대답할 수 있겠습니까!

아브라함은 이삭에게 제물은 여호와께서 예비하실 것이라는 의미로 '여호와 이레'라고 대답했습니다. 아브라함의 대답은 그가 처한 곤란한 상황에 임기응변으로 둘러댄 말이 아닙니다. 히브리서 기자가 말한 것처럼, 아브라함은 여호와가 약속의 아들을 제물로 바치라고 하셨을 때에는 그만한 이유가 있으며, 만일 이 일로 이삭이 죽게 되면 하나님은 분명 그를 다시 살리실 것이라는 확신을 가지고 있었습니다(19절). 이삭은 아브라함이 하나님께 받은 약속을 상속할 아들이 분명하기 때문입니다.

셋째, 하나님의 테스트를 통과한 믿음입니다. 정상에 오른 아브라함은 이삭을 꽁꽁 묶어 바위 위에 올려놓고 칼로 내리치려 했습니다. 하나님은 다급히 아브라함을 막았습니다. 왜 마음을 바꾸셨을까요? 사실은 하나님이 마음을 바꾸신 것이 아니라, 처음부터 이삭을 죽일 생각이 아니었습니다. 이 이야기를 해석하는 데 가장 중요한 단서는 창세기 22:1에 기록된 '시험하시려고'입니다.

하나님은 인간 번제를 기뻐하시는 분이 아닙니다. 모세를 통해 주신 율법에는 인간 번제를 금하고 있습니다. 따라서 하나님이 아브라함에게 이삭을 제물로 바치라고 하신 것은 아브라함의 믿음을 시험해 보시려고, 곧 아브라함이 어떤 반응을 보이는지 보시기 위해서입니다. 설령 아브라함이 이삭을 바치지 않더라도 하나님은 진노하시지 않았을 것입니다.

위 상황을 이렇게 설명할 수 있습니다. 여러분의 자녀가 3, 4세일 때를 생각해 보십시오. 아이가 막대 사탕을 맛있게 먹고 있을 때 옆에 가서 뭐라고 했습니까? 아마도 분명 '아빠 한 번만!' 혹은 '엄마 한 번만!' 했을 것입니다. 그 막대 사탕이 먹고 싶어서입니까? 물론 가끔 그런 엄마, 아빠도 있지만 대부분은 아이가 어떤 반응을 보일지 궁금해서 그럴 것입니다.

아이가 잠시 고민하다가 사탕을 내밀면 어떻게 하셨습니까? 날름 받아먹은 분들도 있겠지만, 대부분은 "오, 착하네. 우리 아들/딸!" 하고 그냥 돌려주었을 것입니다. 하나님이 아브라함에게 이삭을 번제로 바치라고 하신 것도 비슷한 맥락에서 이해할 수 있습니다. 인간 번제를 혐오하시는 하나님이 아브라함에게 이삭을 바치라고 하신 것은 그의 반응을 보기 위한 일종의 시험이었습니다. 아브라함은 하나님이 출제하신 시험지에 최고의 답안지를 작성한 것입니다.

모리아 산 정상에서 있었던 일로 인해 아브라함은 믿음의 조상이 되었습니다. 그동안 하나님이 주신 믿음 테스트마다 낙제점을 받던 사람이 이 사건에서는 100점 만점을 받은 것입니다. 아브라함은 모든 성도가 닮아야 할 믿음의 표본을 보여 준 것입니다. 훗날 그는 하나님이 '나의 벗'이라고 불러 주시는 영광을 얻었습니다 (사 41:8).

그의 고난

모리아 산 정상에서 있었던 일이 아브라함을 한순간에 '믿음의 조상'으로 격상시켰지만, 동시에 그의 가정에는 엄청난 상처와 회복할 수 없는 파괴를 안겨 주었다면 믿으시겠습니까? 우리는 이 사건을 주로 아브라함의 관점에서만 해석하지만 한 번쯤 생각해 볼 것은 아버지께 죽임을 당할 뻔한 이삭은 이 사건에 대해 어떻게 생각했을까요? 여호와께 제사를 드리러 간다며 아들을 데리고 집을 나선 남편에게 잘 다녀오라며 배웅했던 사라가 나중에 자초지종을 듣고 난 다음에는 어떻게 반응했을까요?

이런 정황들을 고려하면 이야기가 복잡해지기 시작합니다. 오래 전부터 일부 소장파 랍비들은 재미있는 해석을 내놓았습니다. 모리아 산 사건으로 인해 아브라함의 가정이 깨졌다는 것입니다. 황당한 이야기 같지만, 다음 사항을 생각해 보면 가능한 이야기 같습니다.

첫째, 아브라함이 이삭을 데리고 집을 나설 때, 아내인 사라에게 이삭을 모리아 산에서 제물로 드려야 하므로 이삭은 다시 돌아오지 못할 것이라는 말을 했을까요? 만일 아브라함이 사라에게 사실대로 말했다면 사라는 분명 아브라함을 '미친 영감'이라며 종들을 시켜 남편을 집에 감금했을 것입니다. 어떻게 얻은 자식인데 제물로 바친단 말입니까!

아브라함이 모리아 산에 도착했을 때 종들을 산 아래에 두고 이삭만 데리고 올라간 것도 아브라함이 사라에게 말하지 않았다는 정황적 증거가 됩니다. 만일 사라에게 이삭을 바칠 계획을 말하고, 또 만일 사라가 동의했다면, 십중팔구 사라는 종들에게 늙은 아브라함이 혈기 왕성한 이삭을 제압하기 어려울 테니 이삭을 잘 붙잡아 아브라함을 도우라고 말하지 않았을까요?

둘째, 아브라함이 산을 오를 때는 분명 아들과 함께 올라갔는데, 내려올 때는 홀로 내려옵니다. 우리말은 단수와 복수를 정확하게 구별하지 않지만, 히브리어는 단수와 복수를 확실하게 구분합니다. 아브라함이 모리아 산에서 내려올 때 단수 동사가 사용됩니다. 이삭은 아마도 아버지와 어느 정도 거리를 두고 따로 내려온 것으로 보입니다. 만일 우리가 이삭이었다면 바로 몇 시간 전에 자기를 죽이겠다고 목에 칼을 들이댄 아버지와 어떻게 같이 내려올 수 있겠습니까? 거리를 두고 내려오는 것은 당연한 일입니다. 이 일로 인해 아브라함과 이삭의 관계가 깨진 것입니다.

셋째, 이삭과 아브라함의 관계가 원만하지 않았다는 간접적인 증거가 있습니다. 이삭이 리브가와 결혼한 후 아내를 어머니 사라가 거하던 장막으로 데리고 가는데, 이때 창세기 저자는 그가 어머니 사라가 죽은 후에 경험하지 못했던 위로를 리브가를 통해 받았다고 합니다(창 24:67). 만일 이삭과 아브라함의 관계가 원만했다면, 리브가가 죽은 사라를 대신하여 이삭을 위로했다는 말이 필요 없었을 것입니다.

넷째, 이 일 이후로 사라와 아브라함이 별거했을 가능성이 있습니다. 창세기 23:1은 사라가 127세의 나이로 아브라함보다 먼저 죽었다고 합니다. 모리아 산 사건이 있고 대략 20년의 세월이 흐른 시점입니다. 사라가 죽었을 때 아브라함은 아내의 임종을 지키지 않았으며, 마치 그가 다른 곳에 있다가 아내의 소식을 접하고 급히 아내의 시신이 있는 장막으로 온 듯한 분위기를 연출합니다(2절).

이러한 정황들을 고려해서 이 소장파 랍비들은 모리아 산 사건으로 사라가 남편 아브라함을 용서하지 않았고, 말년을 남편과 별거한 것으로 추측합니다. 가장의 믿음의 순종으로 인해 아브라함의 가정이 엄청난 후폭풍을 경험한 것입니다. 충분히 가능한 이야기입니다. 이 외에도 모리아 산 사건이 이삭과 아브라함의 관계를 파괴하다시피 했다는 간접적인 증거들이 더 있습니다.

종합해 볼 때 아브라함의 가정은 모리아 산 사건으로 큰 아픔을 경험했습니다. 부모와 자식의 관점이 서로 대립할 수밖에 없기 때문입니다. 아브라함의 입장에서는 아들을 희생시키는 한이 있어도 하나님의 명령에 순종할 수밖에 없습니다. 이삭의 입장에서는 자기 신앙을 지키겠다고 아들에게 칼을 들이대는 아버지를 이해할 수 없습니다. 하나님의 명령을 직접 듣지 못하고 남편을 통해 들은 사라의 입장에서는 그동안 자신이 하나님에 대해 알고 믿었던 모든 것이 송두리째 흔들리는 것을 용납할 수 없습니다.

이런 이유에서 예수님이 다음과 같이 말씀하신 것으로 생각됩니다. 믿음이 때로는 세대와 가족을 갈라놓고 관계를 파괴하기도 한다는 말씀입니다.

> 내가 세상에 화평을 주려고 온 줄로 아느냐 내가 너희에게 이르노니 아니라 도리어 분쟁하게 하려 함이로라 이후부터 한 집에 다섯 사람이 있어 분쟁하되 셋이 둘과, 둘이 셋과 하리니 아버지가 아들과, 아들이 아버지와, 어머니가 딸과, 딸이 어머니와, 시어머니가 며느리와, 며느리가 시어머니와 분쟁하리라 하시니라(눅 12:51-53)

중요한 것은 훗날 바로 이 모리아 산에 성전이 세워졌다는 것입니다(대하 3:1). 인간이 하나님을 예배하고 교제하는 곳이 성전인데, 아브라함이 가족들의 오해와 희생을 감수하면서 이삭을 제물로 희생시키려 했던 바로 그곳에 성전이 세워졌다는 것은 의미심장합니다. 하나님은 우리의 아픔과 눈물로 얼룩진 순종과 예배를 귀하게 받으십니다.

그와 우리

　　아브라함과 이삭의 이야기는 오늘날에도 믿음의 1세대와 2세대가 겪는 아픔으로 반복됩니다. 믿음의 1세대는 하나님께 순종하기 위해 종종 2세대를 희생해야 합니다. 반면에 희생양이 되어야 하는 2세대 입장에서는 참으로 이해가 되지 않는 불공평한 상황입니다. 어떻게 보면 우리의 믿음이 우리가 가장 사랑하는 이들에게 많은 상처를 줄 뿐만 아니라 심지어 가정도 파괴할 수 있습니다.

　　하나님께 순종하기 위해 가족에게 큰 상처를 준 적이 있습니까? 그렇다면 아브라함의 이야기는 바로 당신의 이야기입니다. 저는 사역자들 중에 이런 경우를 많이 보았습니다. 하나님의 부르심에 순종하기 위해 세상의 모든 것을 포기하고 가난한 사역자의 길을 걷는 사람들입니다. 그들은 분명 그 길을 가야 합니다. 하나님이 명령하셨기 때문입니다. 그러나 그의 가족은 가장의 순종으로 인해 많은 고난과 시련을 감수해야 합니다. 가족에게 다른 선택권이 있는 것도 아닙니다.

　　예전에 어느 노 선교사의 강의를 들은 적이 있습니다. 1930년대 말에 중국에 선교사로 갔다가 공산주의 혁명으로 1940년대에 미국으로 돌아와야 했던 분입니다. 그분과 사모님의 평생소원은 다시 중국으로 돌아가 선교하다가 그 땅에 묻히는 것이었습니다. 그러나 하나님은 그들의 이런 염원을 허락하지 않으셨고, 사모님은 1970년대에 소천하시고 선교사님 홀로 살아가는 상황이었습니다.

　　그분은 제가 다니던 신학교에 오셔서 선교사의 삶에 대해 2주

동안 집중 강의를 하셨습니다. 한 학생이 이런 질문을 했습니다. "평생 선교사로 살면서 가장 고통스럽고 힘든 부분이 무엇이었습니까?" 노 선교사는 주저하지 않고 '자식'이라고 대답했습니다. 나이 팔십을 바라보는 노 선교사는 눈물을 글썽이며 이야기를 시작했습니다. 그가 아내와 함께 중국 선교사로 갈 때 아이들이 매우 어렸습니다. 부부는 곤명이라는 곳으로 갔는데, 당시에는 선교사 자녀들을 위한 학교가 북경에 단 하나 있었고, 곤명은 치안이 좋지 않았습니다. 부부는 많은 기도와 고심 끝에 아이들을 북경에 있는 학교에 보내기로 했습니다.

몇 달 후 마침 북경에서 잠시 곤명을 방문하는 선교사가 있어서 그 선교사 편에 네 살, 여섯 살 난 두 아이를 기차에 태워 보냈습니다. 곤명과 북경은 기차로도 며칠 길이었습니다. 아이들을 보내 놓고 선교사 부부는 자주 울었습니다. 아이들이 너무나 보고 싶고 안쓰러웠다고 합니다. 그러나 이 부부를 더욱 아프게 한 것은 한참 부모의 손길이 필요할 아이들이 그 싸늘한 기숙사에서 얼마나 엄마 아빠를 그리워할까 하는 생각이었습니다. 노 선교사는 말을 잇지 못하고 한동안 오열했습니다. "제 아이들에게 저는 아직도 죄인입니다."

주님을 믿고 의지하면 항상 장밋빛 인생이라고요? 우리가 순종하면 모든 사람이 행복할 것이라고요? 그것은 우리의 희망사항일 뿐 삶은 항상 그렇지만은 않습니다. 오히려 우리의 순종으로 인해 고통당하고 많은 희생을 감수해야 하는 사람들이 있습니다. 우리가 주님을 가까이하려는 것이 때로는 십자가를 지는 것 같은 고생이 됩니다. 그래서 우리의 순종이 때로는 우리가 가장 사랑하고 잘해 주고 싶은 사람들을 힘들게 합니다. 이것이 믿음입니다.

더 안타까운 것은 우리의 순종으로 인해 아파하는 사람들을 위로할 방법이 없다는 것입니다. 그저 함께 아파하며 그들의 이해를 구할 뿐입니다. 먼 훗날, 그들이 우리와 비슷한 상황에 처하게 되면 비로소 우리의 아픔과 갈등을 어느 정도 이해하게 될 것입니다. 신앙은 대를 이어 가며 우리에게 이런 희생을 요구합니다. 그래도 우리가 소망을 삼는 것은 우리와 그들이 겪는 이 모든 아픔과 시련보다 훨씬 더 큰 하나님의 상과 위로가 우리를 기다리고 있다는 사실입니다.

그러나 그때를 막연히 기다리지는 않았으면 좋겠습니다. 우리가 하나님께 순종하기 위해 어쩔 수 없이 희생시키고 상처를 입힌 사람들에게 미안하다고, 사랑한다고, 어쩔 수 없었다고, 언젠가는 이렇게 할 수밖에 없었던 것을 조금이라도 이해해 주기 바란다고 말해 보십시오. 사랑은 고백하는 것입니다.

산애는 빠음이

[20] 믿음으로 이삭은 장차 있을 일에 대하여 야곱과 에서에게

축복하였으며

9장

이삭:
버거웠던 자식 노릇,
부모 노릇의 무게

그의 시대

이삭과 리브가는 결혼한 후 아이가 생기지 않았습니다.[1] 여느 믿는 부부처럼 아이는 분명 창조주 하나님의 선물이므로 있을 수도 있고 없을 수도 있지만, 두 부부의 마음이 편하지는 않았습니다. 그래서 이삭은 매일 자녀를 달라고 하나님께 기도했습니다. 그렇게 기도한 지 20년 만에 드디어 이삭과 리브가는 자녀를 얻었습니다. 그것도 한꺼번에 둘이나 잉태한 것입니다.

쌍둥이가 태어나던 날에 어머니의 배 속에서 두 번째로 나온 아이가 첫 번째 자리를 뺏긴 것이 억울하다는 듯, 첫째의 발꿈치를 잡

---

1) 이삭의 삶에 대하여는 저의 『엑스포지멘터리 창세기』(서울: 도서출판 이엠, 2010), 413-433쪽을 참고하십시오.

고 나왔습니다! 그래서 부부는 이 아이의 이름을 '야곱'이라 지었습니다. 형의 발꿈치를 붙잡고 나왔다는 뜻입니다. 그리고 첫째는 몸이 붉고 털이 많다고 해서 '에서'라고 불렀습니다.

아브라함의 시대를 주전 2166–1991년으로 단정하는 학자들은 이 쌍둥이가 태어난 해를 주전 2006년으로 봅니다. 그러나 이미 언급한 대로 선조들의 연대를 이처럼 구체적으로 단정하는 것은 옳지 않습니다. 대략 어느 시대였는지 가늠하는 데 참고할 뿐입니다.

본문은 창세기 27장에 기록된 사건을 회고하고 있습니다. 이삭이 야곱에게 장자의 축복을 빌어 준 때는 우리의 연대로 계산하면 몇 년쯤 될까요? 성경이 야곱의 나이를 밝히지 않기 때문에 정확히 알 수는 없습니다. 다만 야곱이 하란으로 도망가서 20년을 보내고 돌아온 얼마 후에 요셉이 17세의 나이로 이집트에 팔려 간 일 등을 고려하여 유추해 보면, 야곱이 형 에서의 눈을 피해 하란으로 도주한 때는 70대 중반입니다!

야곱이 하란으로 도주한 이유가 본문이 언급하고 있는 축복 사건이었다는 점을 감안하면, 야곱이 도주한 때와 이삭이 그에게 장자의 복을 빌어 준 때가 거의 같은 시기입니다. 그러므로 아브라함의 시대를 주전 22–21세기로 가정한다면, 이 일이 있은 때는 주전 20세기쯤이었을 것입니다.

그의 삶

창세기에 기록된 이스라엘 선조들의 이야기(12–50장)를 읽다 보면 한 가지 특이한 점을 발견하게 됩니다. 아브라함, 야곱, 요셉 등은 어느 정도 독자적인 분량을 지녔는데, 이삭은 그렇지 않다는 점입니다. 이삭의 이야기는 다른 선조들에 비해 매우 짧습니다. 게다가 대부분 아버지 아브라함과 연관하여 혹은 아들인 야곱과 연관하여 진행됩니다. 여기서는 아들 야곱과 연관하여 그의 삶을 조명하고자 합니다.

학자들은 이삭의 이야기를 [아브라함과 야곱 사이에] '낀 이야기', 혹은 그를 이 두 사람 사이에 '낀 사람'이라고 합니다. 그렇다고 해서 이삭이 중요하지 않다는 것은 절대 아닙니다. 이삭은 선조들 중 하나님의 복을 가장 많이 받은 사람입니다. 그의 이야기에 하나님이 축복하셨다는 말이 제일 많이 나옵니다.

이삭은 남과 대립하는 것을 극히 싫어하는 사람이었습니다. 옛날 말로 하면 '법 없이도 살 수 있는 사람', 요즘 말로 하면 '법이 있어야 살 수 있는 사람'이었습니다. 세상이 워낙 악하다 보니 이삭처럼 자신의 당연한 권리도 주장하지 못하는 사람은 법이 보호해 주어야만 세상을 살 수 있다는 뜻입니다.

이삭이 얼마나 대립을 싫어했는지 예를 들어 보겠습니다. 이삭은 자기가 판 우물에 대해 소유권 분쟁이 생기면 다투지 않고 상대방에게 넘겨주고 다른 곳으로 가서 다시 우물을 팠습니다. 이런 일을 평생 반복했습니다. 아버지 아브라함이 모리아 산 정상에서 그를 죽여 제물로 바치려고 할 때 그의 나이가 15-20세였습니다. 그 정도 나이면 100살이 넘은 늙은 아버지를 얼마든지 물리적으로 제압할 수 있습니다. 그러나 그는 아무런 저항도 하지 않고 늙어서 손을 떠는 아버지에게 묶여 제물로 바쳐질 뻔했습니다.

이삭은 리브가와 결혼한 후 아이가 생기지 않아 20년 동안 주님께 기도했습니다. 기왕 주시려면 좀 일찍 주시지 20년이나 애간장을 녹이고 주시는 하나님이 조금은 서운했지만, 그래도 감사히 아이를 맞이할 준비를 했습니다. 그런데 임신한 리브가가 이상한 경험을 하게 되었고 어찌할 바를 몰라 하나님께 기도했습니다. 하나님은 리브가의 배 속에 쌍둥이가 들어 있으며, 형이 동생을 섬길 것(장자권은 동생에게 갈 것)이라고 알려 주셨습니다.

쌍둥이는 기도의 응답으로 받은 아이들이라고 하기에는 뭔가 석연치 않았습니다. 하나님이 20년 동안 지속한 기도에 대한 응답으로 주셨으니 당연히 착하고 온유한 아이들일 거라 기대했는데, 이 아이들은 어머니 배 속에서부터 치열하게 경쟁하며 싸웠습니다. 기도의 응답으로 얻은 아이들치고는 너무 유별났습니다.

두 아이는 자라면서도 치열하게 경쟁했습니다. 둘째 야곱은 매사에 조금도 형에게 지지 않으려고 안간힘을 썼고, 어머니의 태에서 나오는 순간부터 형 에서에게 넘어간 장자권을 어떻게든 빼앗으려고 했습니다. 반면 에서는 팥죽 한 그릇에 장자권을 넘길 정도로 장자의 축복을 중요하게 여기지 않습니다. 도대체 장자권이 무엇이기에 야곱은 그토록 간절히 원했을까요?

고대 근동에서 장자권은 크게 두 가지 특권을 지녔습니다. 첫째, 아버지의 대를 이어 형제들 중에서 으뜸 지위를 갖는 것입니다.

이것은 장자가 형제들을 다스리고 치리까지 할 수 있는 권한을 말합니다. 둘째, 재산을 물려줄 때 장자권을 가진 사람에게는 두 몫을 주었습니다. 예를 들어 한 집안에 아들이 넷이라면 아버지의 유산을 다섯 몫(아들 수 + 1)으로 나누어, 장자에게 두 몫을 주고 나머지 아들들에게 한 몫씩 주었습니다. 즉, 장자는 유산을 받을 때 형제들의 배(倍)를 갖게 됩니다.

이처럼 고대사회에서 장자권은 매우 특별한 권리이므로, 장자권을 누구에게 줄 것인가에 관해서도 까다로운 법이 있었습니다. 법은, 태어난 순서에 상관없이 가장이 자기가 좋아하는 아들에게 장자권을 주는 것을 금했습니다. 일부다처제 사회였으므로 아내가 여럿이 될 수 있는데, 법은 가장이 자기가 가장 좋아하는 아내의 아들을 장자로 삼는 것도 금했습니다. 장자가 죽는 등 예외적인 상황이 생기지 않는 한, 장자권은 분명 가장 먼저 태어난 아들에게 가야 합니다. 율법도 이와 비슷한 규정을 담고 있습니다.

그의 믿음

이삭은 모리아 산에서의 일로 아버지에게 깊은 상처를 입었고, 부모가 다투는 것을 보며 자라서인지 아내와의 관계도 그다지 좋지 않았습니다. 이삭과 리브가가 각자 지나칠 정도로 편애하는 아들이 있었다는 사실에서 충분히 짐작할 수 있습니다. 일반적으로 부부 관계가 원만하면 모든 자녀를 동등하게 사랑하게 됩니다.

세월이 지나 이삭의 눈이 침침해질 무렵, 이삭은 자기가 편애하던 아들 에서를 불렀습니다. 사냥을 잘하는 에서에게 짐승을 잡아 요리해 오라고 했습니다. 에서가 차린 음식을 먹고 그에게 복(장자권)을 빌어 주려는 것입니다. 부전자전이라고 이삭과 에서는 이처럼 음식이 중요한 사람들이었습니다. 아버지의 말을 들은 에서는 예전에 별 생각 없이 야곱에게 판 장자의 축복을 자기가 받게 되어 한껏 기대에 부풀었습니다. 그 길로 달려 나가 열심히 사냥을 해서 아버지께 드릴 요리를 정성껏 준비했습니다.

이삭은 도대체 무슨 생각이었을까요? 쌍둥이가 모태에 있을 때 하나님은 이미 리브가를 통해 형(에서)이 동생(야곱)을 섬길 것, 곧 장자의 축복이 야곱에게 가는 것이 하나님의 계획임을 선언하셨습니다. 리브가는 분명 남편에게 이 사실을 알렸을 것입니다. 그런데 이삭은 야곱이 아니라 에서에게 장자의 복을 빌어 주려고 합니다.

나이 든 이삭이 리브가를 통해 주신 하나님의 말씀을 잊어버린 것일까요? 혹은 아내의 말을 믿지 않은 것일까요? 아니면 당시 풍습을 따르기 위해 하나님의 뜻을 의도적으로 거역한 것일까요? 어떤 이유에서든 이삭의 행동은 옳지 않습니다. 이삭이 이런 행동을 취한 것으로 보아 하나님과 아내에 대한 실망감이나 상처가 이삭의 마음에 쌓여 있음을 엿볼 수 있습니다.

이삭이 하나님의 뜻을 거역하면서까지 에서에게 장자의 복을 빌어 주려 했던 계획은 별 탈 없이 성공할 수 있었을까요? 모든 것을 뒤집어엎는 변수가 있었습니다. 바로 그의 아내 리브가입니다. 리브가는 아이들이 태어나기도 전에 장자권이 야곱에게 갈 것이라는 이삭은 하나님의 뜻을 알면서도 에서에게 장자의 축복을 주려 했습니다. 그러나 야곱의 속임수를 통해 인간이 어떻게 해도 하나님의 뜻을 거역할 수는 없다는 사실을 깨닫습니다.

하나님의 말씀을 들었습니다. 남편에게도 분명히 여러 차례 말해 주었습니다. 그런데도 이삭이 에서에게 장자의 축복을 빌어 주려고 하다니 도무지 이해할 수 없었습니다. 리브가가 남편에게 다시 한번 하나님의 말씀을 상기시켜 줄 수도 있었겠지만, 별 소용이 없다고 생각했을 것입니다. 이삭이 하나님의 뜻을 알면서도 이런 일을 꾸몄기 때문입니다. 게다가 나이 탓인지 이삭의 판단력과 분별력은 상당히 둔화된 상태입니다. 언제부터인가 부부는 별로 대화도 하지 않는 사이가 되어 버렸습니다.

어떻게든 하나님의 말씀에 따라 야곱이 장자의 복을 받아야 된다고 생각한 리브가는 야곱을 불러 상황을 설명했습니다. 그리고 자기가 해 준 요리를 들고 가서 아버지를 속여 장자의 축복을 가로채라고 했습니다. 남편 이삭과는 대조적으로 리브가는 하나님의 계획을 실현하는 것에 전부를 걸었습니다. 어머니의 말을 들은 야곱

하나님의 뜻은 때로 인간의 풍습이나 법
과는 전혀 다른 방향으로 작용합니다.

은 아버지를 속이고 축복을 가로채는 일을 꺼려했습니다. 야곱이
도덕적인 사람이어서가 아닙니다. 혹시라도 발각되면 축복은커녕
오히려 저주가 임할까 두려웠기 때문입니다. 리브가는 만일 이 일
로 인해 저주가 임한다면 자기가 감당하겠다며 야곱을 설득했고 야
곱은 이 일에 가담하게 되었습니다.

　야곱이 아버지의 축복을 받고 나오자마자 에서가 사냥에서 돌아
왔습니다. 그러나 이미 때는 늦었습니다. 그제야 이삭도 야곱에게
속았다는 것을 깨달았습니다. 이삭은 자기를 속인 야곱을 저주하지
않습니다. 자기가 어떻게 해도 하나님의 뜻을 거역할 수 없다는 사
실을 비로소 깨달았기 때문입니다. 결국 에서에게는 축복이 아니라
저주에 가까운 복을 내려 줍니다.

　만일 사람이 자기 마음에 내키는 대로 축복과 저주를 빌어 줄 수
있다면, 이삭은 분명 에서에게 더 큰 복을 빌어 주었을 것입니다.
그러나 오래전에 하나님이 말씀하신 장자의 복을 야곱이 어떻게 가
로챘는지 듣고 나서는, 자기는 단지 도구일 뿐 쌍둥이에게 축복과

저주를 내리는 분은 하나님이시라는 믿음을 갖게 된 것입니다.

드디어 이삭의 믿음이 회복되었습니다. 그동안 하나님과의 관계에서 서먹함이 있었다면 말끔히 사라졌습니다. 사람은 결코 하나님의 뜻을 거스를 수 없다는 사실을 깨달은 이삭이 하나님의 사역에 대해 새롭게 깨달은 것입니다. 히브리서 기자는 한때 신앙적으로 방황했던 이삭이 마침내 하나님의 뜻에 따라 믿음으로 야곱과 에서에게 하나님이 주시고자 하는 축복을 빌어 주었다고 기록합니다.

그와
우리

a. 하나님의 뜻은 때때로 세상의 법과 상식을 초월합니다. 어릴 때 이삭은 자기를 제물로 바치려 한 아버지의 행동을 도저히 이해할 수 없었습니다. 그리고 이제 둘째 아들에게 장자의 복을 빌어 주라고 하시는 하나님도 이해할 수 없습니다. 이삭처럼 이해할 수 없는 하나님의 뜻에 직면했을 때 당신은 어떤 선택을 하게 되나요? 당신의 상식과 판단으로 도저히 용납할 수 없는 일이 때로는 당신보다 더 크신 하나님의 뜻일 수 있다는 사실을 인정하나요?

b. 이삭은 어릴 때 겪은 아버지와의 끔찍한 기억 때문에 아마 아버지와 하나님을 원망하는 마음이 있었을 것입니다. 하지만 대립을 극도로 싫어하는 이삭의 성격상 하나님 앞에 이런 마음을 끄집어내기란 쉽지 않았습니다. 그래서 하나님과 적당한 거리를 두고 적당히 외면하며 평생을 살다가 결국 말년에 자기 아들에게 장자권을 물려주는 일로 하나님과 정면충돌하게 됩니다. 당신은 하나님 앞에 감추어 둔 불편한 마음 때문에 하나님과 평행선을 그으며 살고 있지 않나요?

c. 하나님은 야곱과 에서가 태어나기 전에 이미 형 에서가 동생 야곱을 섬길 것이라고 말씀하셨습니다. 그러나 야곱은 가만히 기다리지 못하고 아버지와 형을 속이면서까지 장자권을 빼앗으려 애썼습니다. 그만큼 간절히 원했습니다. 반면 에서는 팥죽 한 그릇에 장자권을 팔아넘길 정도로 등한시했습니다. 그렇다면 장자권은 하나님이 야곱에게 선물로 주신 것일까요, 야곱이 노력하여 쟁취한 것일까요?

d. 인간이 하나님의 뜻을 거스를 수 있다고 생각하나요? 그렇다면 이삭의 이야기는 바로 당신의 이야기입니다. 우리의 계획이 하나님의 계획을 대신할 수는 없습니다. 우리가 협조하든 협조하지 않든 하나님은 꼭 자기 계획을 이루시는 분입니다. 이삭처럼 늦게나마 이러한 사실을 깨닫고 더 이상 하나님께 저항하지 않고 주님의 계획에 순종하는 사람은 복이 있습니다.

²¹ 믿음으로 야곱은 죽을 때에 요셉의 각 아들에게 축복하고 그

지팡이 머리에 의지하여 경배하였으며

10장

야곱:
죽도록 싸워 얻은
축복의 대가

그의 시대

야곱의 시대적 배경은 그의 할아버지 아브라함과 아버지
이삭의 시대와 큰 차이가 없으므로 간략하게 정리하겠습니다.[1] 이
삭이 60세가 되던 해에 야곱과 에서가 태어났습니다. 야곱의 할아
버지 아브라함은 이때 160세였으며 15년을 더 살고 죽었습니다.

창세기가 제시하는 연대들을 문자적으로 재구성하면 야곱은
70대 중반에 하란으로 갔습니다. 그곳에서 7년 후에 결혼했고, 13
년을 더 머물다가 20년 만에 가나안으로 돌아왔습니다. 야곱이 요
셉의 초청을 받고 이집트로 내려갔을 때 나이는 130세였고, 요셉과

---

1) 야곱의 삶에 대하여는 저의 『엑스포지멘터리 창세기』(서울: 도서출판 이엠, 2010),
   443-626쪽을 참고하십시오.

함께 17년을 더 살고 147세에 죽었습니다. 야곱의 시대를 구체적으로 정의하는 학자들은 주전 2006-1859년으로 보기도 하지만, 대략 주전 1900년대 사람으로 보는 것이 바람직합니다.

그의 삶

야곱은 참으로 파란만장한 삶을 살았습니다. 오죽하면 이집트 왕이 그에게 나이를 묻자 자기 조상들의 나이에 비하면 별거 아니지만 짧고 험악한 세월을 보냈다고 했겠습니까!(창 47:9) 그러나 야곱은 자신의 파란만장한 삶에 대해 남을 원망할 수 없었습니다. 모든 것이 야곱 스스로 자초한 것이라 할 수 있기 때문입니다.

야곱은 어머니 배 속에 있을 때부터 쌍둥이 형 에서와 치열하게 경쟁했습니다. 이후 성장하면서도 그의 경쟁 본능이 사라지지 않은 것으로 보아 타고난 성품이라 볼 수 있습니다. 제 주변에도 자기 천성 때문에 힘들어하거나 고달픈 삶을 사는 사람들이 있는 것을 보면 야곱의 이야기는 단지 옛날이야기만은 아닌 듯합니다.

야곱은 자신이 원하는 것을 얻기 위해서는 무슨 일이라도 할 수 있는 사람이었습니다. 배고픈 형을 상대로 팥죽 한 그릇에 장자권을 넘겨받았습니다. 어머니가 아버지를 속이고 장자의 축복을 차지하라고 했을 때, 그는 부자지간의 윤리적인 문제로 고민하기보다는 아버지께 들켜서 저주를 받을까 봐 걱정했습니다. 어머니 리브가가 대신 그 저주를 받겠다고 하자, 곧 아버지를 속이고 본인이 원하는 것을 차지했습니다. 야곱은 원칙과 윤리보다는 처세술이 뛰어난 삶

하나님은 우리가 미워서가 아니라, 우리가 조금 더 온전해져서 주님을 닮아가기를 원해서 우리를 연단하십니다.

을 살았습니다.

야곱의 속임수로 장자의 축복을 강탈당한 에서는 야곱을 죽이려 했습니다. 야곱은 형의 진노를 피해 하란으로 도주했고, 그곳에 잠시만 머물 계획이었으나 어쩌다 보니 20년이 흘렀습니다. 처음 14년은 종살이를 했습니다. 라헬과 사랑에 빠진 야곱은 그녀와 결혼하는 조건으로 7년 동안 외삼촌 집에서 종살이를 했습니다. 그러나 외삼촌 라반은 야곱을 속여 7년을 더 종으로 부렸습니다.

어려움도 있었지만, 야곱의 하란 생활은 대체로 하나님의 축복을 받으며 번성하는 시기였습니다. 야곱은 아내 넷을 얻고, 이들로부터 아들 열한 명을 얻었습니다. 그러나 가족의 번성은 부작용이 많은 축복이었습니다. 아내들의 시기와 질투는 상상을 초월했고, 서로 엄마가 다른 자식들 간의 대립도 첨예했습니다. 가장인 야곱은 이 모든 것을 그저 방관할 뿐이었습니다. 남편으로서, 아버지로서 가정의 불화를 다스리지 못해 아내들과 자식들에게 많은 상처를 주었습니다.

한편 라반은 자신이 야곱으로 인해 여호와의 복을 받고 있다는 사실을 눈치채고는 어떻게든 야곱을 곁에 붙잡아 두려 했습니다. 가족을 데리고 가나안으로 돌아가려던 야곱은 품삯은 얼마든지 원하는 대로 주겠다는 장인 라반의 꼬임에 넘어가 6년을 더 하란에 머물렀습니다. 이 짧은 기간 동안 라반은 야곱의 품삯을 열 번이나 깎았습니다.

어떻게 생각하면 야곱이 하란에서 보낸 20년은 그를 연단하는 시간이었고, 그가 가나안에서 아버지와 형을 속이고 자기 잇속을 챙긴 일에 대한 하나님의 응징이었습니다. 그래서 옛적에 야곱이 '형'으로(자기가 에서라며) 아버지를 속인 것처럼, 라반이 '동생'으로(레아가 라헬이라며) 야곱을 속인 것입니다. 야곱이 보잘것없는 팥죽 한 그릇으로 형에게서 장자권을 강탈한 것처럼, 라반은 보잘것없는 품삯으로 야곱의 노동력을 착취했습니다.

하나님이 가나안에서는 가해자였던 야곱을 하란에서는 피해자가 되게 하셔서 그의 권모술수에 희생당한 아버지와 형의 심정을 어느 정도 경험하게 하신 것입니다. 하나님은 우리가 미워서가 아니라, 우리가 좀 더 온전해져서 주님을 닮아 가기를 원하기 때문에 우리를 연단하십니다. 연단을 받는 중에도 하나님과의 관계는 유지됩니다. 그래서 야고보 사도도 하나님께 연단을 받는 사람들에게 기뻐하라고 권면합니다.

야곱은 하란에서 보낸 마지막 6년 동안 엄청난 부를 얻습니다. 하나님이 축복하셨기 때문이며, 야곱도 그 사실을 잘 알고 있었습니다. 야곱이 하나님의 축복을 받자 그를 가장 못마땅하게 생각한 사람들은 다름 아닌 가장 가까운 친척들이었습니다. 장인 라반과 처남들은 하나님의 축복을 받는 야곱을 미워했습니다. 그들은 야곱이 생명에 위협을 느낄 정도로 시기했습니다. 야곱은 장인과 처남들에게 엄청난 상처를 받고 약속의 땅으로 돌아왔습니다.

가나안으로 돌아오면서 그는 평안과 안식을 기대했을 것입니다. 가나안은 그의 고향이고 가족들이 있는 곳이니까요. 그러나 야곱은 20년 만에 돌아온 복된 땅에서 더 큰 시련과 아픔을 겪어야 했습니다. 야곱이 가장 사랑하는 아내 라헬이 막내 베냐민을 낳다가 죽었습니다. 죽어가는 아내를 위해 아무것도 해 주지 못하고 그저 떠나보내야 하는 자신이 참으로 무능하게 느껴졌습니다. 야곱이 할 수 있는 유일한 것은 평생 미안한 마음으로 라헬을 그리워하는 것이었습니다.

또 레아에게서 얻은 딸 디나가 세겜 사람에게 강간을 당하는 수치를 당했습니다. 이때도 야곱은 아무런 조치를 취하지 못하고 아들들이 들에서 돌아오기만을 기다렸습니다. 그저 무능한 자기 자신을 한탄할 뿐이었습니다. 들에서 돌아온 아들들이 세겜 사람에게 보복하겠다며 사기극을 벌였습니다. 이 일로 야곱과 가족들은 생명에 위협을 느끼고 야반도주를 해야 했습니다. 다행히 하나님이 세겜 사람들에게 큰 공포를 주셔서 야곱 일행을 쫓아오지 못하도록 하셨습니다.

야곱이 가나안에서 겪은 가장 큰 고통은 요셉의 죽음이었습니다. 아들들이 들에서 발견했다며 찢기고 피 묻은 요셉의 옷을 가지고 온 것입니다. 이날 야곱은 세상이 무너져 내리는 슬픔을 경험했습니다. 요셉은 죽은 라헬의 아들입니다. 가뜩이나 아내가 그리웠는데, 요셉마저 죽었다니 얼마나 가슴이 무너졌겠습니까! 물론 요셉은 죽지 않았고, 야곱의 아들들이 꾸며낸 일이었지만, 야곱은 요셉이 죽었다고 믿을 수밖에 없었습니다. 야곱은 요셉을 다시 만날 때까지 20여 년 동안 슬픔의 세월을 살았습니다.

그의 믿음

야곱의 이야기는 '천국은 침노하는 자의 것'(마 11:12)이라는 말씀을 실감나게 합니다. 하나님은 그가 태어나기 전부터 형에서가 동생 야곱을 섬길 것이라고 말씀하셨습니다. 그러나 야곱은 하나님의 말씀이 실현되는 것을 느긋한 마음으로 기다리지 않았습니다. 그는 형에게서 장자권을 빼앗는 일에 매우 적극적이었습니다. 그만큼 하나님의 약속을 간절히 바라고 사모한 것입니다. 야곱은 굶주린 형에게 팥죽 한 그릇으로 장자권을 샀습니다. 아버지와 형을 속여 장자의 축복을 받아 냈습니다. 하나님이 약속하신 일이니까 가만히 있어도 분명 장자권은 그에게 넘어올 텐데 왜 야곱은 기다리지 못한 것일까요?

이때만 해도 야곱은 믿음이 없었습니다. 야곱이 장자권을 가로챈 후 형이 두려워 하란으로 도망가던 중 벧엘에서 있었던 일을 생각해 보면 알 수 있습니다. 하나님이 벧엘에서 꿈에 야곱을 만나 주셨습니다. 하나님은 야곱에게 그가 다시 약속의 땅으로 돌아올 때까지 함께하시고 보살펴 주리라 약속하셨습니다. 믿음이 없던 야곱은 잠에서 깨어나 하나님께 협상을 제안합니다. "이 땅으로 다시 돌아올 때까지 저를 무사히 지켜 주십시오. 그러면 제가 당신을 저의 하나님으로 섬기겠습니다!"(창 28:20-22)

하나님이 이미 보호를 약속해 주셨으므로 야곱은 감사함으로 받으면 됩니다. 그런데 야곱은 오히려 하나님께 협상을 하자고 듭니다. 하나님이 어떤 분인지 제대로 알지 못하고, 말씀하신 그대로 믿지 못한 것입니다. 혹시 당신은 하나님의 축복을 감사함으로 받지 못하고, 자꾸 서원이라는 이름으로 하나님과 협상하려고 하지 않습니까? 창조주 하나님과 협상하려는 생각을 버리십시오. 하나님은 사람이 협상할 만한 대상이 아닙니다. 그저 주시는 은혜를 감사함으로 받으면 됩니다.

야곱은 20년의 타향살이를 마치고 약속의 땅으로 돌아왔습니다. 그는 약속의 땅의 문턱이라 할 수 있는 얍복 강가에서 하나님과 밤새 씨름을 했습니다. 야곱의 얍복 강 씨름은 신약에서 말하는 '회심의 경험'에 가깝습니다. 호세아 선지자는 이 씨름을 영적인 씨름, 곧 '기도'로 해석합니다(호 12:4).

밤새 야곱과 씨름하신 하나님은 그에게 '너는 어떤 사람이냐?'라는 의미로 해석될 수 있는 "네 이름이 무엇이냐?"라는 질문을 하셨습니다. 야곱은 '저는 사기꾼, 속이는 자, 벌레 같은 인간입니다'라는 의미로 "저는 야곱입니다"라고 대답했습니다. 하나님은 자신

야곱의 믿음은 예전에는 스스로 쟁취
하는 믿음이었는데 얍복 강에서 하나
님과의 만남으로 인해 묵묵히 기다리
는 믿음으로 바뀌었습니다.

의 죄를 고백하는 야곱에게 '이스라엘'이라는 새 이름을 주셨습니
다. 구약에서 이름의 변화는 신분의 변화를 의미합니다. 신약 용어
로 말하면 야곱이 '그리스도인'이라는 새로운 신분을 갖게 된 것입
니다.

　이날로 야곱의 신앙 태도가 상당히 변했습니다. 예전에는 스스
로 쟁취하는 믿음이었는데 이 일로 인해 묵묵히 기다리는 믿음으로
바뀌었습니다. 자기가 원하는 것을 가지려고 평생 남을 속여 왔던
야곱이 얍복 강 경험 이후로는 남을 속이지 않았습니다. 오히려 아
들들에게 번번이 속았습니다. 옛적에는 늙은 아버지를 속였던 야곱
이 어느덧 나이가 들어 아들들에게 속는 사람이 되었지만, 자신이
남을 속이지는 않았습니다.

　아들들이 야곱을 속인 것 중 가장 큰 사건은 요셉에 관한 일입니
다. 형제들은 미워하던 요셉을 노예로 팔아 돈을 나누어 갖고 아버
지에게는 요셉이 죽었다고 전했습니다. 이 소식을 들은 야곱은 오

열하며 아파했지만, 한 가지 이해가 되지 않는 것이 있었습니다. 요섭이 어렸을 때 하나님께 받은 꿈입니다. 언젠가는 형제들뿐만 아니라 부모까지 요섭에게 절할 때가 올 것이라는 꿈이었는데, 그런 꿈을 받은 아이가 죽다니 사실로 받아들일 수가 없었습니다.

요섭의 일로 슬픔과 실의에 빠져 있던 야곱은 시간이 지날수록 요섭의 꿈으로 인해 믿음과 확신이 조금씩 생겼습니다. 그런 꿈을 꾼 아이가 죽었을 리 없다는 확신이고, 어딘가에 요섭이 살아 있을 것이라는 믿음이었습니다(창 37:11 참조). 형제들이 요섭의 피 묻은 옷을 가져오기는 했지만, 아무도 그의 시체를 본 적이 없다는 사실도 야곱의 실낱같은 희망에 불을 지폈습니다. 야곱은 혼잣말로 속삭였습니다. "아들아! 살아만 있어 다오! 나는 너에게 꿈을 주신 하나님을 믿는다. 주께서 꼭 우리를 다시 만나게 해 주실 것이다!"

야곱이 요섭 일로 아들들을 의심했다는 사실은 그들이 곡식을 사러 이집트로 왕래하던 일에서 드러납니다. 야곱은 처음부터 베냐민은 자기 옆에 두고 나머지 열 아들만 보냈습니다. 라헬이 남기고 떠난 베냐민에게까지 무슨 일이 생길까 염려했기 때문입니다. 이집트에서 곡식을 사 오던 날, 아들들은 이집트에서 첩자라는 누명을 썼다며 시므온은 인질로 잡혀 있고 막내 동생 베냐민을 데려가야 한다고 했습니다. 곡식을 담당하는 이집트 관료가 막내를 데려오지 않으면 곡식을 팔지 않는 것은 물론이고 모두 정탐꾼으로 처벌하겠다고 한 것입니다. 그러나 야곱은 베냐민을 보내려 하지 않았습니다. 혹시라도 베냐민까지 잃게 되면 죽어서 라헬을 무슨 낯으로 보겠냐는 생각이 앞섰기 때문입니다.

이집트에서 사 온 곡식은 떨어져 가고, 르우벤이 자기 생명을, 유다가 자기 아들의 생명을 담보로 베냐민의 안전을 약속하자 어쩔 수 없이 베냐민을 보냈습니다. 생각해 보면 참으로 기가 막히는 일입니다. 베냐민의 안전을 맏아들이 생명으로 보장하고, 유다가 자기 아들(야곱의 손주)의 생명으로 보장한 후에야 그를 보냈다는 것은 야곱이 라헬의 아들들만 얼마나 편애했는가를 보여 줍니다. 또한 야곱이 요셉 사건 이후로 아들들을 믿지 못했다는 것도 암시합니다.

몇 주 후 곡식을 사러 간 아들들이 돌아왔는데, 이게 웬일입니까? 이집트 왕의 수레 열 대를 앞세우고 왔습니다! 자초지종을 들어보니 요셉이 살아 있을 뿐만 아니라, 온 이집트의 2인자가 되어 있다는 것입니다! 그때 야곱은 '그러면 그렇지! 하나님이 그런 꿈을 꾸게 하신 아이가 죽었을 리 없지!' 하며 지난날을 떠올렸습니다. 그리고 엎드려 하나님께 경배했습니다. 요셉이 어린 나이에 그런 꿈을 꾸게 하시고, 그 꿈을 이루어 주신 하나님께 찬양과 감사를 드렸습니다.

하나님이 "요셉이 너의 눈을 감겨 줄 것이다"라고 하시며 이집트로 내려갈 것을 허락하시자 야곱은 꿈에도 그리던 아들 요셉을 만나러 이집트로 갔습니다. 지난 20여 년 동안 죽은 줄로만 알았던 아들을 부둥켜안고 한없이 울었습니다. 이번에는 슬픔의 눈물이 아니라 기쁨의 눈물이었습니다. 이제는 죽어도 여한이 없다며 흘리는 감사의 눈물이었습니다.

이집트에서 요셉과 꿈같은 시간을 보내던 야곱은 자신이 죽을 때가 멀지 않았다는 사실을 깨닫고 삶을 정리하기 시작합니다. 야곱의 나이가 147세였으니, 180세를 산 아버지 이삭과 175세를 산 할아버지 아브라함에 비하면 짧은 생이라고 할 수 있습니다. 그러나 그는 저항하지 않고 자신의 죽음을 기정사실로 받아들입니다. 사람이 죽을 때를 알고 준비하는 것도 하나님의 은혜요 귀한 믿음입니다. 우리에게는 하나님과 영원히 살게 될 다음 세상에 대한 소망이 있기 때문입니다.

자기에게 남은 시간이 많지 않다는 것을 직감한 야곱은 요셉과 그의 아들들을 불러 축복했습니다. 야곱은 요셉이 어릴 때부터 그에게 장자의 복을 빌어 주고 싶었습니다. 그래서 요셉의 아들들을 법적으로 자기 아들로 입양하여 훗날 므낫세와 에브라임도 숙부들과 나란히 기업을 받을 수 있게 되었습니다. 야곱은 이 모든 일을 가능케 하신 하나님을 경배했습니다. 요셉에게 장자의 복을 주는 것이 자기의 개인적인 바람일 뿐 아니라 하나님의 계획이었음을 확인함으로써 그의 믿음은 온전해졌습니다.

그러나 우리가 기억해야 할 것은 요셉을 향한 야곱의 소원이 하나님의 계획으로 실현되기까지 많은 세월이 흘렀고, 그중 요셉이 죽었다고 생각한 20여 년의 세월은 말로 표현할 수 없는 고통의 시간이었다는 사실입니다. 야곱의 믿음은 아픈 만큼 성숙한 믿음이기에 더욱 빛이 납니다.

그와
우리

a. 야곱은 오늘날로 하면 일명 모태신앙의 복을 받고 태어났습니다. 그러나 그가 하나님을 인격적으로 만나 변화된 것은 얍복 강 사건을 통해서입니다. 이때 야곱의 나이는 대략 100세, 자기 인생의 3분의 2를 산 시점입니다. 주변에 좀처럼 변화되지 않는 사람들이 있다면, 언젠가는 꼭 변화될 것이라는 소망을 가지고 기다려 주는 것도 믿음입니다. 당신은 하나님을 언제 인격적으로 만났나요? 그때의 상황은 어떠했나요?

b. 야곱은 자신이 원하는 것은 수단과 방법을 가리지 않고 차지하는 성격 때문에 많은 것을 얻고 이루었지만, 한편으로는 참으로 치열하고 힘든 삶을 살았습니다. 당신의 성격 중에 장점이면서 동시에 자신을 가장 힘들게 하는 부분은 어떤 것인가요?

c. 야곱은 요셉이 어릴 때 꾼 꿈을 마음에 간직하며 요셉의 죽음을 믿지 않았습니다. 언젠가는 살아서 다시 만나게 되리라는 막연한 소망을 버리지 않았습니다. 하나님은 야곱의 소망이 믿음의 열매가 되게 하셨습니다. 죽은 줄 알았던 아들 요셉을 살아서 다시 만났을 뿐만 아니라 요셉의 아들들에게 장자의 축복까지 내려 주었습니다. 당신은 어릴 때 꾼 꿈들 중에 어떤 것을 아직도 마음에 간직하고 있나요? 그 꿈이 믿음의 열매를 맺도록 기도하고 있나요?

d. 야곱은 분명 하나님의 축복을 받았습니다. 그러나 하나님은 야곱에게 내려 주신 여러 가지 축복 사이에 시련과 연단도 주셨습니다. 하나님은 맹목적으로 우리를 축복하시는 분이 아닙니다. 당신은 지금 하나님의 어떤 축복과 연단을 함께 받고 있나요?

²² 믿음으로 요셉은 임종 시에 이스라엘 자손들이 떠날 것을 말

하고 또 자기 뼈를 위하여 명하였으며

11장

요셉:
형제에게 버림받은
나그네의 귀환

그의 시대

　　요셉이 야곱의 가정에 태어난 때를 가늠하는 것은 쉽지 않습니다.[1] 다만 아버지 야곱이 에서의 진노를 피해 하란에 머물 때 태어났다는 것은 확실한 사실입니다. 또한 그의 어머니 라헬이 언니 레아처럼 아이를 낳지 못해 힘들어 하는 세월이 어느 정도 있은 후에 요셉이 태어났다는 점을 감안하면, 야곱이 하란 생활을 마무리하기 몇 년 전이었을 것입니다.

　　요셉은 형들의 음모로 열일곱 살에 이집트에 노예로 팔려 갔으며, 110세에 죽어 이집트 땅에 묻혔습니다. 한 학자는 요셉의 일생

---

[1] 요셉의 삶에 대하여는 저의 『엑스포지멘터리 창세기』(서울: 도서출판 이엠, 2010), 645–832쪽을 참고하십시오.

을 주전 1905-1805년으로 단정하지만, 구체적인 연대를 논하는 것은 쉽지 않습니다. 대체로 요셉의 시대를 주전 1800년대로 간주하면 무난합니다.

그의 삶

구약에서 가장 착한 사람 셋을 꼽으라면 아마도 요셉과 사무엘과 다니엘일 것입니다. 이 세 사람은 어린 나이에 집을 떠났다는 공통점이 있으며, 그들의 삶을 들여다보면 참으로 많은 고난을 견뎌 냈습니다. 그중에서도 아픔과 고통으로 얼룩진 삶으로 치자면 요셉이 으뜸입니다. 요셉은 이 세상에서 가장 외롭게 살았던 사람이 아닌가 싶습니다.

요셉은 어린 나이에 어머니 라헬을 잃었습니다. 온 가족이 낯선 가나안 땅에 들어서자마자 일어난 일입니다. 아버지는 요셉에게 색동옷을 입히는 등 형제들 가운데서도 특별한 사랑으로 어머니의 빈자리를 채워 주려 했지만, 아버지의 특별한 관심과 편애는 오히려 이복형제들로부터 요셉을 더 고립시켰습니다. 요셉이 형들에게 따돌림 받고 있다는 사실을 아는지 모르는지, 아버지는 그에게 형들의 동향을 수시로 파악해서 알려 달라는 명령을 내렸습니다. 어린 요셉은 별생각 없이 아버지의 명령에 순종했고, 형들은 이 일로 인해 더욱더 요셉을 미워하게 되었습니다. 형들에게 요셉은 아버지의 첩자일 뿐 동생이 아니었습니다.

한번은 요셉이 연거푸 꿈을 꾸었는데, 언젠가는 형들과 부모가 그에게 절을 할 것이라는 내용이었습니다. 아직 어린 요셉은 말을 가려 할 만한 나이가 아니어서 자기가 꾼 꿈을 가족들에게 그대로 다 말했습니다. 꿈 이야기를 들은 아버지도 분노했고, 형들은 더욱 그를 미워하게 되었습니다. 하나님이 주신 꿈에 대해 있는 그대로 말하다가 주변의 공격을 받은 것입니다.

요셉이 아버지의 명령을 받고 먼 곳에서 양을 치고 있는 형들을 찾아갔습니다. 형들이 양 떼를 몰고 다른 곳으로 이동한 뒤라 요셉은 물어물어 겨우 찾아갔습니다. 그러나 형들이 요셉을 반길 리 없습니다. 색동옷을 입은 요셉을 먼발치에서 바로 알아보고는 요셉을 해할 음모를 꾸몄습니다. 그가 꾸었다는 꿈(형제들이 그에게 절한다는 꿈)이 어떻게 되는가 보자며 그를 죽이려 했습니다. 아버지가 특별히 사랑해서 입혀 준 옷이 오히려 요셉의 생명을 위험에 빠트렸습니다.

이때 요셉은 참으로 많은 눈물을 흘렸습니다. 구덩이에 갇혀 살려 달라며 애원했습니다. 하나님께 제발 도와 달라며 울부짖었습니다. 그러나 하나님은 침묵하셨습니다. 결국 요셉은 열일곱 살의 나이에 노예로 팔려 이집트에 끌려갔습니다. 가는 내내 눈물이 마르지 않았을 것입니다. 이집트에 도착한 요셉은 왕의 친위대장인 보디발의 집으로 팔려 갔습니다. 요셉은 주어진 일마다 열심히 했고, 시간이 흐르면서 하나님의 침묵에 대한 상처도 조금씩 아물어 갔습니다. 주인 보디발은 요셉의 총명함과 성실함을 인정하여 자기 집의 모든 일을 관리하도록 맡겼습니다.

요셉은 열심히 일했고 보디발의 신뢰는 날이 갈수록 커져만 갔습니다. 그러던 어느 날, 평소 요셉에게 흑심을 품고 있던 보디발의 아내가 자기 뜻대로 되지 않자 요셉을 강간미수범으로 몰았습니다. 요셉은 너무나도 억울했습니다. 사람이 하나님의 말씀대로 살면 삶이 평안하고 복을 누릴 것이라는 믿음마저 산산이 부서졌습니다. 요셉이 감옥에 갇힌 날 그의 세상만 무너진 것이 아니라 그의 신앙도 혼란에 빠진 것입니다. 이런 상황에서 잠이 오겠습니까? 요셉은 한동안 자기의 억울한 형편을 헤아려 달라며 밤낮으로 하나님께 눈물로 호소했습니다. 그러나 하나님은 이번에도 침묵하셨습니다.

하는 수 없이 요셉은 마음을 추스르고 성실하게 감옥 생활을 이어 갑니다. 그러던 어느 날, 이집트 왕의 미움을 사 감옥에 들어온 술관원을 만났고 그가 꾼 꿈을 해몽해 주었습니다. 복직이 되어 왕궁으로 돌아가는 술관원에게 자기의 억울함을 왕에게 청원해 달라고 간곡히 부탁했지만, 술관원은 요셉의 청을 완전히 잊었습니다. 그리고 2년이 지났습니다. 하루는 왕이 두 가지 꿈을 꾸었는데, 이집트에는 도무지 그 꿈을 해몽해 낼 자가 없었습니다. 그때 술관원이 요셉을 떠올렸고 왕에게 요셉을 추천합니다. 이집트 왕은 온 나라의 지혜자들도 못한 일을 히브리 노예, 그것도 감옥에 갇혀 있는 자에게 맡기는 게 그리 미덥지는 않았지만, 달리 방법이 없어 요셉을 불러냈습니다. 요셉은 정확하게 해몽해 주었고, 그 꿈에 대해 바로가 해야 할 일까지 알려 주었습니다. 요셉의 지혜에 감탄한 바로는 곧바로 그를 이집트의 2인자로 임명하여 모든 사람이 요셉의 명

요셉은 자신의 가족을 구원하기 위해 하나님이 자신을 먼저 이집트로 보내셨다는 사실을 깨달았습니다.

령에 순종하도록 했습니다.

이후 요셉은 바로의 주선으로 아스낫을 아내로 맞이했고 아들도 둘이나 얻었습니다. 그러나 이방인을 아내로 맞이하여 꾸린 가정은 그의 외로움을 달래 주지 못했습니다. 오매불망 가나안의 가족들을 만날 날을 기다리며 이집트와 가나안을 강타할 기근에 대비했습니다. 하나님이 이 일을 위해 자기를 먼저 이집트로 보내셨다는 사실을 깨달았기 때문입니다.

드디어 형제들과 재회하던 날 요셉은 흐느껴 울며 이렇게 말합니다. "형님들은 나쁜 의도로 저를 노예로 팔았지만, 사실은 여호와 하나님이 우리 모두를 살리려고 저를 먼저 이곳으로 보내신 것입니다. 그러니 너무 자책하지 마십시오." 요셉은 하나님이 자기를 이집트로 보내신 이유를 분명히 알고 있었습니다. 이것은 또한 형제들에게 버림받은 상처를 정당화하고 합리화하기 위해 자기 자신에게 외친 말이기도 합니다. 이렇게 해야 버림받은 상처가 조금이나마 희석되어 덜 고통스럽기 때문입니다.

이후 요셉은 아버지까지 이집트로 모셔 와 극진히 돌보며 자신을 노예로 팔았던 형제들의 불편하고 미안한 마음을 달래려고 무던히도 노력했습니다. 요셉은 그들에게 형제로 받아들여지기를 원했습니다. 그러나 이러한 사실을 아는지 모르는지 형제들은 좀처럼 요셉에게 마음을 열지 않았습니다. 아버지의 장례식이 끝나자 형제들이 찾아와 요셉에게 이런 말을 했습니다. 아버지가 생전에 형제들에게 유언을 남기셨는데, 요셉에게 제발 형제들을 벌하지 말아 달라고 부탁한다는 말이라는 것입니다. 이 말을 듣고 요셉은 울었습니다. 형들은 여전히 요셉을 형제가 아니라 두려운 사람으로 생각하고 있음을 확실히 보여 주는 말이기 때문입니다.

요셉 이야기에는 그가 울었다는 말이 여러 번 나옵니다. 그의 일생은 참으로 슬프고 외로운 삶이었습니다. 그러나 그가 평생 흘린 눈물 중에 이 눈물이 가장 슬프고 외로운 흐느낌이 아닐까요? 그의 눈물은 자기 형제에게 끝까지 거부당한 사람의 서러운 눈물입니다. 하나님께 귀하게 쓰임 받는 것은 좋지만, 그 과정이 너무 아프고 고통스러워 통곡하는, 세상에서 가장 외롭게 살다 간 사람의 오열입니다.

요셉은 생각했습니다. 만일 살아생전 형제들이 그를 그저 두려운 사람으로 여길 뿐 형제로 받아 주지 않는다면, 죽어서라도 자기가 야곱 집안의 사람이라는 것을 확인하고 싶었습니다. 그래서 그는 먼 훗날에라도 자기 뼈를 조상들이 묻혀 있는 약속의 땅에 묻어 자기가 아브라함의 후손이라는 것을 확인해 달라는 슬픈 유언을 남기고 죽었습니다.

그 유언대로 먼 훗날 이스라엘 자손들은 요셉의 뼈를 앞세우고 이집트를 떠났습니다. 약속의 땅에 도착한 여호수아가 드디어 세겜에 그의 뼈를 묻어 줌으로써 요셉의 아프고 외로웠던 이야기는 막을 내립니다. 비로소 요셉은 하늘나라에서나마 자기가 야곱의 아들이며, 조상들의 품에서 이제는 외롭지 않다고 느꼈을 것입니다.

그의 믿음

요셉은 참으로 억울한 일을 많이 당했습니다. 어린 나이에 하나님이 그에게 주신 꿈에 대해 가족들에게 말했다가 아버지에게 심한 야단을 맞고 형들의 미움을 산 적이 있습니다. 요셉은 단지 자기가 꾼 꿈에 대해 말했을 뿐인데 말입니다. 요셉은 형들에 의해 노예로 팔리는 수모를 당했습니다. 이때 눈물로 기도하며 하나님께 도움을 청했지만, 하나님은 그의 기도를 들어주지 않으셨습니다. 결국 요셉은 이집트에 도착할 때까지 내내 울면서 그 길을 갔습니다.

보디발의 집으로 팔려 간 요셉은 살아남기 위해 열심히 일했습니다. 문제는 보디발의 아내였습니다. 요셉에게 잠자리를 같이하자며 자꾸 집적댄 것입니다. 그녀가 치근거릴 때마다 요셉은 자기는 여호와를 경외하는 사람이며 주인 보디발의 신뢰를 저버릴 수 없다

요셉의 수많은 기도는 하나님의 침묵
의 벽에 부딪혔습니다. 요셉은 좌절하
지 않고 끝까지 하나님을 바라며 인내
하는 믿음을 키웠습니다.

고 말하며 단호하게 뿌리쳤습니다. 앙심을 품은 보디발의 아내는
요셉을 모함했고 요셉은 사실이 아니라고 항변했지만, 안주인의 주
장에 노예의 증언은 아무런 효력을 발휘하지 못했습니다. 결국 요
셉은 감옥에 수감되었습니다. 너무 억울해서 한동안 감옥에서 잠을
이룰 수 없었습니다.

예전에는 형들에게 밉보이는 일이라도 해서 노예로 팔렸다지만,
이번에는 잘못한 것이 전혀 없기에 더욱 원통했습니다. 오히려 하
나님의 원칙과 기준대로 살려고 하다가 감옥까지 오게 된 것입니
다! 그러나 요셉의 좌절은 오래가지 않았습니다. 언젠가는 이 모든
일이 합력하여 선을 이룰 것이라는 믿음으로 다시 자신을 추스렸습
니다. 자신의 기도에 침묵으로 일관하시는 하나님에 대한 실망도
접었습니다. 그랬더니 예전에 보디발이 요셉으로 인해 자신이 복을
누린다는 사실을 직감한 것처럼, 이번에는 간수들이 요셉으로 인해
자신들이 복을 누린다는 사실을 깨달았습니다. 그래서 요셉을 감옥

을 관리하는 사람으로 세웠습니다. 요셉은 다시 한 번 축복의 통로
가 되어 주변 사람들에게 주님의 복을 누리게 해 주었습니다.

　감옥에서도 최선을 다하던 요셉에게 드디어 감옥을 나갈 수 있
는 절호의 기회가 왔습니다. 감옥에 들어온 왕의 술관원과 떡관원
이 각각 꿈을 꾸었는데 요셉이 해몽한 대로 한 사람은 복직되었고
한 사람은 처형된 것입니다. 요셉은 복직되어 왕에게 돌아가는 술
관원에게 자기의 억울한 상황을 해결해 달라고 부탁했습니다. 기대
하는 마음으로 왕궁에서 소식이 오기만을 기다렸습니다. 그러나 소
식은 오지 않았습니다. 실망한 요셉은 밤이면 감옥의 창살 사이로
스며드는 달빛을 보며 한없이 울었습니다. 도대체 언제까지 이렇게
억울한 옥살이를 해야 하냐고 하나님께 여쭈었지만 하나님은 이번
에도 묵묵부답입니다. 어째서 자기를 통해 주변 사람들은 축복하시
지만, 정작 자기는 축복하지 않으시냐는 요셉의 울부짖음에 하나님
은 끝까지 침묵하셨습니다.

　그렇게 2년이 더 지난 후 요셉이 이집트의 국무총리가 되던 날,
요셉은 비로소 지난 14년의 노예 생활과 감옥 생활의 의미를 깨달
았습니다. 장차 온 세상에 혹독한 기근이 올 텐데, 그때 이스라엘
자손을 보존하기 위해 하나님이 자기를 미리 이집트로 보내신 것이
라고 확신했습니다. 또한 지난 세월 하나님의 침묵도 이해하게 되
었습니다. 만일 하나님이 그의 기도대로 감옥에서 풀려나게 해 주
셨다면, 정작 이집트 왕이 요셉을 찾을 때 그는 어디에 있었을까
요? 하나님은 바로 이 순간, 세상의 가장 낮은 곳(감옥)에서 가장 높

은 곳(이집트의 2인자)으로 요셉을 들어 올리기 위해 그의 기도에 침묵하셨습니다. 요셉이 이 사실을 깨닫고 나니 지난날 하나님의 침묵에 실망하고 원망했던 일이 부끄러워졌습니다. 어느덧 그의 탄식과 슬픔은 감사와 찬양으로 변했습니다.

저는 이런 일을 '아! 그랬었구나 경험'이라고 합니다. 지난날의 탄식과 원망이 감사와 찬송으로 변하는 '아! 그랬었구나 경험'을 두어 번 하고 나면 오로지 하나님만 믿고 사는 일이 한결 쉬워집니다. 우리가 이 땅을 살아가는 한 항상 어려운 문제와 이해가 잘 되지 않는 상황을 맞닥뜨리게 됩니다. 하나님이 왜 이런 일을 허락하신 것인지 아무리 이해하려 해도 이해할 수 없습니다. 그럴 때마다 우리는 그저 견뎌 내기만 하면 됩니다. 언젠가는 지금 이해할 수 없는 일들이 모두 이해가 될 것이며, 오늘의 원망과 탄식이 감사와 찬송으로 바뀔 것이 확실하기 때문입니다.

요셉은 억울한 일을 당할 때마다 기도했습니다. 그러나 그의 수많은 기도는 하나님의 침묵의 벽에 부딪혔습니다. 요셉은 좌절하지 않고 끝까지 하나님을 바라며 인내하는 믿음을 키웠습니다. 요셉은 자신이 경험한 하나님에 대해 이해가 되지 않을 때 믿음으로 접어 두었습니다. 언젠가는 이해하게 될 날을 기대하면서 말입니다. 물론 너무 힘이 들고 어려울 땐 하나님을 원망하고 탄식하기도 했을 것입니다.

요셉이 이렇게 할 수 있었던 것은, 하나님을 사랑하는 자에게는 모든 것이 합력하여 선을 이룰 것이라는 믿음을 가졌기 때문입니다. 요셉은 성경에 등장하는 사람들 중 가장 순수하고 확고한 믿음을 가진 믿음의 선진입니다. 그의 눈물이 스며든 믿음은 오늘도 별이 되어 우리를 환히 비추고 있습니다.

그와
우리

     a. 요셉은 자기가 꾼 꿈 이야기로 인해 형들의 미움을 사게 되었습니다. 사람들은 진실이라고 해서 모두 반기지는 않습니다. 때로는 진실이 아픔을 자아내기 때문입니다. 같은 말이라도 지혜롭게 해야겠지만, 그마저도 아무 소용이 없을 때도 있습니다. 당신은 진실 혹은 진리를 말하다가 비난받은 적이 있나요?

     b. 요셉은 오랜 세월 동안 하나님의 침묵 때문에 아파하고 괴로워했습니다. 그러나 하나님이 침묵하실 때는 그것을 받아들이고 하나님의 때를 기다리는 것이 믿음입니다. 당신이 오랫동안 간절히 기도해 온 것이 있는데, 아직도 응답받지 못해 힘든 일이 있나요? 하나님은 왜 아직도 침묵하시는 걸까요?

c. 요셉은 형들에 의해 노예로 팔리고, 억울한 누명을 쓰고 감옥에 갇혔습니다. 또한 평생을 외롭게 살다가 갔습니다. 당신은 살면서 언제 가장 큰 외로움을 경험했나요? 그 외로움을 어떻게 달랬는지 나누어 보세요.

d. 요셉의 이야기는 억울한 일, 그것도 하나님의 말씀에 순종하다가 불이익을 당한 사람들의 이야기입니다. 그의 이야기는, 하나님께 수없이 기도했지만 그 기도가 묵살당한 사람들의 이야기입니다. 그의 이야기는, 주변 사람들에게 하나님의 축복의 통로가 되지만 정작 자신은 이렇다 할 축복을 받지 못하고 있다고 생각하는 사람들의 이야기입니다. 당신의 삶은 어떤 면에서 요셉의 삶과 닮았다고 생각되나요?

²³ 믿음으로 모세가 났을 때에 그 부모가 아름다운 아이임을 보고 석 달 동안 숨겨 왕의 명령을 무서워하지 아니하였으며

12장

모세의 부모:
막연한 믿음으로
떠나보낸 자식

그들의 시대

모세가 이스라엘을 이끌고 이집트를 탈출한 일이 주전 1450년대에 있었던 일이라면 그의 부모 시대는 그로부터 100여 년을 거슬러 올라가면 됩니다. 따라서 모세의 부모 시대는 주전 1500년대로 간주하면 무난합니다.[1]

이때 이스라엘은 이집트에서 참으로 어려운 시절을 보내고 있었습니다. 이집트에 해를 끼치지도 않았는데, 외국인이라는 이유만으로 이집트 왕이 그들을 노예로 삼았기 때문입니다. 새 왕조에서 나온 바로는 이스라엘이 요셉의 후손이라는 것도, 요셉이 이집트에

---

1) 이스라엘의 이집트 시대와 모세의 부모 시대 이야기에 대하여는 저의 『엑스포지멘터리 출애굽기』(서울: 도서출판 이엠, 2011), 69-99쪽을 참고하십시오.

큰 은혜를 끼쳤다는 것도 모르는 사람이었습니다.

시간이 흐를수록 이스라엘의 삶은 더욱 힘들어졌습니다. 아무리 핍박을 해도 이스라엘 자손들이 번성하자 이집트 왕은 더욱 위협을 느끼고 히브리 노예들을 더 혹독하게 대했습니다. 견디다 못한 이스라엘 사람들이 하나님께 살려 달라고 부르짖는 시대였습니다.

그들의 삶

모세의 아버지는 아므람이고, 어머니는 요게벳입니다(출 6:20). 이 두 사람의 결혼은 큰 문제를 안고 있습니다. 요게벳이 아므람의 고모이기 때문입니다. 성경은 아므람이 자기 아버지의 누이와 결혼했다고 합니다. 엄연한 근친상간이고, 훗날 그들의 아들 모세를 통해 선포된 율법에서도 이런 결혼은 금지되었습니다. 물론 아직 율법이 주어지기 전이므로 그들이 율법을 어긴 것이라 할 수는 없지만, 당시 고대 근동의 모든 문화권에서 이런 결혼을 금하고 있었습니다. 그러므로 우리는 그들이 결혼할 때 가족과 친지들이 얼마나 강력하게 반대했을지 충분히 상상할 수 있습니다. 비록 두 사람은 사랑 때문에 결혼했겠지만, 가족과 친지들로부터 많은 상처를 받으며 신혼생활을 시작했을 것입니다.

두 사람 사이에 아이들이 태어나기 시작했습니다. 먼저 미리암이 태어났고 그다음 아론이 태어났습니다. 아론이 태어난 후 이집트 왕은 칙령을 선포했습니다. 이스라엘 집안에 여자아이가 태어나면 키워도 되지만, 남자아이가 태어나면 모두 나일 강에 던지라는 것이었습니다. 이집트에서 노예 생활을 하고 있던 이스라엘 사람의 수가 기하급수적으로 늘어나는 것을 막기 위해서라는 이유를 내세웠지만, 사실은 이스라엘 사람들의 노동력을 착취하기 가장 좋은 규모로 유지하겠다는 속내가 담긴 매우 폭력적인 정책이었습니다.

노예살이를 하던 이스라엘 사람들 입장에서는 왕의 칙령을 따를 수밖에 없었습니다. 아론과 모세의 나이 차이가 세 살이라는 것을 감안하면, 아론은 이집트 왕의 칙령이 선포되기 바로 전에 태어났고, 모세는 칙령이 선포된 직후에 태어난 것 같습니다. 모세가 태어난 날, 아므람과 요게벳이 실수를 했습니다. 갓 태어난 아이를 품에 안고 눈을 맞춘 것입니다! 아이를 입양 보내야 하는 사람들은 여간해서는 태어난 아이를 안거나 눈을 맞추지 않는다고 합니다. 일단 아이를 안고 눈을 맞추면 그만큼 이별하기가 어렵기 때문입니다. 갓 태어난 아이를 안고 눈을 맞춘 부부는 아이를 떠나보내더라도 지금은 아니라며 아이를 숨겨 키우기로 했습니다.

이스라엘 사람들은 노예 신분이라 이집트에서 시민 불복종 운동을 할 수도 없습니다. 이집트 왕의 칙령을 어기는 것은 너무나도 위험합니다. 두 사람은 한참 동안 이 아이를 어떻게 할지 하나님께 울며 기도했지만 하나님은 별다른 말씀이 없으십니다. 다만 부부가 옛적 사건을 하나 떠올리도록 하셨습니다. 바로 히브리 산파들의 이야기입니다(출 1:10-21). 예전에도 이집트 왕이 번성하는 이스라엘 자손으로 인해 위협을 느낀 적이 있습니다. 그때도 관건은 이스라엘 자손들을 노예로 부리기에 적합한 규모로 유지하는 것이었습니다.

이집트 왕은 비밀리에 히브리 산파들을 불러 놓고 히브리 여인이 아이를 낳을 때 아들이면 산모 모르게 무조건 죽이라고 했습니다. 그러나 산파들은 생명을 중시하는 하나님을 경외하여 왕의 명령을 따르지 않았습니다. 이 사건은 성경에 기록된 최초의 시민 불복종 사건입니다. 이윽고 바로가 그들을 다시 불러 책임 추궁을 하자, 그들은 히브리 여인들은 워낙 건강해서 산파가 도착하기도 전에 아이를 낳기 때문에 손을 쓸 수 없었다고 거짓말을 했습니다. 하나님은 바로에게 거짓말까지 하면서 생명을 보존하려고 한 산파들을 귀하게 보시고 그들의 집안을 축복하셨습니다.

산파들의 이야기에서 영감을 얻은 요게벳과 아므람은 아이가 태어난 사실이 집밖으로 새어 나가지 않도록 조치를 취하고 많은 기도와 고민을 했습니다. 처음에는 갓난아기를 비밀리에 키우는 것이 어렵지 않았지만 시간이 지날수록 힘들어졌습니다. 요게벳은 출산을 숨기느라 집에서 두문불출했지만, 요게벳이 임신한 것을 기억하는 사람들은 아므람을 만나면 요게벳의 출산 여부에 대해 묻기 일쑤였습니다. 게다가 아이가 커 가면서 울음소리도 더 우렁차게 되어 이웃들이 알아차리는 것은 시간문제였습니다.

아이가 태어난 지 3개월쯤 되었을 때, 더이상 아이를 숨겨 놓고 키울 수 없다고 판단한 아므람과 요게벳은 결단을 내렸습니다. 사실 아이는 이때가 제일 예쁘고 귀엽습니다. 막 옹알이를 시작하고 엄마와 제대로 눈을 맞추는 때입니다. 그러니 3개월 된 모세의 부모가 결단을 내리는 일이 얼마나 어려웠을지 상상이 갑니다. 아이를 안고 야반도주해서 아무도 모르는 곳에 가서 사는 것도 생각해 보았지만, 평생 노예로 살다 보니 돈도 없고 나일 강 유역을 벗어난 적도 없어 어디로 가야 할지 막막했습니다. 또한 이집트 사람들과 생김새가 달라 대번에 히브리 노예라는 사실이 발각될 것이고, 그렇게 되면 온 가족이 처형될 것이 뻔합니다. 더욱이 미리암과 아론은 어려서 빨리 피할 수도 없습니다.

어린아이의 눈망울을 볼 때면 당장이라도 짐을 싸서 도망가고 싶지만, 아무리 생각해 보아도 뾰족한 수가 나오지 않았습니다. 부부가 아이를 두고 하나님께 눈물로 기도했지만, 돌아오는 것은 하나님의 침묵뿐이었습니다. 부부는 어쩔 수 없이 아기를 바구니에 담아 나일 강에 띄워 보내기로 했습니다. 아이를 띄워 보낼 바구니에 물이 스며들지 말라고 역청을 바르면서 부부는 또 많이 울었습니다. 역청을 아무리 발라 봤자 나일 강에는 악어가 득실거립니다. 설령 악어가 아이를 건드리지 않는다 해도 결국 아이는 굶어 죽을 것이 뻔합니다. 이러한 상황을 상상해야 하는 부모의 심정이 어떠했겠습니까?

하나님이 아름다운 선물이라며 아이를 주셨는데, 그 아이를 지키기 위해 아무것도 할 수 없는 자신들이 미웠습니다. 자신들은 도저히 가질 수 없는 선물을 주신 하나님이 원망스러웠습니다. 이럴 거면 차라리 주시지를 말지 왜 이런 아픔을 겪게 하는지 알 수 없었습니다. 요게벳과 아므람의 이야기는 주님이 선물로 주신 아이를 떠나보내는 아픔을 경험한 사람들의 이야기입니다. 이럴 때 부모를 가장 힘들게 하는 것은 떠난 아이를 위해 아무것도 해 줄 수 없는 자신들의 무력함입니다.

그들의 믿음

산파들의 이야기에 고무된 모세의 부모는 당분간 아이를 숨겨 키우기로 했습니다. 하나님의 가치와 원리가 세상 권세의 요구와 대립할 때 주님을 믿는 자는 핍박을 감수하고 하나님의 원칙과 원리대로 살아야 한다고 결론을 내렸던 것입니다. 발각되면 큰일 날 일이지만, 모세의 부모는 주님을 경외하는 사람을 하나님께서 보호하실 것이라는 막연한 믿음을 붙잡았습니다.

부부가 아이를 숨겨 키운 지 3개월이 되었습니다. 그동안 이 아이에 대해 하나님께 아무리 기도해도 하나님은 침묵하셨습니다. 하나님의 가치관과 원리대로 살면 분명 하나님이 보호해 주실 것이라는 기대도 흔들렸습니다. 부부는 어쩔 수 없이 아이를 나일 강에 띄워 보내기로 하고 아이를 담을 바구니 하나를 만듭니다. 결국 이렇게 될 줄 알았으면 차라리 아이가 태어나자마자 보낼걸 하는 후회가 그들의 눈시울을 적셨습니다. 그런데 한 가지 이상한 것이 있었습니다. 하나님이 부부가 전혀 예상하지 못한 기적을 베푸실 수도 있다는 실낱같은 희망을 주신 것입니다. 그 기적이 무엇인지는 전혀 알 수 없지만 선하신 하나님이 어떤 방법으로든 아이를 살게 하실 수도 있다는 막연한 믿음이었습니다. 그래서 부부는 눈물을 훔치며 서로를 격려하고 위로했습니다. 무언가 좋은 일이 생길 것 같

하나님의 가치와 원리가 세상 권세의
요구와 대립할 때 주님을 믿는 자는 핍
박을 감수하고 하나님의 원칙과 원리
대로 살아야 한다고 결론을 내린 것입
니다.

다면서 말입니다.

아이를 바구니에 담는 순간 애써 참았던 눈물이 다시 솟구쳤습
니다. 지금 보고 있는 아이를 다시는 볼 수 없을 것이기 때문입니
다. 믿음이란 사람을 바보로 만드는 것 같습니다. 한순간에는 하나
님이 분명히 이 아이를 구원하실 것이라는 생각을 하지만, 바로 다
음 순간에는 이것이 이 아이와는 마지막이라는 생각에 무너져 내립
니다. 이윽고 부부는 아기 바구니를 안고 나일 강으로 갔습니다. 바
구니를 물에 띄우기 전에 아이를 한 번 더 꼭 껴안았습니다. 그리고
통곡하며 기도했습니다. 이 아이를 제발 살려 달라고, 이 아이를 다
시는 못 보게 되어도 좋으니 제발 어디서든지, 누구의 자식으로든
지 건강하게 살 수만 있게 해 달라며 흐느꼈습니다. 자식을 지키지
못하고 떠나보내야 하는 부모의 무능함을 용서해 달라는 기도도 했
습니다.

하나님은 아므람과 요게벳의 믿음과
눈물을 기억하셔서 이 부부의 흐느낌
이 찬양이 되도록, 그들의 신음 소리가
감사의 환호가 되도록 상황을 완전히
바꾸어 주셨습니다.

아이를 실은 바구니가 물에 뜨자 아므람과 요게벳은 차마 그 바구니를 따라갈 수가 없었습니다. 그래서 누이인 미리암에게 동생을 실은 바구니를 따라가 보라고 했습니다. 그들은 아직도 하나님이 이 아이를 살려 주실 것이라는 막연한 희망을 버리지 않았습니다. 설령 하나님이 개입하지 않으신다 할지라도 아이가 어떻게 되었는지는 알아야 할 것 같았습니다. 몇 시간이 지났을까요? 집으로 돌아와 초조히 소식을 기다리고 있을 때 미리암이 이집트 왕궁에서 일하는 시녀를 데려왔습니다. 더 놀라운 것은 부부가 몇 시간 전에 나일 강에 띄워 보냈던 모세가 그 시녀의 품에 안겨 있었습니다!

모세를 안고 있는 시녀를 잠시 밖에 세워 두고 집으로 들어온 미리암이 히브리어로 자초지종을 설명합니다. 아이를 실은 바구니가 물길을 따라 떠내려가는데, 마침 강으로 목욕하러 나온 공주가 아이의 울음소리를 듣고 시녀를 보내 바구니를 가져오게 했다는 것입니다. 이때다 싶어 미리암이 공주에게 가서 마침 금방 아이를 낳아 젖이 풍부한 히브리 여자가 있는데 아이를 키울 보모로 소개해 드리겠다고 하자 공주가 허락했다는 것입니다. 공주는 아이에게 '모세'라는 이름을 주었고, 양육비도 부담하겠다고 했으며, 아이가 성장하면 궁으로 데려가 자기 아들로 삼겠다는 말까지 했다는 것입니다!

하나님이 아므람과 요게벳의 믿음과 눈물을 기억하신 것입니다. 그래서 그들이 자기 아들을 떳떳하게, 합법적으로, 게다가 양육비까지 받으며 키울 수 있도록 하셨습니다. 하나님이 부부의 흐느낌이 찬양이 되도록, 그들의 신음 소리가 감사의 환호가 되도록 상황을 만들어 주신 것입니다. 아므람과 요게벳은 모세가 성장하여 이집트 공주의 아들로 입양될 때까지 그를 철저하게 신앙으로 양육했습니다. 또한 히브리 사람이라는 정체성도 심어 주었습니다. 이 같은 부모의 교육은 훗날 모세가 이스라엘의 구원자가 되는 데 중요하게 작용합니다.

세상에 이런 반전이 있을 수 있을까요? 오직 여호와 하나님만이 이런 반전을 이루십니다. 오늘날에도 유대인들은 회당에 모여 함께 성경을 읽다가 이 대목에서는 휘파람을 불며 손뼉을 치고 발을 구르며 환호합니다. 이처럼 상상을 초월하는 반전을 이루신 여호와 하나님은 참으로 대단한 분이시라는 것을 찬양하기 위해서입니다.

그들과
우리

    a. 하나님의 기준이 세상의 기준과 대립할 때, 하나님의 기준을 따르기 위해 이집트 왕에게 불순종한 산파들의 믿음은 요게벳과 아므람에게 큰 영감이 되었습니다. 당신의 믿음이 다른 사람에게 영감을 준다면 어떤 부분이 기억되기를 원하나요?

    b. 요게벳과 아므람이 더 이상 불가능하다며 3개월 된 아이를 포기하고 나일 강에 떠내려 보낼 때 하나님이 역사하신 것처럼, 때로는 하나님이 우리가 더 이상 소망이 없다며 포기할 때를 기다렸다가 역사하기도 하십니다. 당신이 아직도 하나님 앞에서 포기하지 못하고 있는 것은 무엇인가요?

c. 히브리 노예의 아들로 태어나 죽게 된 모세가 이집트 공주의 양자가 되어 살게 된 것은 구약성경에 기록된 가장 위대한 반전 이야기입니다. 만일 하나님이 당신의 삶에서 한 가지 반전을 허락하신다면, 당신이 원하는 반전은 무엇인가요?

d. 사람들은 요게벳과 아므람의 결혼을 잘못된 만남이라며 비난했을 것입니다. 그러나 그들의 연합은 훗날 모세라는 이스라엘의 구원자를 탄생시켰습니다. 하나님은 어떠한 사람이나 상황이라도 자기의 영광을 위해 사용하실 수 있는 분입니다. 당신은 아직도 남들이 몰랐으면 하는 부끄러운 과거를 숨기고 있나요? 조용히 십자가 아래 내려놓으세요. 그런 다음 당신을 괴롭히는 그것을 하나님이 어떻게 사용하시는지 지켜보세요.

²⁴ 믿음으로 모세는 장성하여 바로의 공주의 아들이라 칭함 받기를 거절하고 ²⁵ 도리어 하나님의 백성과 함께 고난 받기를 잠시 죄악의 낙을 누리는 것보다 더 좋아하고 ²⁶ 그리스도를 위하여 받는 수모를 애굽의 모든 보화보다 더 큰 재물로 여겼으니 이는 상 주심을 바라봄이라 ²⁷ 믿음으로 애굽을 떠나 왕의 노함을 무서워하지 아니하고 곧 보이지 아니하는 자를 보는 것같이 하여 참았으며 ²⁸ 믿음으로 유월절과 피 뿌리는 예식을 정하였으니 이는 장자를 멸하는 자로 그들을 건드리지 않게 하려 한 것이며

13장

모세:
모든 것을 잃고 난 후에
받은 사명

그의 시대

출애굽을 주전 1450년대로 간주하면 모세의 시대는 쉽게 규명됩니다.[1] 모세는 120년을 살았고, 자기 백성을 탈출시키기 위해 이집트 왕과 대결할 때 나이가 80세였던 점을 감안하면 그가 태어났던 때는 대략 주전 1530년대가 됩니다. 이집트를 탈출한 후 40년을 더 살고 모압 평지에서 고별 설교를 하고 죽었으니, 그가 죽은 때는 주전 1400년대 말쯤 됩니다.

---

1) 모세의 이야기에 대하여는 저의 『엑스포지멘터리 출애굽기』(서울: 도서출판 이엠, 2011), 100-292쪽을 참고하십시오.

그의 삶

모세는 120년을 살았는데, 각각 40년씩 3등분 됩니다. 그는 태어나 처음 40년을 이집트에서 보냈습니다. 두 번째 40년을 미디안 광야에서 보냈습니다. 마지막 40년은 이스라엘 백성과 함께 광야에서 보냈습니다. 모세는 인생의 마지막 3분의 1동안만 사역을 한 것입니다.

이집트에서 보낸 40년: 조그만 바구니에 실려 나일 강에 떠내려가다 구사일생으로 살아난 모세는 이집트 공주의 양아들 신분으로 친부모의 양육을 받았습니다. 아므람과 요게벳은 모세가 옹알이를 할 때부터 여호와에 대한 믿음과 이스라엘의 민족정신을 심어 주었습니다. 언젠가는 하나님이 이 아이를 통해 이집트의 노예살이에서 이스라엘을 구원하시어 약속의 땅으로 인도하실 것이라는 꿈도 꾸었습니다.

모세는 그를 입양한 이집트 공주 덕분에 당대 최고의 엘리트 교육을 받았습니다. 이집트의 문물을 배우면 배울수록 모세 자신은 히브리 사람이라는 사실과 언젠가는 하나님이 이스라엘 백성을 이집트의 억압에서 해방시키기 위해 자기를 사용하실 것이라는 확신이 강해졌습니다. 그러나 모세에게는 비전과 열정만 있을 뿐, 이스라엘을 이집트에서 해방시킬 만한 능력이나 방법은 없었습니다. 모세는 하나님께 이스라엘을 해방시키는 꿈을 주셨으니 그 꿈을 이룰 능력과 방법도 달라고 기도해 보았지만 하나님은 침묵하셨습니다.

모세는 하나님의 뜻은 알았지만 그 뜻
이 언제 어떻게 이루어질지, 즉 하나님
의 방법과 때는 알지 못했습니다. 하나
님의 역사가 일어나려면 하나님의 뜻
과 방법과 때가 일치해야 합니다.

모세는 분명 자기를 사용하실 것이라는 하나님의 계획은 알았지만
그 방법을 몰라 방황했습니다. 세월은 흘러 어느덧 40세가 되었습
니다. 모세는 조급해지기 시작했습니다.

하루는 히브리 노예들을 괴롭히는 이집트 사람을 보고 분을 참
지 못해 몰래 살인을 저질렀습니다. 이튿날, 모세는 자기 백성들이
사는 지역을 돌아다니다가 두 사람이 싸우는 것을 보았습니다. 모
세는 "이집트에서 노예로 사는 것도 원통한데 왜 서로 싸우느냐?"
라며 말렸습니다. 그러자 히브리 사람들은 "어제 네가 죽인 이집트
사람처럼 우리도 죽일 거냐?"라며 대들었습니다. 모세는 아무도 모
르게 한 일을 온 세상이 다 알고 있다는 것을 깨닫고 두려웠습니다.
또 이집트 왕이 모세를 찾아 죽이려고 한다는 소식도 들렸습니다.
겁이 난 모세는 가족들과 작별 인사도 나누지 못하고 급히 이집트
에서 도망쳤습니다.

미디안에서 보낸 40년: 모세는 며칠 동안 광야를 헤매다 겨우 미디안 땅에 도착했습니다. 그가 광야에서 헤맬 때 어떤 생각을 했을까요? 어릴 때 부모님이 해 준 말이 생각났을 것입니다. 여호와께서 이집트에서 노예로 억압받고 있는 이스라엘 백성을 모세를 통해 구원하실 것이라고 말입니다. 바로의 딸에게 아들로 입양되어 이집트에서 누렸던 최고의 혜택도 떠올렸을 것입니다. 그러나 지금은 살인자 신세가 되어 도망 중입니다.

그는 자신의 삶을 향한 하나님의 뜻에 대해 많은 질문을 했습니다. 모세가 하나님의 뜻을 제대로 분별한 것은 사실입니다. 여호와께서 언젠가는 모세를 통해 이스라엘을 구원하실 것입니다. 그러나 모세가 간과한 것이 있습니다. 바로 하나님의 방법과 때입니다. 성경은 하나님의 역사가 일어나려면 하나님의 뜻과 방법과 때가 일치해야 한다고 합니다.

모세는 태어날 때부터 여러 가지 특별한 경험을 겪으면서 자신을 향한 하나님의 뜻을 깨달았습니다. 그러나 하나님의 방법과 때에 대해서는 무지했습니다. 거룩하신 하나님이 이집트 사람을 하나씩 은밀하게 살해하는 방법으로 이스라엘을 구원하실 리 없습니다. 훗날 드러나듯이 이스라엘의 왕이신 하나님은 이집트 왕과 정면 대결을 통해 자기 백성을 구원하십니다. 모세는 또한 하나님의 때에 대해 무지했습니다. 하나님이 이스라엘을 구원하실 때는 앞으로 40년이 더 지나야 하며, 가나안 입성을 허락하실 때까지는 아직 80년이 남았습니다. 모세가 하나님보다 수십 년을 앞서간 것입니다. 그러니 그가 하나님의 뜻을 이루어 드리겠다고 한 일이 불발탄이 될 수밖에 없습니다.

이런저런 생각을 하며 미디안까지 간 모세는 거기서 결혼하여 자녀를 얻었습니다. 그리고 장인의 양떼를 치며 40년을 보냈습니다. 이 기간 동안 그는 지난날을 생각하며 한없이 낮아졌습니다. 자기는 아무것도 아닌데 마치 온 이스라엘을 구원할 메시아인 것처럼 날뛴 것을 생각할 때마다 머쓱해졌습니다. 모세의 자존감은 풍비박산이 났고, 얼마나 충격이 컸던지 달변가였던 그가 이제는 말도 어눌해졌습니다.

장인의 양떼를 먹이는 일을 유일한 낙으로 삼고 산 지 40년이 되던 해, 모세는 양떼를 몰고 호렙 산에 갔다가 하나님의 음성을 들었습니다. 여호와 하나님은 모세를 통해 이스라엘을 해방시키겠다고 하시며 이집트로 돌아가라고 하셨습니다. 그러나 모세는 이런저런 핑계를 대며 하나님의 말씀에 순종하기를 거부했습니다.

표면적으로는 모세가 겸손한 것처럼 보입니다. 그래서 만일 40년 전에 모세가 이런 자세를 취했더라면 하나님의 구원 역사가 40년은 앞당겨져서 200만 명의 이스라엘 사람들이 고생을 덜했을 것이라며 안타까워할 수 있습니다. 그러나 모세는 지금 겸손한 것이 아니라 자신은 아무것도 할 수 없다는 무력감에 빠져 있습니다. 그래서 하나님이 여러 차례 설득하시고 모세가 더 이상 할 말이 없어졌을 때에도 자기는 도저히 못 가겠으니 다른 사람을 보내라며 하나님과의 대화를 마무리합니다.

그러나 사람은 하나님을 이길 수 없습니다. 결국 모세는 어쩔 수 없이 이집트로 내려갔습니다. 이후로 모세가 이집트와 광야에서 하나님을 자주 원망한 것으로 보아 무너진 자존감을 회복하는 데 상당한 시간이 필요했던 것 같습니다.

이스라엘과 함께한 40년: 40년 만에 이집트로 돌아온 모세는 아론과 함께 열 가지 재앙을 행하고 나서야 비로소 이스라엘의 해방을 이루어 냈습니다. 하나님이 함께하신다고 해서 모든 것이 한순간에 이루어지는 것은 아닙니다. 하나님이 함께하신 모세와 아론은 바로와 1년 동안 대결했습니다. 하나님의 일을 이루어 가는 데 절차를 무시하거나 성급해서도 안 됩니다.

열 번째 재앙이 임박했을 때 하나님은 이 재앙의 중요성과 역사성을 미리 말씀해 주셨습니다. 이스라엘 공동체의 신학적 정체성이 여기서 시작된다고 해도 과언이 아닐 정도로 중요한 사건이었습니다. 열 번째 재앙에서는 하나님이 보내신 죽음의 사자가 온 이집트를 다니며 사람과 짐승을 가리지 않고 장자는 모두 죽일 것이라고 하셨습니다. 그러나 문설주에 양의 피를 발라 놓은 집은 죽음의 사자가 그냥 지나칠 것이므로(유월의 의미), 이 재앙의 피해자가 되지 않으려면 철저하게 준비하라고 당부하셨습니다.

이집트 왕과 대결한 지 1년 만에 모세는 이집트 왕의 무조건적인 항복을 받아 내고, 드디어 이스라엘을 이끌고 이집트를 탈출합니다. 전능하신 하나님에 대한 믿음으로 홍해를 무사히 건넌 모세는 이스라엘 백성을 이끌고 하나님의 산인 시내 산으로 갔습니다. 그곳에서 1년을 머물며 하나님의 율법을 받아 이스라엘에게 전하고 약속의 땅 가나안을 향해 떠났습니다.

그러나 하나님을 온전히 믿지 못한 이스라엘은 가데스바네아에서 대형 사고를 칩니다. 그 벌로 40년 동안 광야를 떠돌다가 출애굽 1세대는 모두 죽었습니다. 모세는 그들과 함께하며 그들의 죽음을 지켜보았습니다. 얼마나 마음이 아팠을까요? 불신은 이처럼 사랑하는 사람에게 큰 아픔을 줍니다. 모세는 120세를 일기로 요단 강 건너편에서 약속의 땅을 바라보고 죽었습니다.

그의 믿음

모세는 성장하면서 하나님이 분명 자기를 통해 이스라엘을 이집트 종살이에서 해방시키실 것을 믿었습니다. 그러나 믿음의 가장 중요한 요소는 기다리는 것인데, 청년 모세는 하나님의 때를 기다리지 못하고 스스로 하나님의 역사를 이루려 했습니다. 결국 실패하고 살인자가 되어 이집트 밖으로 도주했습니다. 모세가 미디안에서 은둔 생활을 한 지 40년이 되던 해에 하나님이 찾아오셨습니다. 하나님은 모세를 다시 이집트로 보내셨고, 모세는 하나님을 대신해서 1년 동안 이집트 왕과 대결했습니다. 이 기간 동안 모세는 힘들 때마다 하나님을 원망했습니다. 하나님은 조금씩 모세를 치유하셨고, 열 번째 재앙이 진행될 무렵에는 완전히 회복되어 믿음도 굳건해졌습니다.

성경이 모세의 믿음을 높이 평가하는
이유는 그가 이 땅에서 고통당하는 일
을 두려워하지 않았기 때문입니다.

　그러나 얼마 가지 않아 또 한 번의 위기를 맞이했습니다. 이집트
왕이 군대를 보내 약속의 땅으로 가고 있던 모세와 이스라엘 백성
을 다시 잡아오라고 한 것입니다. 모세와 이스라엘 앞에는 홍해가
있고, 뒤에서는 이집트 군대가 추격해 오는 진퇴양난의 위기였습니
다. 예전 같으면 이런 상황에서 모세는 "하나님, 왜 이러십니까?"
하고 항의했을텐데 이번에는 달랐습니다. 지난 1년 동안 하나님이
그를 곁에 두고 치료하신 것이 효과를 발휘했습니다. 물론 앞으로
도 모세는 계속 하나님의 치료를 받아야 합니다. 그러나 이번만큼
은 마치 완치된 사람처럼 외쳤습니다. "두려워하지 말고 하나님의
구원을 보라!"(출 14:13)
　광야 생활 중에도 모세의 믿음은 여러 차례 흔들렸습니다. 그럴
때마다 하나님을 원망했습니다. 더 나아가 마치 자기가 하나님이나
되는 것처럼 백성들에게 화를 냈다가 그 벌로 약속의 땅 입장권을
박탈당했습니다. 그래서 히브리서 기자는 모세의 광야 생활에 대해
서는 언급을 하지 않습니다. 노년의 모세는 우리가 생각하는 만큼

훌륭한 믿음의 소유자는 아니었던 것입니다.

히브리서 기자는 모세의 젊은 시절에 초점을 맞추어 그의 믿음을 극찬합니다. 모세는 어릴 때부터 부모님에게 신앙 교육과 의식 교육을 함께 받아서인지 이집트 왕궁의 부귀영화보다는 자기 백성 이스라엘 노예들과 함께 고통받는 일을 더 귀하게 여겼습니다(24-25절). 그는 이스라엘이 이집트에서 받는 고통은 장차 이 땅에 오실 메시아의 고통에 동참하는 귀한 일이라고 생각했습니다(26절). 또한 모세가 이스라엘의 고통에 기꺼이 동참한 것은, 이 땅에서 주의 백성과 함께 고통을 받으면 장차 다가올 세상에서 받을 상급이 크다고 믿는 믿음 때문입니다(26절).

히브리서 기자는 모세가 명예의 전당에 들어간 이유를 고통과 연관 짓고 있습니다. 모세의 믿음을 높이 평가하는 이유는 그가 이 땅에서 고통당하는 일을 두려워하지 않았기 때문이라고 합니다. 그렇다면 그리스도의 고난에 자발적으로 동참하는 것은 모세의 믿음에서 가장 중요한 부분입니다. 우리도 모세처럼 이 땅에서 고통당하는 일을 두려워하거나 꺼리지 않았으면 좋겠습니다. 고난을 자청할 필요는 없지만, 고통이 우리 삶에 찾아올 때 그리스도의 고난에 동참한다는 자부심으로 기꺼이 받아들일 수 있었으면 좋겠습니다. 장차 다가올 영광을 생각하면서 말입니다.

그와
우리

a. 모세는 분명 자신을 통해 이스라엘을 구원하는 것이 하나님의 뜻이라는 사실을 알았습니다. 그러나 하나님의 방법과 때는 분별하지 못하여 살인을 저지르고 도주했습니다. 하나님의 뜻과 방법은 성경 말씀을 통해 어느 정도 파악할 수 있습니다. 가장 어려운 것은 하나님의 때를 분별하는 것입니다. 당신은 어떻게 하나님의 때를 분별하나요?

b. 모세는 젊었을 때 믿음이 좋았는데 미디안에 살면서 영적인 슬럼프에 빠졌습니다. 이후 하나님은 40년 광야 생활 동안 모세를 회복시키고 치료하셨습니다. 당신은 영적 슬럼프를 경험한 적이 있나요? 지금 당신에게 하나님의 치료가 필요한 부분은 무엇인가요?

c. 모세는 하나님이 그를 다시 이집트로 보내겠다고 하시자, 끝까지 자기는 갈 만한 사람이 못 된다며 다른 사람을 찾으라고 했습니다. 그는 한없이 낮아진 자신의 처지만 지나치게 의식하느라 한없이 높으신 하나님의 능력을 보지 못했습니다. 당신도 혹시 모세처럼 자기 자신과 자신이 처한 상황에만 지나치게 집중해서 하나님의 명령을 피하고 있지 않나요? 사람이 침묵하면 돌들이 소리 지를 것입니다(눅 19:40).

d. 모세는 마치 자기가 하나님이나 된 것처럼 주의 백성들에게 화를 내고, 자기를 통해 일어난 기적에 대해 하나님께 영광을 돌리지 않아 약속의 땅에 들어가는 특권을 빼앗겼습니다. 당신은 하나님의 명령을 이행하며 그분의 영광을 가로채거나 하나님의 자녀들에게 화를 내고 있지는 않나요?

²⁹ 믿음으로 그들은 홍해를 육지같이 건넜으나 애굽 사람들은
이것을 시험하다가 빠져 죽었으며

14장

이스라엘 사람들:
깊은 믿음의 바다로
초대된 백성

그들의 시대

훗날 이스라엘 민족이 되는 야곱 자손들이 이집트에 살기 시작한 것은 요셉 시대부터입니다. 그때 혹독한 기근이 이집트와 가나안 지역을 강타했고, 7년 동안 지속될 기근이 2년째 되던 해였습니다. 형들에 의해 노예로 팔렸다가 우여곡절 끝에 이집트의 국무총리가 된 요셉이 가나안에 있는 아버지를 찾아가지 않고 오히려 아버지와 가족들을 이집트로 초청했습니다. 앞으로도 기근이 5년 이상 지속될 것이니 가족을 이끌고 이집트로 내려오라는 것이었습니다.

야곱 자손들의 이집트 생활은 근사하게 시작됐습니다. 요셉에게 마음의 빚을 지고 있던 이집트 왕이 요셉의 가족들을 열렬히 환영

하나님이 이스라엘 백성들의 기도를
들으시고 구원자로 세운 사람이 바로
모세입니다. 모세는 이스라엘 백성의
기도의 응답이었던 것입니다.

했습니다. 누가 봐도 이집트 왕의 시위용이라는 것을 알 수 있는 수
레 열대를 보내 요셉의 아버지 야곱을 이집트로 모셔 오도록 했습
니다. 이집트 왕은 자신이 살아 있는 동안 요셉의 가족들에게 극진
한 친절을 베풀었습니다. 덕분에 야곱의 자손들은 별 어려움 없이
이집트에 정착했습니다.

그러나 요셉은 언젠가는 하나님이 이스라엘 자손들을 그들의 선
조 아브라함에게 약속하신 가나안 땅으로 인도해 가실 것을 확신했
습니다. 그래서 그때를 대비하여 자신이 할 수 있는 모든 조치를 취
해 놓고 죽었습니다. 요셉은 이집트 왕을 만나러 가는 형들에게 왕
이 물으면 고센 지역에 정착하게 해 달라고 부탁하라고 귀띔했습니
다. 고센 지역은 이집트 주류 사회와 어느 정도 떨어진 곳이라 야곱
의 후손들이 민족적 정체성과 언어를 유지하는 데 최적지였습니다.
또한 야곱의 후손들은 가축 떼를 몰고 왔는데, 이집트에서 가축을
먹이기에 가장 적합한 장소가 고센이었습니다. 요셉은 후손들이 언

젠가는 꼭 가나안으로 돌아갈 것이라는 꿈을 버리지 않도록 이집트를 떠날 때 자기의 뼈도 꼭 가져다가 약속의 땅에 묻어 달라는 유언을 남겼습니다.

이후 이집트에는 쿠데타가 있었고 요셉을 전혀 모르는 왕조가 나라를 다스리게 되었습니다. 새 왕조가 보기에 고센에 정착한 야곱의 후손들은 노예로 부리기에 최적의 조건을 가진 족속이었습니다. 이때부터 이스라엘의 고단한 삶이 시작되었습니다. '바늘 도둑이 소도둑 된다'는 말처럼 이스라엘 사람들을 노예로 부려 재미를 본 이집트 왕들은 시간이 지날수록 이스라엘을 더 혹독하게 착취했습니다. 견디다 못한 이스라엘 백성들이 그들의 하나님 여호와께 도와 달라고 부르짖었습니다. 하나님이 그들의 기도를 들으시고 구원자로 세운 사람이 바로 모세입니다. 모세는 이스라엘 백성의 기도의 응답이었던 것입니다.

그러나 처음에는 모세가 매우 실망스러운 모습을 보여 주었습니다. 살인을 저지르고 쫓기는 신세가 되어 이집트를 탈출해 미디안으로 가 버린 것입니다. 미디안 땅에서 장인의 양떼를 먹이며 방황하던 모세가 40년 만에 하나님의 명령에 따라 이집트로 돌아왔습니다.

모세는 형 아론과 함께 이집트 왕을 상대로 1년 동안 대결했습니다. 이 대결은 사실 이스라엘의 하나님 여호와와 이집트의 신으로 추앙받던 이집트 왕의 대결이기 때문에 처음부터 누가 승리할지는 불 보듯 뻔한 일이었습니다. 모세는 하나님이 이집트에 내리신 열 가지 재앙을 모두 중개해 주었고, 공포에 질린 이집트 왕은 모세에게 이스라엘 백성들을 데리고 속히 떠나 줄 것을 간곡히 부탁했습니다.

이스라엘은 이집트 탈출의 상징인 홍해 앞에 섰습니다.[1] 이때가 언제쯤일까요? 성경은 이스라엘이 이집트에 거주한 지 430년 만에 출애굽했다고 합니다(출 12:40). 이 기간이 요셉을 알지 못하는 왕조가 시작되고 이스라엘이 노예살이를 한 기간을 의미하는지, 아니면 요셉이 이집트로 팔려 간 때부터 계산된 것인지는 정확히 알 수 없습니다. 후자로 보는 것이 무난해 보입니다. 출애굽을 주전 1450년대의 일로 간주하면, 이스라엘이 이집트에서 살았던 시기는 대략 주전 1900년대 초부터 1400년대 중반까지입니다.

그들의 삶

이집트에서 이스라엘의 삶은 처음에는 참 좋았습니다. 모두 요셉 덕분이었습니다. 그러나 요셉을 알지 못하는 왕조가 들어선 다음부터 많은 고난을 겪으며 고달프게 살았습니다. 노예의 신분으로 전락하여 매일 극심한 노동에 시달렸습니다. 노동에 대해 성경은 아담과 하와가 죄를 짓기 전부터 하나님이 주신 신성한 선물이라고 말합니다. 그러나 본인의 의사와 상관없이 강요되는 노동은 하나님의 선물이 아니라 가해자(노동을 요구하는 자)의 죄(탐욕)에서 비롯된 것입니다. 더욱이 이스라엘 사람들은 노동의 열매도 누리지

---

1) 이스라엘 백성들이 홍해를 건넌 이야기에 대하여는 저의 『엑스포지멘터리 출애굽기』(서울: 도서출판 이엠, 2011), 232-258쪽을 참고하십시오.

이집트에서 이스라엘 백성이 당한 온갖 시련과 아픔은 그들의 신앙 성장에 큰 의미를 지닐 뿐만 아니라 출애굽 역사의 원동력이 되었습니다.

못했습니다. 이집트 왕과 백성들이 모두 착취해 갔기 때문입니다.

힘없는 이스라엘 사람들은 아무런 저항도 하지 못하고 속수무책으로 당하며 살고 있었습니다. 그러던 중 이스라엘 민족의 생존 자체를 위협하는 칙령이 선포되었습니다. 이스라엘의 인구가 기하급수적으로 늘어나는 것을 염려한 이집트 왕은 이스라엘 여인들이 사내아이를 출산하면 모두 나일 강에 버려 죽게 하라는 명령을 내렸습니다. 그러나 잡초는 밟을수록 더 퍼지는 법입니다. 바로가 아무리 발버둥치고 어떤 조치를 내려도 이스라엘 민족의 수는 계속 늘어났습니다. 이스라엘의 왕이신 하나님이 보이지 않는 손으로 이집트 왕의 악한 음모를 모두 막으셨기에 가능한 일이었습니다. 이스라엘은 더 간곡히 자신들의 하나님 여호와께 부르짖기 시작했습니다. 악한 세력의 지배에서 벗어나 자유를 누리게 해 달라고 말입니다. 하나님이 그들의 눈물을 보시고 모세를 보내셨습니다.

이스라엘의 고단한 삶에 대해 한 가지 생각해 볼 것이 있습니다.

그들이 이집트에서 당한 온갖 시련과 아픔은 모두 무의미한 것일까요? 아닙니다. 이 시련과 아픔은 그들의 신앙 성장에 큰 의미를 지닐 뿐만 아니라 출애굽 역사의 원동력이 되었습니다. 생각해 보십시오. 만일 이스라엘이 이집트에서 평안하게 살고 있었다면 이집트를 떠날 생각을 했을까요? 모세의 열 가지 재앙이 진행되는 동안 조금만 불편하면 모세에게 원망을 퍼붓는 그들을 보면 결코 그렇지 않을 것입니다. 기적적으로 홍해를 건너자마자 마실 것과 먹을 것이 조금만 부족해도 이집트 생활을 그리워하며 하나님과 모세를 원망하는 그들을 보면 더더욱 아닙니다.

이집트에서의 고통과 시련은 출애굽을 있게 한 원동력입니다. 우리 삶을 둘러보아도 그렇습니다. 저는 하나님이 우리를 인도하시는 가장 확실한 방법은 우리가 처한 환경을 통해서라고 생각합니다. 우리는 우둔해서 하나님의 때와 인도하심을 잘 분별하지 못합니다. 이럴 때 하나님이 자주 사용하시는 방법이 우리가 처한 상황을 조정하셔서 우리가 더 이상 그곳에 머물지 못하고 어쩔 수 없이 떠나게 하시는 것입니다. 이스라엘 사람들이 이집트를 떠날 수밖에 없었던 것처럼 말입니다.

모든 것이 합력하여 선을 이룬다(롬 8:28)는 말씀을 믿고 사는 사람들에게는 아픔과 고난도 좋은 것입니다. 고통스러운 일을 당할 때는 잘 알 수 없지만, 우리가 당하고 있는 고통으로 인해 무언가 좋은 일이 시작될 것이라 믿어도 좋습니다. 우리의 삶에 선한 일을 시작하신 하나님이 우리의 아픔과 고통을 통해 선한 일을 이루실 것입니다. 이스라엘이 이집트에서 당한 혹독한 고통을 출애굽 대역사의 서곡으로 사용하신 것처럼 말입니다.

그렇다면 고통이 임할 때 우리는 어떻게 대처해야 할까요? 어떤 것이 신앙인의 바람직한 자세인가요? 이 질문에는 모범답안이 없습니다. 그저 힘들면 아프다고 하나님께 소리치십시오. 눈물이 나면 절제하지 말고 실컷 우십시오. 혹독한 고난이 임할 때는 생존 자체가 위협당합니다. 그러나 우리는 살아만 있으면 됩니다. 살아 있어야 하나님의 선하신 역사를 경험할 수 있습니다.

온갖 고통과 아픔을 견뎌 내고 생존자가 될 때 비로소 우리는 푸시킨의 시 '삶'을 읊조리며 지난날을 돌아볼 수 있는 여유가 생깁니다. 고통이 임할 때는 그날을 소망하며 살아 있기만 하면 됩니다.

삶이 그대를 속이더라도
슬퍼하거나 노하지 말라
설움의 날을 참고 견디면
언젠가는 기쁨의 날이 오리니
현재는 언제나 슬픈 것
마음은 미래에 사는 것
그리고 지난날은 그리워지느니라

그들의 믿음

이스라엘 사람들의 출애굽과 광야에서의 삶을 살펴보면 믿음이라고는 거의 찾아볼 수 없습니다. 모세가 40년 만에 이집트로 돌아와 하나님의 구원 사역을 전하자 이스라엘은 하나님을 경배했습니다. 그러나 그들의 경배는 얼마 못 가서 원망으로 바뀌었습니다.

모세는 이집트에 재앙을 내리기 전에 이집트 왕을 만나러 가서 이스라엘을 내보내라는 하나님의 최후통첩을 전했습니다(출 5:1). 아직 하나님의 능력이 얼마나 무시무시한지 경험하지 못한 이집트 왕은 모세와 하나님을 비웃었습니다. 그리고 이스라엘 노예들이 모세를 보내 이런 말을 하는 것은 시간이 남아돌아서 꾸민 짓이라고 여겨 더 가혹한 노동을 부가하도록 명령했습니다.

소식을 들은 이스라엘 사람들은 하나님의 사역이 시작되었으므로 이제부터 이집트를 탈출할 때까지 고통을 감수해야 한다는 생각은 하지 않고, 오히려 모세를 원망했습니다. 당장 눈앞에 고통이 닥치자 그들의 얄팍한 믿음은 순식간에 증발해 버린 것입니다. 이 사건은 이집트 노예 생활과 40년 광야 생활 동안 이스라엘이 보여 준 믿음의 전형적인 모습입니다. 신실함이 곧 믿음의 핵심 요소인데, 이스라엘 사람들은 상황에 따라 바뀌는 변덕스러운 믿음을 지녔습니다.

하나님의 열 가지 재앙으로 이집트 왕의 항복을 받아 낸 이스라엘이 홍해에 다다랐을 때 이집트 군인들이 병거를 몰고 추격해 왔습니다. 겁에 질린 이스라엘은 "우리를 죽이려고 이곳으로 끌고 왔느냐?"라며 또다시 모세를 원망했습니다. 불과 얼마 전에 구원의 하나님을 찬양하며 고센 땅을 떠난 사람들이라고는 믿기지 않습니다! 지난 1년 동안 수많은 하나님의 기적을 경험했지만 그들의 믿음은 여지없이 흔들리고 맙니다.

모세가 기도하자 홍해가 갈라지며 길이 났습니다. 길 양쪽의 높이 솟은 물 벽이 곧 무너져 내릴 듯 소용돌이쳐 믿음이 없이는 절대 건널 수 없는 상황이 되었습니다. 그들은 다시 하나님의 능력을 의지하여 홍해를 마른 땅 건너듯 건넜습니다. 이스라엘 백성이 모두 건너고도 길이 계속 열려 있자 이번에는 이집트 군대가 그 뒤를 따랐습니다. 이스라엘 사람들도 건너는 바다를 왜 자기들은 건너지 못하겠느냐는 것이었습니다. 그러나 홍해가 갈라지는 기적은 주의 백성을 위한 것이지 이집트 사람들을 위한 것이 아니었습니다. 하나님은 그들 위에 바다가 다시 흐르게 하여 이집트 군을 홍해에 수장시키셨습니다(29절). 이처럼 때로는 하나님이 자기 백성에게 베풀어 주시는 은혜가 세상 사람들에게는 걸림돌이 되기도 합니다.

오늘날 많은 성도들도 이스라엘 사람들과 같은 믿음을 가지고 살아갑니다. 상황이 좋을 때는 하나님을 찬양하지만, 상황이 조금만 나빠지면 곧바로 원망하는 변덕스러운 믿음이 많습니다. 중요한 것은 하나님이 이처럼 어이없는 믿음의 소유자들을 벌하지 않으셨다는 것입니다. 하나님은 이스라엘의 변덕스러움에도 불구하고 아브라함에게 주신 약속대로 은혜를 베푸십니다. 이스라엘의 출애굽

이스라엘의 출애굽과 가나안 정착 사
건은 그들의 믿음의 결과가 아니라, 하
나님이 그들의 조상 아브라함의 믿음
과 순종을 보시고 축복하신 것입니다.

과 가나안 정착 사건은 그들의 믿음의 결과가 아니라, 하나님이 그
들의 조상 아브라함의 믿음과 순종을 보시고 축복하신 일입니다.

성경은 신실한 사람의 믿음은 그가 죽은 후에도 그의 후손 천대
까지(아주 오랜 세월 동안) 하나님의 축복으로 임한다고 말합니다. 그
렇다면 오늘 우리가 후손들을 위해 할 수 있는 최고의 투자는 하나
님 앞에 신실한 자가 되는 것입니다. 하나님이 우리의 믿음을 보시
고 우리가 죽은 후에도 후손들에게 복을 내려 주실 것이기 때문입
니다. 자격 없는 이스라엘이 아브라함의 순종과 믿음으로 인해 출
애굽의 구원과 가나안 정착의 복을 누리게 된 것처럼 말입니다.

흔들리는 믿음도 괜찮습니다. 우리가 영적으로 성장하여 예수님
을 닮아 가는 과정에 있으므로, 훗날 하나님의 은혜로 산을 움직일
수 있는 큰 믿음을 갖게 될 날을 소망하며 살면 됩니다. 오늘 이 순
간 흔들리고 순식간에 사라지는 안개와 같은 변덕스러운 믿음도 좋

습니다. 하나님은 그 믿음조차도 소중히 여기시고 우리가 잠시라도 감사하며 사는 것을 기뻐하십니다.

그들과
우리

a. 만일 모든 것이 평안했으면 이스라엘 사람들은 이집트를 떠나지 않았을 것입니다. 그러므로 이스라엘이 이집트에서 당한 혹독한 고통은 놀라운 출애굽 은혜의 서곡이었습니다. 현실에 안주하며 정체된 신앙생활에 머물러 있나요? 새로운 시작을 위해 고통까지 감수할 믿음을 달라고 기도하세요.

b. 하나님이 이스라엘을 이집트에서 탈출시키려고 모세를 보냈을 때 이스라엘은 하나님을 경배했습니다. 그러나 정작 구원 사역이 시작되자 모세를 원망했습니다. 그들에게는 미래의 자유보다는 당장 눈앞에 닥친 고통이 더 크게 보였습니다. 당신은 미래의 모든 축복을 포기하고 싶을 만큼 큰 고통을 경험해 본 적이 있나요? 그것은 어떤 것이었나요?

c. 아브라함의 믿음은 수백 년 후에도 그의 자손들에게 하나님의 복을 안겨 주었습니다. 순종과 믿음의 열매가 당장 열리는 경우도 있지만, 많은 세대가 흐른 후에 결실을 맺기도 합니다. 오늘날 한국 교회가 누리는 축복은 지난 세대들의 신실함 때문이며, 오늘 이 순간 우리가 어떻게 신앙생활을 하느냐는 후세에 영향을 미칠 것입니다. 당신은 지금 어떤 믿음으로 미래를 준비하고 있나요?

d. 신앙이 아직 자라지 않은 때는 흔들리는 믿음도 괜찮습니다. 이스라엘도 흔들리는 믿음으로 홍해를 건넜습니다. 당신은 언제 믿음이 가장 많이 흔들리는 것을 느끼나요?

3부

완전함으로 향하는
불완전한 여정

³⁰ 믿음으로 칠 일 동안 여리고를 도니 성이 무너졌으며

15장

여호수아: 만년 2인자의 떨림과 두려움

그의 시대

　　본문은 29절에서 시작된 이스라엘 백성의 이야기를 계속하고 있습니다. 그러나 이미 이스라엘 사람들의 믿음에 대해 묵상했으므로, 이번에는 여리고 성 함락에 결정적인 역할을 한 그들의 지도자 여호수아에 대해 생각해 보고자 합니다.[1]

　여호수아가 성경에 처음으로 모습을 드러낸 때는, 홍해를 건넌 이스라엘이 피곤하고 지친 상태로 행진을 하다가 고대 근동의 불량배들인 아말렉의 공격을 받은 때였습니다(출 17장). 아말렉은 노약자들로 구성된 이스라엘 행렬의 후미를 공격했습니다. 하나님은 곧바

---

[1] 여호수아의 이야기에 대하여는 저의 『엑스포지멘터리 여호수아』(서울: 도서출판 이엠, 2010), 71–220쪽을 참고하십시오.

전쟁을 승리로 이끈 여호수아는 이후
모세 곁에 머물면서 40년 동안 모세의
후계자로 성품 훈련과 영적 훈련을 받
았습니다.

로 모세에게 군대를 일으켜 그들을 응징하라고 하셨고, 여호수아가
이 전쟁을 지휘하는 장군으로 발탁되었습니다. 아마도 여호수아는
군사적인 능력이 매우 뛰어난 사람이었을 것입니다.

전쟁을 승리로 이끈 여호수아는 이후 모세 곁에 머물면서 40년 동
안 후계자 훈련을 받았습니다. 그러나 이 40년은 결코 순조로운 시
간이 아니었습니다. 우리가 잘 알다시피 모세는 매우 다혈질적이며,
이런 사람 밑에서 훈련을 받는다는 것은 결코 쉬운 일이 아닙니다.

또한 이 40년은 이스라엘 백성에게 연단과 시련의 시간이었습니
다. 하나님은 시내 산 밑에서 이스라엘이 아무런 걱정 없이 1년 동
안 꿈같은 시간을 보내게 하셨습니다. 그러고 나서 가나안 정복의
전진 기지인 가데스바네아로 이스라엘을 보내셨습니다. 그러나 이
곳에서 하나님을 불신한 이스라엘은 이후 40년 동안 광야를 떠돌게
되었습니다. 여호수아도 이스라엘과 함께 광야를 떠돌았고 가나안
입성을 앞두고 죽은 모세의 대를 이어 이스라엘의 지도자가 되었습

니다. 요단 강을 건넌 후 30년 동안 가나안 정복 전쟁을 지휘했습니다. 전투에서 승리도 많이 했지만, 실패도 많이 경험했습니다. 여호수아는 정복 전쟁이 온전히 끝나지 않은 상황에서 110세의 일기로 생을 마감했습니다. 그는 이스라엘이 이집트에서 탈출하여 40년 만에 가나안에 정착하기까지의 과정을 모두 지켜본 사람입니다. 출애굽 시기를 주전 1450년대로 간주하면, 출애굽 때 그가 40세였고, 110세를 살고 죽었으므로 그의 시대는 주전 1,490년대에서 1,380년대 정도 됩니다.

그의 삶

여호수아가 성경에 처음으로 모습을 드러낼 때 그는 늠름한 장군이었습니다. 그는 이스라엘이 이집트를 탈출한 직후 광야에서 먼저 공격해 온 아말렉 족을 물리쳤습니다. 그의 군사적 능력은 이후 수차례 벌어진 전투에서도 확연히 드러났습니다. 출애굽 후 이스라엘은 시내 산에서 1년을 머문 후 하나님의 명령에 따라 가데스바네아로 갔습니다. 이곳에서 이스라엘 열두 지파는 각 지파를 대표하는 정탐꾼 열두 명을 선발하여 가나안 땅을 40일 동안 둘러본 후 온 백성에게 보고하게 했습니다. 이때 여호수아는 에브라임 지파의 대표로 뽑혀 가나안 정탐에 나섰습니다.

정탐을 하고 돌아온 열두 명 중 열 명은 매우 부정적으로 보고했습니다. 가나안은 이집트 땅에 비하면 참으로 비옥한 땅이지만, 그곳에 사는 원주민들이 문제라는 것입니다. 원주민들은 옛 전설에 나오는 네피림처럼 큰 사람들이어서 이스라엘은 그들 앞에서 메뚜기처럼 작아 보인다고 했습니다. 또한 가나안 사람들은 성벽이 매우 높은 성안에서 살기 때문에 이스라엘은 도저히 그 성을 공략할 수 없다고 했습니다.

반면에 여호수아와 갈렙은 다른 보고를 했습니다. 앞의 열 명의 말이 맞지만, 그들이 한 가지 중요한 사실을 간과하고 있다고 했습니다. 바로 이스라엘을 이곳까지 인도하시고 앞으로도 그들을 위해 싸우실 여호와 하나님입니다. 두 사람은 하나님이 이스라엘과 함께하시는 한 위협적으로 보이는 아낙 자손도 이스라엘의 밥에 불과하다고 했습니다. 그러나 열 명의 보고로 이미 마음이 위축될 대로 위축된 백성들의 귀에 두 사람의 보고는 들리지 않았습니다. 오히려 그들은 여호수아와 갈렙을 돌로 쳐 죽이려고 했습니다.

이 광경을 지켜보던 하나님은 화가 치밀어 이스라엘을 모두 죽이겠다고 하셨습니다. 이때 모세가 울며불며 하나님께 기도함으로써 간신히 이스라엘의 멸망을 막았습니다. 다만 출애굽 1세대 중 스무 살 이상은 모두 광야에서 죽고, 아직 미성년자인 2세들이 40년 후에 가나안에 입성하여 약속의 땅을 차지하도록 허락하셨습니다. 그리고 1세대 중 예외로 여호수아와 갈렙을 지목하셨습니다. 그들은 하나님께 신실했기 때문에 하나님도 그들에게 자비를 베푸셔서 죽지 않고 약속의 땅에 입성할 것이라고 말씀하셨습니다. 그래서 여호수아는 70년을 더 살았습니다. 또한 출애굽 2세대로 구성된 이스라엘 백성을 이끌고 요단 강을 건너 가나안에 입성하는 영광을 누렸습니다.

그러나 하나님의 축복은 여호수아에게 큰 아픔을 안겨 주었습니다. 이스라엘이 가데스바네아에서 하나님께 범죄했을 때, 여호수아의 나이는 40세였습니다. 당시 사람들은 14-16세면 결혼을 했기 때문에 여호수아는 아마도 성인 자녀들뿐만 아니라 손주들까지 거느리고 있었을 것입니다. 여호수아의 가족들은 어떻게 되었을까요? 여호수아의 자녀들 중 일부와 그의 아내도 광야에서 죽어 간 사람들 중에 있었을 것입니다. 여호수아가 모든 출애굽 1세대처럼 죽지 않고 오랫동안 살게 된 것은 그다지 매력적이지 않은 축복이라 할 수 있습니다. 사랑하는 이들의 죽음을 지켜보아야 했기 때문입니다.

"그린 마일"(The Green Mile)이라는 영화에 수백 년을 산 사람의 이야기가 나옵니다. 주변인들은 그가 남들보다 훨씬 더 오래, 그것도 젊음과 건강을 유지하며 살기에 참으로 행복할 것으로 생각했습니다. 그러나 그는 자신의 고충을 토로하며 눈물을 흘립니다. 사랑하는 사람들이 죽어 가는 것을 지켜보아야 하는 생존자의 비애를 아느냐고 말입니다. 이런 관점에서 생각해 보면 여호수아가 다른 사람들보다 더 오래 살게 된 것이 좋은 일만은 아닌 것 같습니다. 우리에게는 분명 천국에 대한 소망이 있지만, 이 땅에서 사랑하는 사람을 먼저 떠나보내는 일은 참으로 고통스럽습니다. 더욱이 "부모는 산에 묻지만, 자식은 가슴에 묻는다"라는 말도 있듯이 자식을 먼저 보내야 하는 부모의 아픔은 말로 표현할 수 없습니다.

여호수아는 이처럼 광야 생활 40년 동안 사랑하는 이들이 죽어

가는 것을 보며 아파했습니다. 그런데 40년이 끝나 갈 무렵 한 가지 문제가 생겼습니다. 그의 스승인 모세가 어떻게 해서든 가나안에 입성하겠다며 하나님을 계속 조른 것입니다. 모세는 지난 40년 동안 이스라엘을 인도해 온 훌륭한 리더였습니다. 또한 앞으로도 이스라엘을 이끌고 가나안 정복 전쟁을 지휘할 만한 자격과 능력을 지녔습니다.

모세의 기도 제목을 알게 된 여호수아는 어떤 기도를 했을까요? 그의 스승인 모세를 긍휼히 여기셔서 그가 가나안에 입성하게 해 달라고 기도해야 하나요? 아니면 모세의 기도를 무시하고 자기를 리더로 세워 가나안에 입성하게 해 달라고 기도해야 하나요? 여호수아는 이러지도 저러지도 못하는 딜레마에 빠졌습니다.

다행히 여호수아가 깊은 고민에 빠지기 전에 하나님이 모세에게 더 이상 이 일에 대해 말하지 말라고 단호하게 거절하셨습니다. 그러고는 곧바로 여호수아를 후계자로 세우라고 명령하셨습니다. 하나님도 모세가 죽어야 여호수아가 산다는 사실을 잘 알고 계셨으므로 여호수아가 더 이상 고민하지 않도록 은혜를 베푸신 것입니다.

이후 여호수아는 모세처럼 좋은 리더가 되어 출애굽 2세대를 이끌고 요단 강을 건넜습니다. 약 30년 동안 지속된 전쟁을 통해 이스라엘 지파들에게 땅을 분배해 준 후, 앞으로도 정복 전쟁을 계속해 나가라는 당부를 남기고 110세에 죽었습니다. 여호수아는 하나님이 아브라함에게 약속하신 땅을 실제로 정복하여 지파들에게 나누어 주는 영광을 누리고 삶을 마감했습니다.

그의 믿음

여호수아가 성경에 처음 모습을 드러낼 때, 그는 하나님의 말씀에 순종하여 아말렉 사람들을 상대로 대승을 이끌어 낸 훌륭한 장군이자 믿음의 사람이었습니다. 이런 여호수아의 신앙은 가데스바네아에서도 빛을 발했습니다. 여호수아는 자기 지파를 대표하는 사람이 되어 나머지 열한 지파의 대표들과 함께 40일 동안 가나안을 정탐했습니다.

약속의 땅을 정탐하고 돌아온 사람들 대부분이 가나안 땅은 여호와의 말씀대로 젖과 꿀이 흐르기는 하지만, 그곳 주민들이 너무 두렵고 무서우니 포기해야 한다고 말했습니다. 백성들이 동요되어 통곡하며 하나님과 모세를 원망할 때, 여호수아는 갈렙과 함께 백성들에게 그 문제를 해결하실 수 있는 하나님을 바라보자고 호소했습니다. 여호수아의 믿음이 다시 한 번 진가를 발휘한 것입니다.

이후 하나님이 그로 모세의 뒤를 이어 이스라엘을 인도하게 하실 때, 여호수아는 믿음으로 화답했습니다. 여호수아가 리더십을 이어받고 자기도 과연 모세처럼 훌륭한 리더가 될 수 있을까 불안에 떨고 있을 때 하나님이 그를 먼저 찾아오셨습니다. 하나님은 그에게 요단 강은 어떻게 건널 것이며, 가나안 정복을 어떻게 진행할 것인지 묻지 않으셨습니다. 오로지 순종과 믿음을 요구하셨고, 여호수아는 믿음으로 순종하겠다고 답했습니다(수 1장 참조).

실제로 여리고 성 정복 사건은 여호수아의 믿음을 가장 극적으로 보여 줍니다(30절). 여호수아와 이스라엘은 여리고 성을 무기와 군사전략으로 함락시킨 것이 아니라 순종과 믿음으로 쟁취했습니다. 성경이 여리고 성 사건을 묘사해 놓은 것을 보면 특이한 점이 있습니다. 성이 무너지기 전에 여호수아와 이스라엘이 얼마나 철저하게 하나님의 말씀에 순종했는가에 대해서는 자세히 회고한 반면 (수 6:1-21), 실제로 성이 무너진 과정에 대해서는 이렇다 할 말이 없습니다. 단지 20절에 성벽이 무너져 내렸다는 말로 매우 간단하게 언급할 뿐입니다. 여호수아서가 강조하고자 하는 것은 여호수아와 백성들의 믿음과 순종이지, 성이 함락된 일이 아니었던 것입니다.

그러나 시간이 지나면서 조금씩 그의 믿음이 약화되는 것을 봅니다. 이 사실을 입증하는 세 가지 사건이 여호수아서에 기록되어 있습니다. 첫째는 기브온 사람들이 찾아와 동맹 조약을 맺자고 할 때입니다. 기브온은 이스라엘이 제거해야 할 가나안 사람들입니다. 그들은 이스라엘과 싸워 봤자 승산이 없다는 것을 알고, 이스라엘을 속여서라도 동맹 조약을 맺어 죽음을 모면하려 했습니다. 기브온 사람들은 거짓 상황을 꾸며 이스라엘을 찾아왔고, 여호수아와 장로들은 그들에게 완전히 속아서 덜컥 동맹을 맺었습니다. 여호수아와 장로들이 하나님께 기도만 했어도 이런 일은 없었을 것입니다. 여호수아는 어느덧 하나님께 아뢰지 않고 스스로 판단과 결정을 내리고 있었던 것입니다. 이것은 매우 위험하고 불신적인 행동입니다.

둘째는 아이 성 사건 때입니다. 여리고 성을 쉽게 정복한 여호수아는 규모가 훨씬 작은 아이 성 정복에는 작은 군대를 투입했습니다(수 7장). 여호수아는 쉬운 승리를 기대했습니다. 그러나 이스라엘

여호수아와 이스라엘은 여리고 성을
무기와 군사전략으로 함락시킨 것이
아니라 순종과 믿음으로 쟁취했습니다.

군이 오히려 패했습니다. 이때 여호수아의 믿음이 흔들렸습니다. 가나안 정복과 정착은 여호와께서 보장하신 기정사실이기 때문에, 이날 이스라엘이 왜 패했는지에 대해 하나님께 여쭙고 상황을 분석해 보아야 하는데, 그와 장로들은 기도한답시고 모여 하루 종일 하나님을 원망하기에 급급했습니다(수 7:7-9). 하나님의 뜻을 알고자 기도하는 것과 기도를 빙자하여 하나님을 원망하는 것은 분명 다릅니다. 전자는 믿음에 근거한 것이지만, 후자는 불신에 근거한 것입니다. 오죽 답답하셨으면 하나님이 "지금은 이렇게 엎드려 있을 때가 아니다! 이스라엘의 부정을 제거할 때다"라며 그를 나무라셨겠습니까(수 7:10-15). 여호수아는 일할 때와 기도할 때를 분별하지 못한 것입니다.

셋째는 여호수아가 이스라엘 백성을 지휘하여 가나안 땅을 얼마나 차지했는가에서 드러납니다. 하나님은 이스라엘이 차지해야 할 땅, 곧 오래전에 아브라함에게 약속하신 땅의 한계를 정해 주셨

여호수아는 '모세의 시종'으로 시작했지만 '여호와의 종'으로 삶을 마감했습니다.

습니다. 북쪽으로는 유프라테스 강, 남쪽으로는 이집트와 브엘세바의 샛강, 서쪽으로는 지중해, 동쪽으로는 요단 강이 바로 이스라엘이 차지해야 할 땅입니다(수 1:3-4). 그러나 여호수아와 백성들이 정복한 땅은 정작 약속의 땅의 3분의 1에 불과합니다. 왜 이렇게 되었을까요? 지속된 정복 전쟁에 지친 탓인지 어느 순간 여호수아가 '이정도면 됐어!'라고 선언한 것입니다. 결국 하나님은 이스라엘에게 더 큰 땅을 주시고자 했지만, 여호수아와 이스라엘의 연약한 믿음이 스스로 그것을 포기한 것입니다. 참으로 안타까운 일입니다.

다행히 한동안 약화되는 듯하던 여호수아의 믿음이 책의 마지막 부분에서 다시 강해져 진가를 발휘합니다. 여호수아는 죽기 전에 이스라엘 백성에게 두 편의 고별 설교를 남기는데 두 설교의 핵심은 온전히 하나님을 섬기라는 것입니다. 더 나아가 그는 다음과 같이 자신 있게 간증했습니다.

"만일 여호와를 섬기는 것이 너희에게 좋지 않게 보이거든 너희

조상들이 강 저쪽에서 섬기던 신들이든지 또는 너희가 거주하는 땅에 있는 아모리 족속의 신들이든지 너희가 섬길 자를 오늘 택하라 오직 나와 내 집은 여호와를 섬기겠노라"(수 24:15).

그가 이처럼 자신 있고 당당하게 증언할 수 있었던 것은 무엇보다도 지난 세월 동안 몸소 체험한 하나님의 능력과 선하심 때문입니다. 그가 경험한 것이 그의 신앙의 바탕이 된 것입니다. 여호수아서 저자는 여호수아의 이 같은 믿음을 귀히 여겨, 여호수아서를 시작할 때는 그가 '모세의 시종'이었지만(1:1), 죽을 때는 '여호와의 종'이었다고 합니다(24:29). 우리도 여호수아처럼 후손들에게 오직 하나님만 섬기라는 유언을 남길 수 있었으면 좋겠습니다. 또한 우리도 끝까지 순종하며 여호와 하나님만 섬기는 '여호와의 종'으로 삶을 마무리할 수 있기를 간절히 바랍니다.

그와
우리

a. 여호수아가 출애굽 1세대임에도 불구하고 광야에서 죽지 않고 오래 산 것은 하나님의 축복입니다. 그러나 여호수아는 광야 생활 40년 동안 사랑하는 사람들의 죽음을 지켜보며 아파해야 했습니다. 여호수아처럼 사랑하는 사람을 먼저 떠나보낸 적이 있나요? 그때 어떤 마음이었으며, 하나님께 어떤 위로를 받았나요?

b. 여호수아는 광야에서 모세에게 40년 동안 훈련을 받은 후 이스라엘의 가나안 정복을 지휘하는 리더가 되었습니다. 리더가 된 여호수아에게 하나님이 찾아오셔서 오로지 말씀 순종과 예배를 요구하셨습니다. 그렇다면 여호수아가 모세에게 받은 40년 훈련의 진가는 순종과 예배에서 드러나야 합니다. 당신은 말씀 순종과 예배가 중심이 되는 삶을 살고 있나요?

c. 여호수아와 이스라엘 백성은 30년이나 전쟁을 하고도 약속받은 땅을 모두 정복하지는 못했습니다. 당신은 혹시 하나님이 함께하시면 모든 것이 순조롭고 순식간에 이루어져야 한다는 착각 속에서 신앙생활을 하고 있지는 않나요? 하나님이 함께하셨지만 오랜 시간이 걸렸던 가나안 정복이 당신의 삶과 신앙에 무엇을 깨우쳐 주나요?

d. 하나님은 아브라함에게 큰 땅을 약속하셨는데, 여호수아는 정작 그 땅의 3분의 1을 차지하고는 만족했습니다. 여호수아처럼 스스로 작은 것에 만족하며 안주하고 있지는 않은지 자신의 삶을 돌아봅시다. 하나님이 당신에게 주신 큰 꿈을 회복하려면 어떻게 해야 할까요?

³¹ 믿음으로 기생 라합은 정탐꾼을 평안히 영접하였으므로 순종하지 아니한 자와 함께 멸망하지 아니하였도다

16장

라합:
가난의 진흙탕에서
피어난 확신

그녀의 시대

라합은 여호수아가 이끄는 이스라엘 백성들이 하나님의
약속을 믿고 가나안 땅 정복에 나선 때, 곧 전쟁을 피할 수 없는 시
대를 살았던 가나안 사람입니다.[1] 이스라엘이 주전 1450년경에 이
집트를 떠났다면, 라합의 시대는 주전 1400년대 말에서 1300년대
초가 됩니다. 이때 가나안에서는 온갖 우상과 혼합 종교가 판을 쳤
습니다. 문제는 이 종교들이 윤리적 부패와 성적 문란을 동반하다
보니 가나안 사회도 무척 타락해 있었습니다. 이런 상황에서 라합
이 가나안의 신이 아닌 이스라엘의 하나님 여호와를 경외하는 사람

---

1) 라합의 이야기에 대하여는 저의 『엑스포지멘터리 여호수아』(서울: 도서출판 이엠,
   2010), 93-108쪽을 참고하십시오.

이었다는 것은 참으로 대단한 일입니다.

라합은 어릴 때부터 부모와 주변 사람들이 이스라엘에 대해 하는 말을 들으며 자랐습니다. 약 200만 명에 달하는 이스라엘 민족이 노예살이를 하던 이집트에서 탈출했는데, 이때 그들의 신 여호와는 열 가지 재앙으로 이집트에 엄청난 피해를 입혔고, 이집트 사람들이 신으로 떠받들던 그들의 왕마저도 이스라엘의 신에게 완전히 무릎을 꿇었다는 것입니다. 이후 이스라엘의 신은 큰 바다 홍해를 갈라 자기 백성이 무사히 건너게 하였고, 그들을 추격하던 이집트 군대는 모두 물에 빠져 죽게 했습니다. 이스라엘은 신의 인도를 따라 시내 산으로 가서 그곳에서 1년을 지냈습니다. 그런 다음 가나안 땅을 정복하려고 가데스바네아에 도달했습니다. 그러나 무슨 일이 있었는지, 그곳에서 여호와는 자기 백성을 심판하였고 그 결과 이스라엘의 가나안 진군은 40년이나 지연되었습니다.

이제 그 40년이 차서 이스라엘이 다시 가나안을 향해 오고 있다는 소식이 온 성에 퍼졌습니다. 얼마 전에는 이스라엘이 요단 강을 건너기 위해 모압 평지에 도착했다고 합니다. 소식을 접한 가나안의 여러 나라들은 이대로 땅을 내줄 수 없다며 나름 이스라엘의 침략에 대비하고 있었습니다. 그들은 죽기까지 싸워 자기 땅을 지키겠다며 군사력을 보강하고 성벽을 더 높이 쌓는 등 총력을 기울였습니다. 또한 요단 강 건너편에 전진 기지를 세운 이스라엘의 동태에 촉각을 곤두세우고 있었습니다.

가나안 사람인 라합은 매우 불안한 시대, 전쟁이 임박한 시대를 살고 있었습니다. 미래에 대한 모든 것이 불안하고 불확실했습니다. 그녀의 시대는 과연 이 난관을 어떻게 헤치고 살아남을 것인가 고민하지 않을 수 없는 시대였습니다.

그녀의 삶

라합의 삶은 어릴 때부터 참으로 고달팠습니다. 무엇보다도 혹독한 가난이 그녀를 가장 괴롭혔습니다. 자기가 어느 집에 태어나겠다고 선택한 것도 아닌데, 태어나 보니 하루하루 끼니를 연명하기도 힘든 그런 가난한 집이었습니다. 우리가 라합의 삶에 대해 어느 정도 확신을 가지고 이렇게 추측할 수 있는 것은 라합은 몸을 파는 여자였고, 당시 여자들이 매춘에 종사하게 되는 가장 큰 이유는 경제적인 어려움이었기 때문입니다.

가난은 분명 죄가 아닙니다. 그러나 가난은 많은 상처를 남깁니다. 그래서 저는 목회자 지망생들에게 신학대학원을 졸업하기 전에 꼭 가난이 입힌 상처를 치료하여 흉터로 바꾸라고 권고합니다. 하나님의 도우심을 구하고, 필요하면 상담도 받으면서 말입니다. 목회자에게 가난이 입힌 상처가 그대로 남아 있으면 십중팔구 훗날 사역하는 교회와 성도들을 힘들게 할 것입니다.

또한 라합이 집안의 대표로 나서서 두 정탐꾼과 협상하여 온 가족을 구하는 것으로 보아 그녀는 가장의 역할을 하고 있었습니다. 라합은 가족을 먹여 살리기 위해 부끄러운 일을 마다하지 않은 것입니다. 아마도 부모가 일찍 죽어 맏이인 그녀가 동생들을 돌보는

라합은 여리고 성 사람들 중 소외된 자
들 가운데 있었습니다. 그러나 세상에
서 버림받은 라합에게 하나님은 먼저
구원의 손을 내미셨습니다.

상황일 수도 있고, 설령 부모가 살아 있다 해도 질병 등의 이유로
경제적 활동을 하지 못하는 상황일 수도 있습니다.

당시 가나안 지역의 성들은 성벽을 두 겹으로 둘렀는데, 가난한
사람들은 성벽 사이에 집을 짓고 살았습니다. 라합의 집도 여리고
성의 두 성벽 사이에 있었습니다. 조금이라도 더 벌기 위해 자기 집
에 여관 간판을 내걸고 나그네를 받았습니다. 여호수아가 보낸 두
정탐꾼이 여리고 성에 도착하자마자 곧바로 라합의 집으로 간 것
은 혹시라도 탈출해야 할 상황이 생길 때 용이한 위치에 있었기 때
문입니다. 또 여관에 묵는 것이 사람들의 감시를 어느 정도 피할 수
있다고 생각했을 것입니다.

라합의 집이 여리고 성의 두 성벽 사이에 있었다는 것도 상당히
상징적입니다. 당시 부자들과 일반인들은 성안에서 살았습니다. 외
부에서 성을 공격해 오면 당연히 안쪽이 가장 안전합니다. 반면에
성벽 사이에 집을 짓고 사는 사람들은 제일 먼저 적들의 공격을 받

게 되어 있습니다. 성벽 사이에 있는 공간은 가난하고 소외된 사람들이 모여 살았고, 일반인들은 이곳을 기피했을 것입니다. 라합은 여리고 성 사람들 중 소외된 자들 가운데 있었던 것입니다. 세상에서 버림받은 라합에게 하나님이 먼저 구원의 손을 내미신 것입니다.

그녀의 믿음

라합은 이스라엘이 진멸해야 할 가나안 사람이었습니다. 그녀는 이방인이었고, 도덕적으로 타락하고 성적으로 문란한 가나안 사회에서도 가장 낮고 천한 자리에 있었습니다. 그녀가 아는 신이라고는 우상뿐이었습니다. 이런 라합이 여호와에 대해 처음 듣게 된 것은, 가나안을 정복하기 위해 이집트를 탈출했다는 히브리 노예들의 이야기에서였습니다.

히브리 노예들의 이야기는 들으면 들을수록 마음을 끄는 구석이 있었습니다. 히브리 노예들은 형편없이 보이는데 그들의 신 여호와는 참으로 대단한 능력을 지닌 신이라는 생각이 들었습니다. 여호와는 그 위대한 나라 이집트의 왕을 무릎 꿇게 한 신이었습니다. 또한 자기 백성은 홍해를 건너게 하고, 이집트 군대는 그 바다에 빠져 죽게 한 신이었습니다. 먹을 것과 마실 것이 없어서 사람의 생명이 위협받는 광야에서 여호와는 200만 명에 달하는 자기 백성을 40년 동안이나 먹이고 입힌 신이었습니다.

라합은 히브리 사람들의 신 여호와는 가나안의 신들과 전적으로 다른, 능력과 자비를 겸비한 신이라는 생각을 했습니다. 이야기를 들으면 들을수록, 시간이 지나면 지날수록 라합은 이런 신이 보호하고 사랑하는 이스라엘을 동경하게 되었습니다. 신분이 천하고 가난한 자신과 같은 이스라엘 노예들을 돌보고 사랑하시는 여호와라는 신이 만일 자기도 받아 준다면 얼마나 좋을까 하는 생각까지 하게 되었습니다.

그러던 어느 날, 이스라엘 민족이 가나안을 공략하기 위해 싯딤에 도달했다는 소문이 퍼졌습니다. 그곳은 라합이 살고 있는 여리고 성에서 바라다 보이는 요단 강 건너편 모압 평지에 위치해 있습니다. 사람들은 드디어 올 것이 왔다는 생각에 공포와 두려움에 휩싸였습니다. 반면에 라합은 왠지 이번 기회에 히브리 사람들의 신 여호와를 만날 수 있으면 참 좋겠다고 생각했습니다. 그런 능력과 자비를 겸비한 신이라면 죽어도 좋으니 꼭 만나 보고 싶었습니다.

라합이 이런 생각을 하고 있었다는 것은 그녀가 정탐꾼들에게 한 말에서 잘 나타납니다(수 2:9-13). 라합은 여호와께서 이스라엘에게 가나안을 넘겨주신 것을 기정사실로 받아들였습니다(9절). 그녀는 여호와께서 홍해를 가르신 일과 요단 강 동편에서 이미 큰 승리를 주신 것도 알고 있었습니다(10절). 그리고 가장 핵심적인 사실, 곧 여호와는 온 세상에 유일한 참 하나님이라는 사실도 알고 있었습니다(11절).

라합이 어떻게 여호와에 대해 이처럼 잘 알게 되었을까요? 그녀는 가나안에 두루 퍼진 소문에서 진실과 거짓을 구별할 줄 아는 안목을 가졌던 것입니다. 생각해 보면 가나안 사람들과 라합이 여호

여호와를 경외하는 믿음은 하나님이
주시는 선물입니다.

와와 그의 백성 이스라엘에 대해 접한 정보는 같습니다. 그러나 가나안 사람들은 여호와와 이스라엘에 대한 소식을 듣고 두려워 떨었습니다(수 2:9, 11). 그들은 그 두려움으로 죽음을 각오하고 이스라엘과 싸우기로 작정했습니다. 반면에 같은 정보를 접한 라합은 승산 없는 전쟁에 동참하기보다 여호와를 더 알기 원했습니다. 라합은 두려움을 믿음과 확신으로 승화시킨 것입니다.

가나안 사람들과 라합은 이처럼 같은 정보를 접하고도 전혀 다른 반응을 보이고 있는데, 그 이유는 무엇일까요? 성경은 믿음이란 '하나님이 인간에게 주시는 선물'이라고 합니다. 그렇다면 라합이 이렇게 반응하는 것은 이미 여호와께서 그녀의 삶에 선한 일을 시작하셨다는 것을 의미합니다. 이스라엘이 요단 강을 건너기도 전에, 더 나아가 두 정탐꾼이 그녀의 집을 찾아가기도 전에 하나님이 라합에게 믿음이라는 선물을 주신 것입니다! 정탐꾼들이 그녀를 만났을 때 그녀는 세상 그 누구보다도 여호와에 대한 경외와 믿음으로 가득했습니다. 선하신 하나님이 라합과 가족들을 구원하시려고 이스라엘이 가나안에 입성하기도 전에 그녀에게 믿음을 주신 것입니다.

여호수아서에는 이런 일이 한 번 더 나옵니다. 기브온 사람들의 이야기입니다(수 9장). 하나님이 그들에게도 믿음을 주셨기 때문에 기브온 사람들은 이스라엘과 싸우려 하지 않습니다. 그들과 싸우는 것은 죽음의 길이라는 것을 잘 알고 있기 때문입니다. 대신 생명의 길을 택했습니다. 그래서 이스라엘을 속이면서까지 동맹 조약을 체결하여 죽지 않고 살게 된 것입니다. 하나님은 이스라엘이 기브온 사람들을 만나기 전에 이미 그들 가운데 역사하신 것입니다. 여호와를 경외하는 믿음은 하나님이 주시는 선물입니다.

우상 숭배에 찌든 집에서 태어났지만 여호와를 알고 구원에 이르게 된 라합의 이야기는 믿지 않는 집안에서 태어난 사람이 하나님을 알게 되는 것과 비슷합니다. 우리도 라합처럼 죄인이었을 때 하나님이 먼저 찾아오셔서 우리를 천국으로 인도하셨습니다. 믿게 하신 것 자체가 은혜입니다. 라합과 같은 정보를 접하고도 죽음의 길을 택한 가나안 사람들을 보면 우리 주변의 믿지 않는 사람들이 생각날 것입니다. 복음은 하나님이 세상 모든 사람이 공유하도록 주신 정보입니다. 그러나 그 정보에 대한 반응은 각기 다를 수밖에 없습니다. 안타까운 마음으로 사랑하는 이의 구원을 위해 기도해야 합니다. 하나님이 그들의 삶에도 선한 일을 시작하시도록 말입니다.

라합의 이야기는 여기서 끝나지 않습니다. 신약에서도 라합은 믿음의 모범 사례로 기념됩니다(약 2:25). 또한 하나님은 세상에서 가장 비천한 삶을 살았던 라합에게 여인이 누릴 수 있는 가장 큰 영광과 명예를 주셨습니다. 온 인류를 구원하기 위해 이 땅에 오신 메시아의 조상 계보에 라합의 이름을 올리신 것입니다. 마태복음 1장에 나오는 예수님의 계보에는 오직 다섯 명의 여자 이름이 나오는데 그중 한 사람이 라합입니다. 한 가지 특이한 것은 메시아의 계보에 오른 다섯 여인 모두 사회적으로는 천대받고 소외당한 사람들이라는 사실입니다.

메시아의 계보에 처음으로 이름을 올린 여인 다말은 시아버지와 잠자리를 하여 쌍둥이를 얻은 사람입니다(창 38장). 두 번째로 이름을 올린 라합은 이방인 창녀였습니다(수 2장). 세 번째 여인 룻은 당시 이스라엘 사람들이 종교적인 이유(인간 번제를 즐기는 그모스를 숭배함)로 혐오하던 모압인 과부입니다. 네 번째 여인 밧세바는 남편이 전쟁에 나가 있는 틈을 타 간음하여 임신한 사람입니다. 마지막으로 메시아의 계보에 이름을 올린 여인은 바로 예수님의 어머니 마리아입니다. 마리아는 미혼모였습니다.

이 여인들은 모두 큰 상처를 안고 아파하며 살 수밖에 없었습니다. 그러나 하나님은 이들의 이름을 메시아의 계보에 올리시어 영원토록 기념이 되게 하셨습니다. 또한 이 여인들이 메시아의 계보에 포함된 것은 복음의 포괄성을 의미합니다. 그리스도의 죽음을 통한 하나님의 구원은 우리의 사회적 지위를 차별하지 않습니다. 하나님은 가장 낮은 자들과 고통받는 사람들도 구원하시기 위해 자기 아들을 이 땅에 보내셨습니다. 하나님이 라합을 메시아의 계보에 포함시킨 것은 이러한 사실을 입증하는 좋은 예입니다.

그녀와
우리

a. 라합은 본인의 의지와 상관없이 가난한 집안에 태어나 가장이라는 큰 짐을 졌지만 굴하지 않고 최선을 다해 열심히 살았습니다. 당신은 혹시 태어난 환경을 원망하고 있지는 않나요? 당신의 집안이나 삶에서 피할 수 없는 짐은 무엇인가요? 이로 인해 절망하거나 좌절해 본 적이 있나요?

b. 가난은 죄가 아닙니다. 가난한 집에 태어난 것도 죄가 아닙니다. 그러나 가난은 많은 상처를 남깁니다. 라합이 가족을 부양하기 위해 몸을 판 것도 하나의 상처입니다. 혹시 가난이 당신의 삶에 남긴 상처 때문에 인간관계에 어려움을 겪고 있지는 않나요? 당신의 상처를 하나님께 내어놓고 치유해 달라고 기도하는 시간을 가져 보세요.

c. 가나안 사람들과 라합은 동일한 정보를 접하고도 전혀 다른 반응을 보였습니다. 기브온 사람들도 라합처럼 반응하여 목숨을 구했습니다. 복음은 듣는 사람에게 선한 반응을 요구합니다. 당신 주변에 아직도 복음에 대해 올바른 반응을 하지 못하는 사람이 있나요? 하나님이 그 사람(들)의 삶에 선한 일을 시작하시도록 집중적으로 기도해 보세요.

d. 하나님은 가나안에서도 가장 소외된 삶을 사는 라합을 찾아가 구원을 베푸셨습니다. 고달픈 삶에 찌든 라합은 하나님이 내미신 구원의 손을 확고히 붙잡았습니다. 라합의 아프고 힘든 삶이 하나님을 알게 하는 계기를 마련해 주었다고 볼 수도 있습니다. 오늘 이 순간 당신을 가장 힘들게 하는 것이 무엇인가요? 언젠가는 그것이 약이 되어 당신이 더 하나님을 사모하게 될 것이라는 소망을 가지시길 기원합니다.

³² 내가 무슨 말을 더 하리요 기드온, 바락, 삼손, 입다, 다윗

및 사무엘과 선지자들의 일을 말하려면 내게 시간이 부족하리

로다

17장

기드온:
의심의 항아리에 담긴
능력의 횃불

그의 시대

사사 시대는 이스라엘이 영적으로 가장 어두운 때였습니다. 하나님은 모세와 여호수아를 통해 이스라엘을 이집트에서 해방시키고 젖과 꿀이 흐르는 가나안 땅에 정착하도록 은혜를 주셨지만, 이스라엘은 얼마 되지 않아 하나님의 은혜를 망각했습니다. 사실 우리의 신앙생활에서 가장 큰 문제 중 하나가 기억상실증입니다. 우리가 만일 과거에 하나님이 베풀어 주신 은혜를 모두 기억하고 하나하나 헤아리며 감사할 수 있다면, 우리가 안고 있는 영적 문제의 상당 부분이 해결될 것입니다.

히브리서 기자는 이스라엘의 가장 어두운 시대를 상징하는 인물 넷 중 기드온을 제일 먼저 언급합니다. 기드온 시대를 지나며 이스라엘의 영성이 돌아올 수 없는 강을 건너기 때문입니다.[1] 이스라엘의 영성은 기드온 때부터 급속도로 나빠져 고전을 거듭하다가 왕정시대가 시작되면서 진정됩니다.

기드온이 사사로 세우심을 받았을 때 이스라엘은 7년째 미디안의 억압을 받고 있었습니다(삿 6:1). 시내 산에서 하나님은 만일 이스라엘이 말씀에 순종하지 않으면 그들을 이방인들의 손에 넘겨 고난을 받게 하겠다고 하셨고, 이러한 일은 사사 시대에 자주 일어났습니다. 이스라엘이 이방인에게 7년 동안 억압받은 것은 사사기에 기록된 이방인의 지배 중 가장 짧은 기간입니다. 그러나 이스라엘은 이 7년 동안 전에 겪어 보지 못한 혹독한 고통을 경험했습니다. 사사기 저자는 이를 강조하기 위해, 이스라엘이 미디안으로부터 경험한 고통을 이전에 있었던 이방인의 통치보다 더 상세하게 회고하고 있습니다. 시간이 지날수록 하나님의 징계 수위가 계속 높아지고 있는 것입니다.

미디안 사람들은 이스라엘 백성이 집에서 편안히 살도록 내버려두지 않았습니다. 끊임없는 공포와 두려움으로 이스라엘을 억압했습니다. 그래서 이스라엘 사람들은 산, 동굴, 요새 등에 은신처를 만들어 놓고 살았습니다. 여차하면 한밤중에라도 피신처로 숨어야 했습니다. 당시 이스라엘 사람들이 겪은 심리적인 불안감이 극에 달했으리라 상상할 수 있습니다. 미디안의 억압은 심리적인 것으로

---

1) 기드온의 이야기에 대하여는 저의 『엑스포지멘터리 사사기』 (서울: 도서출판 이엠, 2010), 190-241쪽을 참고하십시오.

끝나지 않았습니다. 그들은 이스라엘 사람들의 농사를 망쳐 생존을 위협했습니다.

미디안이 이스라엘의 농사를 망치는 방법도 매우 잔인했습니다. 이스라엘 사람들이 밭에 씨앗을 심어 놓으면 미디안, 아말렉, 동방 사람들이 연합하여 올라와서는 진을 치고 체계적으로 농사를 망쳐 놓았습니다. 추수하면 일부를 빼앗아 가는 것도 아니고, 아예 농사를 짓지 못하게 만든 것입니다. 심지어 수많은 가축 떼를 몰고 와 곡식이 한참 자라고 있는 들에 풀어 놓았습니다. 이러한 광경을 지켜봐야 했던 이스라엘이 얼마나 분했을지 상상해 보십시오. 그러나 약자인 그들은 아무것도 할 수가 없었습니다.

미디안은 이스라엘의 농사를 망쳤을 뿐만 아니라 양, 소, 나귀도 모두 빼앗아 갔습니다. 이스라엘의 미래와 생명을 끊어 놓겠다는 행위입니다. 미디안은 이스라엘이 굶주림에 허덕이다가 멸종되기를 원했던 것입니다. 일부 학자들은 이 사건에 대해 성경에 기록된 최초의 '인종 청소'(ethnic cleansing) 시도라고 합니다. 비록 미디안의 억압이 7년밖에 되지 않았지만, 이스라엘 사람들이 체감한 고통은 이제껏 체험한 그 어떤 압제보다도 혹독하게 느껴졌습니다. 고통이 더는 견딜 수 없는 수위에 도달하자 마침내 이스라엘은 하나님께 울부짖었습니다.

이스라엘의 출애굽을 주전 1450년대로 간주하면, 사사 시대는 주전 1370년대에 시작하여 사울이 이스라엘의 초대 왕으로 취임한 주전 1050년까지 약 300년 동안 지속됩니다. 기드온은 사사 시대

중 어느 정도 세월이 지난 시점에 사사가 되었으므로, 주전 1200년 대 초에서 중반까지로 보는 것이 무난합니다.

그의 삶

학자들은 사사기에 등장하는 사사들 중 기드온과 입다와 삼손 등 세 명을 '외부자 사사'(out-group judge)라고 부릅니다. 외부자 사사는 모두 심각한 윤리적, 종교적 결함을 지닌 사람들이며 정상 적인 상황에서는 결코 사사가 될 수 없는 자격 미달자를 뜻합니다. 이 세 외부자 사사 중 기드온이 처음입니다.

하나님이 기드온에게 그가 사는 성읍에 세워져 있는 바알 제단 과 아세라 목상을 제거하라고 명령하셨을 때, 기드온은 홀로 가지 않고 종 열 명을 데리고 갔습니다(삿 6:27). 또한 그의 아버지 요아 스는 성읍 사람들에게 상당한 영향력을 행사하는 유지였습니다(삿 6:31 참조). 기드온은 우리가 바로 앞에서 언급한 가난한 라합과는 대조적으로 부잣집에서 태어난 것입니다. 아버지의 많은 유산 때문 인지 훗날 그는 왕처럼 행세하고 살다가 죽습니다(삿 8:30-32).

아버지가 우상 숭배에 깊이 연루된 것으로 보아 기드온도 하나님 이 그를 사사로 세우실 때 우상 숭배자였던 것이 확실합니다. 그러 나 기드온 집안이 처음부터 우상 숭배를 한 것은 아닙니다. 그가 여 호와의 이름을 알고 하나님에 대한 상당한 피해 의식을 지니고 있는 것으로 보아(삿 6:13) 그의 집안이 오래전에는 여호와를 섬기다가 어느 순간부터 신앙을 버리고 우상 숭배에 빠진 것이 확실합니다.

기드온은 온 이스라엘을 이방인 억압자의 손에서 구원할 수 있는 용사의 기질을 지녔지만, 용기가 없고 의심이 많은 겁쟁이였습니다. 그래서 하나님이 그를 사사로 부르셨을 때 그는 감사하며 순종하지 않았습니다. 하나님의 말씀에 신학적인 반론을 제기하기도 하고, 하나님을 세 차례나 시험하기도 했습니다. 하나님은 세 차례 모두 기적을 행하셔서 기드온이 제시한 시험에 합격하셨습니다. 기드온은 적과 싸울 용기는 없었지만, 전능하신 하나님을 시험할 용기는 지닌 사람이었습니다!

그래도 확신이 없어 주저하자 하나님은 그를 적진으로 숨어들게 하셔서 적군들이 서로 주고받는 말을 듣게 하셨습니다. 기드온이 이끄는 군대보다 450배나 더 큰 규모를 자랑하는 적이지만, 그들은 자신이 꾼 꿈 이야기를 하면서 싸워 보기도 전에 이 전쟁은 기드온과 이스라엘이 대승할 것이라며 두려워했습니다. 하나님이 이미 적들을 공포와 두려움에 떨게 하신 것입니다. 겁쟁이 기드온은 적들이 주고받는 이야기를 엿듣고 용기를 냈습니다. 그는 300명에 불과한 군대, 그것도 횃불과 항아리와 나팔로 무장한 군대를 이끌고 13만 5천 명에 달하는 대군과 싸워 승리했습니다! 기드온과 이스라엘은 한 명당 450으로 싸워 승리한 것입니다.

전쟁에서 패한 미디안 군대는 뿔뿔이 흩어졌고, 기드온은 요단강을 건넌 무리를 추격했습니다. 도중에 숙곳과 브누엘에 들러 패잔병 제거에 도움을 청했지만, 그들은 기드온의 청을 거부했습니다. 기드온은 추격전을 끝내고 돌아오는 길에 이 성들에 들러 도와

주지 않았다는 이유로 많은 사람을 죽였습니다. 기드온은 자기 동족을 살상한 첫 사사가 된 것입니다.

기드온은 겁이 많고 의심이 많았지만, 야심만큼은 그 누구보다 컸습니다. 그는 이스라엘의 왕이 되고 싶은 열망에 사로잡힌 사람이었습니다. 기드온이 '금수저'를 쥐고 태어난 것도 그의 성화되지 않은 야심에 일조했습니다. 하나님의 능력을 여러 차례 시험한 후 드디어 용기를 내어 전쟁에 나간 기드온은 이스라엘 군인들에게 "여호와를 위하여! 기드온을 위하여!"라는 구호를 외치게 했습니다. '(신의 이름)을 위하여! (왕의 이름)을 위하여!' 이 구호는 고대 근동의 왕들이 전쟁에 나갈 때 사용한 구호입니다. 기드온은 이 구호를 통해 자신의 야망을 드러낸 것입니다. 백성들이 기드온의 이 같은 야망을 놓칠 리 없습니다. 그래서 전쟁이 끝나자마자 기드온에게 자기들의 왕이 되어 달라고 부탁했습니다. 기드온은 겉으로는 오직 여호와만이 왕이시라며 사양했지만, 속으로는 이 야심을 계속 키워 갔습니다.

기드온이 왕이 되고픈 야심을 버리지 않았다는 것은 그가 아들에게 붙여 준 이름에서 역력히 드러납니다. 아들이 태어나자 이름을 '아비멜렉'(나의 아버지는 왕이시다)이라고 지은 것입니다. 이것은 이집트 왕을 모두 '바로'라고 부른 것과 같은 '즉위 이름'(throne name)입니다. 아브라함과 이삭은 '아비멜렉'이라 불리는 브엘세바 지역 왕들을 여럿 만난 적이 있습니다. 기드온이 아들에게 이 같은 이름을 준 것은 자기가 이루지 못한 꿈을 아들이 이루어 주기를 바라는 마음에서입니다. 훗날 아비멜렉이 형제 70명을 죽이고 스스로 왕이 된 것은 우연한 일이 아니라 기드온이 이루지 못한 야망을 대신해서 이룬다는 상징성이 있습니다. 기드온은 성화되지 않은 야심으로 아들들을 70명이나 죽게 한 것입니다.

전쟁이 끝난 후 기드온은 왕처럼 살았습니다(삿 8:30-32). 수많은 아내들을 두었고, 아들을 70명이나 두었습니다. 죽어서는 집안 묘에 묻혔습니다. 사사기에서 사사의 죽음이 이렇게 묘사되는 것은 기드온이 처음이며, 열왕기가 왕의 죽음을 묘사하는 방법과 동일합니다.

그의 믿음

하나님이 기드온을 사용하여 이스라엘을 적의 손에서 구원하신 것은 큰 은혜인 동시에 뜻밖의 일이기도 합니다. 기드온은 하나님이 사용하실 만한 사람이 아니었습니다. 기드온은 전형적인 변절자(하나님을 섬기다가 나중에 신앙을 버리는 사람)의 모습을 취하고 있습니다.

하나님이 그를 찾아와 그를 통해 이스라엘을 구원하시겠다고 할 때, 기드온은 순종하기는커녕 하나님에 대한 실망을 토로했습니다. 내용인즉 당시 이스라엘이 경험하고 있는 모든 문제가 하나님의 무관심 내지는 무능함에서 비롯되었다는 것입니다! 이스라엘이 하나님께 범죄하여 상황이 어려워진 것은 생각하지 않고 오로지 하나님을 원망하는 것은 잘못된 신학이며 전형적인 변절자의 태도입니다.

기드온은 하나님이 사용하실 만한 사
람이 아니었습니다. 하나님이 기드온을
사용하여 이스라엘을 적의 손에서 구
원하신 것은 큰 은혜인 동시에 뜻밖의
일입니다.

기드온은 어떻게 해서 이처럼 비뚤어진 관점을 갖게 된 것일까
요? 무엇보다도 그의 신앙관에 문제가 있었습니다. 그는 오직 여호
와만이 하나님이며 온 마음과 정성을 다해 그의 말씀에 순종하며
살아야 한다는 성경의 가르침은 무시하고 신앙을 부적처럼 여겼습
니다. 자신의 삶이야 어떻든 간에 입으로만 고백하면 주님이 모든
어려움에서 보호해 주실 것이라고 생각했던 것입니다. 하나님의 축
복과 보호가 현실에서 드러나지 않자 기드온과 그의 가족들은 여호
와에 대한 신앙을 버렸습니다. 그들의 죄 때문에 하나님이 그들을
축복하실 수 없었는데 말입니다.

한때 신앙생활을 하다가 교회를 떠나는 사람들을 보면 참으로
마음이 아픕니다. 그들 중 상당수가 교회와 성도들에게 실망하여
큰 상처를 안고 떠납니다. 이 일에 대해 남아 있는 우리가 회개하
고 근신해야 합니다. 또한 경건하고 의로운 삶을 살아 이런 일이 재

발하지 않도록 노력해야 합니다. 또한 교회를 떠난 사람들 중 상당수는 하나님에 대한 실망을 안고 신앙을 포기합니다. 하나님을 예배하기보다는 하나님을 이용하여 무언가 얻으려고 하다가 얻지 못하면 실망하고 교회를 떠나는 것입니다. 우리는 이런 사람들을 위해 기도하며 그들에게 올바른 신앙을 가르쳐야 합니다. 신앙을 '불행 방지' 부적으로 생각하지 않고, 하나님을 예배하고 예수님을 닮아 가는 삶의 방식으로 이해할 수 있도록 도와야 합니다.

기드온은 하나님의 천사를 만나고도 그 믿음이 온전하지 못했습니다. 그래서 제물로 한 번, 양털로 두 번, 총 세 차례나 하나님을 시험했습니다. 그리고 나서도 전쟁에 나가기를 주저했습니다. 이 전쟁은 하나님이 직접 지휘하시는 성전(聖戰, 거룩한 전쟁)인데도 말입니다. 하나님은 기드온의 불신과 불안을 해소하기 위해 그를 적진으로 보내 적들이 서로 주고받는 말을 듣게 하셨습니다. 그제서야 용기를 얻은 기드온은 전쟁을 시작했습니다. 일이 이 정도 되었으면 기드온은 모든 영광을 하나님께 돌려야 마땅합니다. 그러나 기드온은 하나님의 영광을 탐하는 첫 사사가 되었습니다. 이미 위에서 언급한 전쟁 구호가 이러한 사실을 입증합니다.

고대 근동에서 왕들이 전쟁에 나갈 때 자기 군대에게 '(신의 이름)을 위하여! (왕의 이름)을 위하여!'를 외치게 한 것은 자신을 신의 위치에 올려놓았기 때문입니다. 실제로 어느 정도 능력이 있는 왕들은 신으로 추대되기 일쑤였습니다. 철저하게 세속화되어 있던 기드온은 승리의 영광을 하나님과 나누어 갖기를 원했던 것입니다!

전쟁에서 승리한 기드온은 사람들에게 금을 요구하여 그것으로 에봇(제사장의 옷) 모양을 만들었습니다. 겉보기에는 이것이 여호와 종교를 위한 것 같지만, 실제로 기드온이 만든 금 에봇은 이스라엘 종교에 매우 부정적인 결과를 낳았습니다. 이스라엘 사람들이 하나님을 섬긴 것이 아니라, 금 에봇을 숭배하기 시작했기 때문입니다(삿 8:27). 결국 기드온은 이스라엘을 영적으로 타락시키는 첫 사사가 되었습니다.

지금까지 우리가 살펴본 것처럼 기드온은 신앙적으로 매우 부정적인 사람입니다. 그런데 그가 어떻게 해서 믿음의 전당에 이름을 올리게 되었을까요? 기드온이 사사 시대를 대표하는 사람 중 하나이고, 어느 정도의 믿음을 보여 준 긍정적인 사례가 하나 있기 때문입니다. 기드온이 하나님을 세 차례나 시험하고 나서 겨우 전쟁에 임하기는 했지만, 그래도 그가 전쟁에 임한 것은 믿음의 행위라는 평가를 받았습니다. 생각해 보십시오. 기드온은 300명의 군사로 13만 5천 명과 싸워야 했습니다. 이스라엘 군인 한 명당 450명의 적을 상대해야 하는 전쟁입니다! 게다가 그들이 전쟁에 들고 나간 무기는 횃불과 항아리와 나팔이었습니다! 우리는 기드온이 왜 전쟁터로 나가는 것을 주저했는지 어느 정도 이해할 수 있습니다.

기드온은 온갖 신앙적 결함을 지닌 사람이었지만, 하나님은 그가 말씀에 순종하여 소수의 군대를 이끌고 전쟁터로 나간 것을 귀히 여기셨습니다. 이때 기드온은 이 전쟁이 여호와가 하시는 성전(聖戰)이므로 이스라엘 군대의 규모나 무기가 중요하지 않고 오로지 기드온은 온갖 신앙적 결함을 지닌 사람이었지만, 하나님은 그가 말씀에 순종하여 소수의 군대를 이끌고 전쟁터로 나간 것을 귀히 여기셨습니다.

순종이 중요하다는 사실을 아는 믿음을 소유하고 있었습니다. 야구에 비유하자면 기드온은 평생 딱 한 번 '믿음의 안타'를 쳤는데, 그 안타가 다름 아닌 만루 홈런이었습니다!

그와
우리

a. 기드온은 한때 여호와를 믿다가 등을 돌리고 우상을 숭배하는 집안에서 태어났습니다. 그런 기드온을 하나님이 먼저 찾아오셔서 이스라엘의 사사로 세우셨습니다. 주님이 당신을 찾아오시기 전에 당신의 삶은 어떠했나요?

b. 하나님이 기드온을 찾아와 그를 통해 자기 백성을 구원할 것이라고 말씀하셨을 때 기드온은 믿지 않았습니다. 오히려 하나님을 세 차례나 시험했습니다. 만일 하나님이 당신을 찾아와 당신을 들어 쓰겠다고 하신다면 당신은 어떻게 반응을 보일 것 같은가요?

c. 기드온은 자신과 이스라엘이 겪고 있는 모든 문제가 하나님의 무관심 내지는 무능함에서 비롯된 것이라고 생각했습니다. 삶이 어렵고 힘들 때 당신은 그 원인이 어디에 있다고 생각하나요?

d. 내심 이스라엘의 왕이 되기를 열망했던 기드온이 뜻을 이루지 못하자 아들에게 아비멜렉(내 아버지는 왕이시다)이라는 이름을 주었습니다. 그러나 기드온은 성화되지 않은 야망으로 인해 70명의 아들들을 죽게 했습니다. 당신이 붙들고 기도하는 제목 중에 하나님이 허락하실 수 없는 개인적인 야망은 없는지 살펴보세요.

³² 내가 무슨 말을 더 하리요 기드온, 바락, 삼손, 입다, 다윗

및 사무엘과 선지자들의 일을 말하려면 내게 시간이 부족하리

로다

18장

바락:
두려움으로 빼앗긴 영광

그의 시대

바락 시대에 접어들면서 이스라엘 자손들은 다시 우상을 숭배하기 시작했습니다.[1] 사사 시대가 시작된 이후 우상 숭배의 역사가 계속 반복되고 있습니다. 이스라엘 사람들이 이런 일을 주저하지 않은 것은, 하나님의 가치와 기준에 대해 무지(無知)하거나 자신들이 보기에 좋은 일이라 생각한 결과일 것입니다.

사사기의 중심 주제 중 하나는 '하나님의 관점과 인간의 관점의 대립'입니다. 하나님이 이미 이방인 통치자들의 손에 고통받던 이스라엘을 위해 몇 차례나 개입하여 구원을 베푸셨지만, 그들의 근본

---

1) 바락의 이야기에 대하여는 저의 『엑스포지멘터리 사사기』(서울: 도서출판 이엠, 2010), 148-189쪽을 참고하십시오.

적인 가치관과 이방의 풍습을 열망하는 병든 마음이 완전히 치유되지는 않았던 것입니다. 분노하신 하나님은 하솔을 다스리는 가나안 왕 야빈의 손에 이스라엘을 넘기셨습니다(2절). 철 병거 900대를 가진 야빈은 20년 동안 이스라엘을 심하게 억압했습니다. 고대 사회에서 철 병거는 적의 진이나 방어벽을 무너뜨리는 공격 무기로 사용된 것이 아니라, 주로 도망하는 적들을 쫓아가 죽이는 일에 사용되었습니다. 따라서 산세가 험한 가나안 지역에서는 그다지 실용적이지 않고 전시용 무기일 뿐이었습니다. 야빈의 이름을 문자적으로 풀이하면 '그가 이해하다'라는 뜻입니다. 그러나 그는 자신이 이스라엘을 지배하게 된 이유가 주의 백성들의 죄 때문이라는 것을 이해하지 못하고, 자신이 잘나서인 줄로 알았던 사람입니다.

20년 동안 야빈의 억압을 받은 이스라엘이 하나님께 울부짖었습니다(3절). 20년이면 사사 시대가 시작된 이후로 이스라엘이 이방인의 손에 당한 억압들 중 가장 긴 기간입니다. 게다가 억압의 정도도 매우 심했습니다. 사사기 저자는 이러한 정황에 야빈이 철 병거 900대를 가지고 있었다는 정보를 추가함으로써 이스라엘이 크나큰 곤경에 빠져 있음을 강조합니다. 곤경에 빠진 이스라엘이 하나님께 울부짖는 것은 당연한 일입니다. 그 길밖에는 소망이 없습니다.

주의 백성이 이방인의 혹독한 억압 때문에 하나님께 울부짖는 것은 마치 출애굽 사건을 연상하게 합니다. 출애굽 이후 이제껏 이스라엘은 당해 보지 못한 혹독한 고통을 당하고 있다는 것입니다. 야빈의 철 병거는 이스라엘을 추격해 오던 바로의 병거들을 생각나게 합니다. 이스라엘은 옛적에 그들의 조상이 이집트의 노예가 되었던 것처럼 어느덧 야빈의 노예가 되어 있었습니다.

이 시대의 특징은 이스라엘의 남성 리더십 부재라고 할 수 있습니다. 이스라엘 사회에 하나님의 말씀을 대언하고 법적인 판결을 내리는 선지자는 드보라였습니다. 야빈 군대와의 전쟁에서 적장을 죽이는 가장 큰 공은 야엘이라는 여인이 감당했습니다. 장군인 바락은 하나님의 말씀을 받고도 여선지자 드보라가 함께하지 않으면 순종할 수 없다고 합니다. 더 나아가 전쟁 이야기를 시로 표현하고 있는 5장에서 핵심적인 인물은 이스라엘의 어머니 드보라와 시스라의 어머니입니다. 어떤 이유에서인지 이때는 남성 리더십이 매우 약화되었고, 반면에 여성 리더십이 진가를 발휘하는 시대였습니다.

바락의 이야기는 그의 시대에 접어들면서 이스라엘의 연합 체제가 붕괴되고 있음을 암시합니다. 이런 상황에서 하나님이 여선지자 드보라를 통해 바락을 사사로 세우셨습니다. 사사 시대가 주전 1370년대에 시작된 것으로 간주하고 바락이 기드온보다 먼저 이스라엘의 사사가 되었던 점을 감안하면, 바락의 시대는 대략 주전 1300년대 중반에서 후반으로 간주하면 무난합니다.

그의 삶

사사기 저자는 바락이 사사로 부름 받기 전에 어떠한 삶을 살았는가에 대해 전혀 언급하지 않습니다. 사사기 4장은 바락이 참여한 전쟁에 대해 이야기할 뿐이어서 히브리서 11장이 언급하는

바락은 주어진 일에는 적극적으로 임
했지만, 소명을 받아들이는 일에는 소
극적인 사람이었습니다.

네 명의 사사 중에 정보가 가장 빈약합니다.

이스라엘이 하솔의 왕 야빈과 그의 장군 시스라에 의해 혹독한
억압을 받기 시작한 지 20년이 되던 해에 하나님이 여선지자 드보
라를 통해 바락을 사사로 세우셨습니다. 이때 드보라는 벧엘 근처
에 있는 드보라의 종려나무 아래에 앉아서 하나님의 말씀과 계시에
따라 이스라엘 사람들의 법적인 소송에 판결을 내려 주고 있었습니
다. 드보라는 온 이스라엘에 하나님의 선지자로 명성을 떨치고 있
었던 것입니다.

드보라가 바락을 불러 이렇다 할 과정이나 절차를 언급하지 않
고 단지 납달리와 스블론 지파에서 만 명을 이끌고 전쟁에 나가라
고 한 것으로 보아 바락은 이미 납달리 지파의 군대장 혹은 야빈의
군대를 상대로 이스라엘의 독립을 위해 싸우던 민병대의 지휘관이
었던 것 같습니다. 바락은 시스라와의 전쟁에서 매우 용감하게 싸
웠고 큰 공을 세우며 전쟁에서 승리했습니다. 또한 패잔병을 끝까
지 쫓아가 제거하는 적극성도 보였습니다. 이러한 정황을 감안하면

바락은 참으로 용맹스럽고 능력 있는 용사입니다.

일단 전쟁이 시작된 후 바락이 보여 주는 용맹스럽고 능력 있는 모습에 우리는 한 가지 질문을 하게 됩니다. 이처럼 용맹스럽고 전술에 능한 사람이 왜 이때까지 참고 있었을까? 야빈 왕이 이스라엘을 억압하기 시작한 지 20년이나 되었다는 사실을 감안하면, 바락이 더 일찍 군대를 일으켜 이스라엘을 해방시키는 전쟁을 할 수도 있었을 텐데 하는 아쉬움이 생깁니다.

바락은 어떤 일을 맡으면 매우 적극적으로 하는 사람이었습니다. 그래서 전쟁에 임한 그는 적들을 상대로 매우 열심히 잘 싸워 승리했습니다. 그러나 바락은 [새] 일을 맡는 것[소명을 받아들이는 일]에는 소극적인 사람이었습니다. 드보라가 바락에게 하나님의 명령이라면서 군대를 이끌고 다볼 산으로 가서 시스라의 군대와 싸우라고 했습니다. 이때 하나님은 바락과 이스라엘의 승리도 약속하셨습니다. 그러나 바락은 곧바로 순종하지 않고 드보라에게 "만일 당신이 나와 함께 가면 내가 가려니와 만일 당신이 나와 함께 가지 아니하면 나도 가지 아니하겠노라"라며 전쟁에 드보라를 끌어들였습니다(삿 4:8). 비록 선지자이기는 하지만 드보라는 엄연히 여자이고, 전쟁터는 여자가 가는 곳이 아닌데도 말입니다!

이 일에서 우리는 바락의 성격을 어느 정도 가늠할 수 있습니다. 그는 분명 맡겨진 일은 잘 하지만, 자기가 스스로 일을 찾거나 만들어 하는 성격의 소유자는 아니었습니다. 그는 지난 수년 동안 야빈 왕을 상대로 게릴라전은 할 수 있었으나 대대적인 전쟁은 할 수 없었습니다. 그것은 자신의 몫이 아니고 다른 사람의 몫이라고 생각 했던 것입니다. 더 나아가 바락은 다른 사람을 돕는 조력자이지, 스스로 앞장서서 지휘하는 리더는 아니었습니다. 하나님이 그를 사사로 세워 이스라엘 군의 총책임자로 삼기를 원하셨지만, 바락은 전쟁을 지휘할 사람으로 드보라를 세웠고 그녀의 지시에 따라 전쟁을 했습니다(삿 4:14).

하나님이 그를 이스라엘 군대를 다스리는 리더로 세우고자 하셨다는 것은 그가 다분히 리더의 자질을 지녔다는 것을 의미합니다. 그러나 그는 그 자리를 사양했습니다. 겸손해서가 아니라 지나치게 소심해서입니다. 소심한 성격이 나쁜 것은 아닙니다. 적극적이지 못한 것도 나쁜 것은 아닙니다. 하나님은 다양한 성격의 소유자들을 사용하십니다.

저는 종종 남의 자리에 가 있는 사람들을 목격합니다. 사역자로서 어떤 사람은 앞에서 진두지휘하며 온 교회를 이끌 만한 리더십을 지닌 사람이 있습니다. 이런 사람은 담임 목회를 해야 합니다. 반면에 어떤 사람은 앞에 나서는 것이 아니라 뒤에서 협력하고 돕는 은사를 지녔습니다. 이런 사람은 부교역자로서 협력 사역을 해야 합니다. 만일 이런 사람들이 서로 다른 자리에 가 있으면 본인도 힘들고 교회도 어려워집니다. 그러므로 자기의 은사에 따라 적합한 자리를 찾는 것이 좋은 사역의 시작입니다.

바락의 경우 하나님이 그를 전쟁의 총지휘관으로 세우고자 하신 것을 보면 리더십 자질을 다분히 지닌 사람이 확실합니다. 안타깝

바락은 적장 시스라가 여인 야엘에게 죽임당하는 것을 보고, 하나님의 사역 방식은 인간의 예측을 불허하며 상상을 초월한다는 것을 깨달았습니다.

게도 바락은 자신의 잠재력을 깨닫지 못하여 스스로 리더십을 포기하고 드보라의 지휘를 받기 원했습니다. 바락은 하나님이 주신 은사를 충분히 사용하지 못한 사람이었습니다.

그의 믿음

바락의 소극적인 성격은 그의 믿음에도 영향을 미쳤습니다. 하나님이 그를 통해 이루고자 하신 일을 다른 사람을 통해 이루셨기 때문입니다. 바락이 드보라에게 함께 가자며 떼를 썼을 때, 드보라는 바락이 원하는 대로 함께 가겠다고 했습니다. 대신 그가 하나님의 명령에 불순종했기 때문에 하나님이 전쟁의 영광(적장을 죽이는 것)을 바락에게 주지 않고 한 여자에게 줄 것이라고 선언했습니다(삿 4:9). 아마도 바락은 이 한 여자가 다름 아닌 드보라라고 생각했을 것입니다. 그를 대신해서 드보라가 이 전쟁을 지휘할 것이기 때문입니다. 그래서 드보라가 적장을 죽이는 영광을 누리는 것은 당연하고, 드보라의 지시를 받는 자기는 조력자로 충분하다고 생각하며 스스로를 정당화시켰습니다.

바락은 열심히 싸웠고 전쟁은 이스라엘의 대승으로 끝났습니다. 바락은 도주하는 적장 시스라를 추격했습니다. 이스라엘에 정착해서 사는 겐 족속 헤벨이라는 사람의 집 근처에 도착했을 때, 헤벨의 아내 야엘이 한 장막에서 나오며 시스라가 그 장막 안에 있다고 알려 주었습니다. 바락은 시스라가 숨어 있다는 장막을 향해 달려가면서 드보라의 예언이 잘못된 것이라고 생각했을 것입니다. 만일 그 예언이 성취되려면 드보라가 이곳에 와 있어야 하는데, 그녀의 모습은 그 어디에도 보이지 않았습니다. 바락은 자기가 적장을 죽이는 영광을 누리게 되었다며 신이 나서 칼을 들고 야엘이 가르쳐 준 장막 안으로 들어갔습니다.

그런데 이게 웬일입니까! 시스라가 이미 머리에 피를 흘리며 죽어 있었습니다! 자세히 보니 장막을 고정시키는 말뚝이 그의 관자놀이를 관통하여 땅에 박혀 있었습니다. 바락은 야엘이 이미 시스라를 죽였다는 것을 꿈에도 상상하지 못하고 달려왔던 것입니다. 바락은 드보라의 예언을 되새기며 비로소 깨달았습니다. 하나님의 말씀은 하나도 땅에 떨어지지 않고 다 이루어진다는 사실을 말입니다. 비록 바락이 적장을 죽이지는 못했지만, 그는 하나님의 말씀대로 여인이 시스라를 죽인 일로 인해 하나님을 더욱 경외하게 되었습니다.

바락은 비로소 하나님의 사역 방식은 인간의 예측을 불허하며 상상을 초월한다는 것을 믿고 고백하게 되었습니다. 이스라엘의 장군이 전쟁의 영광을 이방인 여인에게 빼앗긴 것은 참으로 수치스러운 일이지만, 바락에게 이날은 하나님이 하나님 되심을 깨닫는 날이었습니다.

그와
우리

     a. 출애굽 때처럼 바락의 시대에도 주의 백성을 억압하는 큰 고통이 있었습니다. 견디다 못한 이스라엘 사람들이 하나님께 도와 달라며 부르짖은 것이 주님의 구원 사역의 시작이 되었습니다. 당신은 지금 어떤 어려움과 고통을 당하고 있나요? 그것으로 인해 하나님께 부르짖고 있나요?

     b. 바락은 하나님이 주신 소명에 순종하기를 주저하다가 전쟁의 가장 큰 영광을 한 여인에게 빼앗겼습니다. 당신이 하나님께 받은 소명은 무엇인가요? 그 소명에 온전히 순종하고 있나요? 혹은 스스로를 제한하며 주저하고 있나요?

c. 하나님은 바락에게 리더가 될 만한 은사를 주셨지만, 바락은 자신을 조력자로 생각할 뿐, 앞장서는 리더로는 생각하지 않았습니다. 당신은 하나님이 주신 은사를 잘 사용하고 있나요? 혹은 하나님이 주신 은사를 제대로 활용하지 못하고 있다고 생각하나요? 그 이유는 무엇인가요?

d. 바락은 야엘이 시스라를 죽여 전쟁의 가장 큰 영광을 얻게 된 것을 보고, 비로소 하나님의 방법이 때로는 사람의 예측과 상상을 초월한다는 사실을 깨달았습니다. 당신이 경험한 하나님은 어떤 성품과 능력을 지니신 분인가요?

³² 내가 무슨 말을 더 하리요 기드온, 바락, 삼손, 입다, 다윗

및 사무엘과 선지자들의 일을 말하려면 내게 시간이 부족하리

로다

삼손:
복수로 남용된 은사

19장

그의 시대

사사기 저자는 이스라엘 공동체의 영적 부패와 리더십 타락이 시간이 지날수록 더욱 심각해져만 갔다고 합니다. 하나님이 자기 백성을 구원하기 위해 사사로 세운 사람들의 인격과 자질 또한 점점 더 의심스러웠던 것을 회고합니다. 공동체의 영적 부패와 지도자의 자질이 지속적으로 하향 곡선을 긋는 상황에서 삼손의 이야기가 마지막으로 언급되는 것은 그의 시대가 사사들이 통치했던 시대 중에서도 가장 어두웠음을 암시합니다.[1] 실제로 삼손의 이야기는 독자들의 상상을 초월할 뿐만 아니라 모든 통념을 깰 정도로

---

[1] 삼손의 이야기에 대하여는 저의 『엑스포지멘터리 사사기』 (서울: 도서출판 이엠, 2010), 308-360쪽을 참고하십시오.

충격적입니다.

기드온 이야기에서 시작된 이스라엘 리더십의 '나선형 하향 곡
선'(downward spiral)은 삼손 이야기에서도 계속될 뿐만 아니라 더 악
화됩니다. 기드온은 미디안 사람들과의 전쟁이 끝난 후 백성들에게
수집한 금으로 에봇을 만들어 자신의 집안과 온 이스라엘에 영적
인 걸림돌이 되게 했습니다. 사람들이 종교적 유물에 불과한 에봇
을 하나님보다 더 중요시했기 때문입니다. 여호와의 영에 사로잡혔
던 입다는 종종 하나님의 이름을 언급했지만, 한 번도 하나님의 조
언을 구하지 않았습니다. 입다는 또한 어리석고 일방적인 서원 때
문에 딸을 죽였습니다.

시간이 지날수록 영적 어두움이 더욱 짙어지는 상황에서 이스라
엘은 삼손의 시대를 맞이했습니다. 이스라엘은 이때 블레셋 사람들
의 억압을 받고 있었습니다. 블레셋 사람들은 가나안 지역의 원주
민들이 아니었습니다. 그러므로 가나안 정복 전쟁을 회고하고 있는
여호수아서는 블레셋 사람들에 대해 언급하지 않습니다.

블레셋 사람들은 소아시아에서 이주해 온 해적 떼입니다. 원래
이들의 목표는 이집트를 정복하는 것이었지만, 이집트 사람들은 그
들을 물리치고 아예 이집트에 발을 들여놓지 못하게 했습니다. 결
국 블레셋 사람들은 이집트와 이스라엘 사이에 정착하게 되었고,
이때가 주전 1200년대 중반입니다. 이러한 이유로, 주전 1370년경
에 시작된 사사 시대의 역사를 정리하고 있는 사사기에는 블레셋
사람들에 대한 언급이 없다가 삼갈 시대에 가서야 블레셋 사람들이

> 삼손 시대에 이스라엘 백성은, 자신들
> 의 죄로 인한 고난과 아픔을 삶의 일부
> 로 당연시했고, 하나님께 부르짖으면
> 도와주신다는 믿음마저 상실할 정도로
> 타락해 버렸습니다.

모습을 보이기 시작합니다(삿 3:31).[2]

가나안 지역에 정착한 블레셋 사람들은 곧바로 이스라엘을 괴롭히기 시작했습니다. 원래 해적이라 폭력적이기도 했지만, 무엇보다도 그들은 이스라엘보다 훨씬 더 일찍 철로 무장했습니다. 당시 이스라엘은 아직도 청동기 후기를 살고 있어서 두 민족의 무기는 비교될 수가 없었습니다. 이러한 불균형은 사울 왕 시대까지 이어집니다(삼상 13:19-20 참조).

삼손이 태어난 때는 블레셋이 이스라엘을 40년이나 지배해 온 상태였습니다(삿 13:1). 해적 출신인 블레셋 사람들의 잔인성을 생각하면 이때 이스라엘이 받은 고통은 엄청났을 것입니다. 그런데 특

---

2) 사사기 3:3도 블레셋 사람들에 대하여 언급합니다. 그러나 3:1-6은 사사 시대 전체에 대하여 그 시대가 어떠했는가를 요약적으로 말하며, 하나님이 이스라엘을 벌하기 위해 동원하신 민족들을 나열하고 있습니다. 그러므로 사사 시대가 시작될 때부터 블레셋 사람들이 이스라엘의 이웃으로 있었다는 말은 아닙니다.

이하게도 삼손 이야기에서는 이스라엘이 하나님께 부르짖었다는 기록이 보이지 않습니다. 사사기가 시작된 이래로 그들은 어려울 때마다 하나님께 도와 달라고 울부짖었는데 말입니다(삿 3:9, 15; 4:3; 6:6 이후; 10:10). 어떻게 된 것일까요? 이스라엘이 얼마나 타락했는지, 자신들의 죄로 인한 고난과 아픔을 삶의 일부로 당연시했고, 하나님께 부르짖으면 도와주신다는 믿음마저 상실해 버린 것입니다.

우리가 살면서 주님 때문에, 예수님을 사랑하기 때문에 이 땅에서 감수해야 할 고통이 있습니다. 이런 고통은 성도의 삶의 일부입니다. 그러나 죄로 인한 억압이나 고통은 당할 필요가 없습니다. 주님께 도움을 청해 문제를 해결하고 더 이상 고통당하지 말아야 합니다. 안타깝게도 삼손 시대의 사람들은 자신들이 감당해야 할 고통과 당하지 않아도 될 고통을 구분하는 분별력이 없었습니다. 또한 그들은 여호와 하나님이 자신들의 삶에 개입하시는 것을 원하지 않았습니다. 그래서 당하지 않아도 될 고통을 당하면서도 하나님께 부르짖지 않았습니다. 이것은 믿음이 아니라 미련함이고 어리석음입니다. 삼손은 이처럼 영적으로 짙은 흑암이 온 이스라엘을 덮은 시대에 태어났습니다.

대체로 학자들은 삼손의 시대가 사무엘 시대와 비슷하거나 바로 이전 시대일 것으로 추측합니다. 사무엘이 사울을 이스라엘의 초대 왕으로 세운 해가 주전 1050년입니다. 그렇다면 삼손의 시대는 주전 1100년대 말에서 1000년대 초기로 보면 무난합니다.

그의 삶

사사 시대가 시작된 이후 하나님이 이스라엘을 구원하기 위해 지도자로 세운 사람들을 보면 모두 리더에 대한 일반적인 기대를 저버린 사람들이었습니다. 삼손은 이처럼 독특한 사람들과 비교해 보아도 이례적인 인물입니다. 그는 군사적인 지도자가 아니었고, 이스라엘을 이방인의 억압에서 구원하는 일에는 전혀 관심이 없는 사람이었습니다.

삼손은 음탕하고, 억세고 부도덕한 한량이었습니다. 그의 유일한 관심사는 이스라엘을 억압하고 있는 블레셋의 여자들과 놀아나는 것이었습니다. 간혹 그가 블레셋 사람들을 괴롭히고 죽인 것은 그의 애국심 때문이거나, 블레셋의 손에 억압당하는 이스라엘 백성들을 마음에 두고 한 행위가 아니었습니다. 삼손은 단순히 불타는 정욕과 복수심에서 이런 일들을 했습니다. 하나님이 이스라엘을 구원하려고 세우신 사사가 이스라엘의 골칫덩이였다고 해도 과언은 아닙니다.

삼손이 태어난 정황을 보면 그는 분명 우상 숭배자의 집안에서 태어났습니다. 그의 아버지는 단 지파 사람 마노아였는데, 여호와 종교를 버린 지 오래된 변절자였습니다. 이렇게 단정짓는 것에는 여러 가지 증거가 있습니다. 그는 아내에게 임한 여호와의 말씀을 믿지 못합니다. 또한 제물을 여호와께 바치지 않고 그의 천사에게 바치려 합니다. 마노아의 영적 어두움이 그의 아내의 통찰력으로 교정되는 일도 있었습니다.

삼손('어린 태양', sunny boy)이라는 이름도 그의 아버지가 변절자라는 증거입니다. 삼손은 소렉 계곡에서 태어나 자랐습니다. 소렉 계곡은 태양신을 숭배하는 종교로 유명했습니다. 이 계곡에는 '벳세메스'라는 마을이 있었는데 그 이름을 문자적으로 풀이하면 '태양의 집'이라는 뜻이며 이곳에 태양신 신전이 있었습니다. 태양신을 숭배하는 종교가 성행하는 곳에서 태어난 아이가 '어린 태양'이라는 이름을 가졌다는 것은 십중팔구 그의 부모가 태양신 숭배자라는 것이 많은 학자들의 생각입니다.

삼손은 모태에 있을 때부터 이미 하나님께 나실인으로 바쳐진 사람입니다. 그래서 우리는 그에 대해 큰 기대를 하지만, 삼손은 어른이 된 후 자신이 나실인이라는 사실을 전혀 아랑곳하지 않고 정욕의 노예가 되어 불같은 성격대로 살았습니다. 나실인은 포도주는 물론이고 포도밭에도 가면 안 됩니다. 그러나 삼손은 술을 자주 마셨고, 포도원 출입도 자제하지 않았습니다. 나실인은 주검을 만지면 안 됩니다. 삼손은 사자의 사체를 만지고 그 안에 있는 (주검에 닿은) 꿀을 실컷 퍼먹고 자기 부모에게도 가져다주었습니다. 나실인은 성적으로 문란하면 안 됩니다. 삼손은 이방 여인들과 창녀들을 자주 찾았습니다. 나실인은 머리를 자르면 안 됩니다. 삼손은 블레셋 사람들이 그의 머리를 자르도록 내버려 두었습니다.

삼손에게는 어떠한 사명감도 찾아볼 수 없습니다. 그는 하나님이 이스라엘을 구원하시기 위해 자기를 사사로 세우셨다는 생각을 한 번도 해 보지 않았습니다. 오직 욕정과 복수심으로 평생을 살았습니다. 삼손이 들릴라에게 비밀을 말해 눈이 뽑히고 블레셋 사람들의 노리개가 되었을 때도 그는 변하지 않았습니다. 블레셋 사람들에게 짐승 취급을 받으면서도 그의 사명 의식은 끝까지 깨어나지 않았습니다.

삼손은 신전에 모여 있는 수많은 블레셋 사람들 앞에 재롱을 부리기 위해 끌려 나왔을 때에도 딱 한 가지를 위해 기도했습니다. 자기의 눈을 뽑아 이 꼴로 만들어 놓은 블레셋 사람들에게 복수하게 해 달라는 기도였습니다(삿 16:28). 삼손의 기도대로 블레셋 사람들의 신전은 무너졌고 수많은 사람들이 삼손과 함께 죽었습니다. 사사기 저자는 삼손이 죽으면서 죽인 블레셋 사람이 그가 살았을 때 죽인 사람보다 더 많았다고 합니다(삿 16:30). 학자들은 사사기 저자의 이런 평가에 대해 삼손은 살아 있을 때보다 죽을 때 더 훌륭한 사사가 된 것으로 이해합니다. 생각해 보면 얼마나 슬프고 수치스러운 평가입니까? 살아 있을 때보다 죽어서 더 훌륭한 사사가 된 삼손! 삼손은 이런 삶을 살았습니다.

그의 믿음

삼손이 태어날 때 상황은 참으로 특별했습니다. 하나님의 천사가 미리 그의 부모를 찾아와 아이가 태어날 것을 예언해 주었습니다. 천사가 아이의 출생에 대해 사전에 알려 주는 일은 성경에서도 흔한 일이 아닙니다. 그러므로 우리는 삼손이 하나님께 크게 사용될 것을 기대합니다. 또한 삼손의 믿음도 매우 클 것이라고 기대합니다. 그러나 기대가 큰 만큼 실망도 큰 것이 삼손의 믿음입니다. 그에게는 이렇다 할 믿음은 없고 오로지 정욕과 복수심뿐이었습니다. 삼손은 우리말로 '용두사미' 혹은 '처음 된 자가 나중 된다'라는 예수님의 말씀을 떠올리게 합니다.

삼손이 큰 위기에 처할 때가 두 번 있었는데 이때마다 삼손은 하나님께 기도했습니다. 한 번은 마실 물이 없어 목이 말라 하나님께 기도하여 물을 얻었습니다(삿 15:18-19). 삼손에게는 누가 그에게 생명을 유지할 물을 줄 수 있는지를 확실히 아는 믿음이 있었습니다. 가나안 사람들은 바알이 물을 준다고 주장했지만, 삼손은 여호와만이 그에게 물을 줄 수 있다고 믿은 것입니다. 삼손이 다곤 신전에서 블레셋 사람들과 함께 죽을 때에도 그는 여호와 하나님께 힘을 달라고 기도했습니다(삿 16:28).

어떻게 생각하면 우리는 이 두 사건을 통해 일명 '모태 신앙'의 저력을 보는 것 같기도 합니다. 삼손은 매우 특별한 사사가 될 것이라는 큰 기대 속에 태어났지만, 평생을 엉터리로 살면서 주변 사람들에게 많은 실망을 안겨 주었습니다. 그러나 죽음의 문턱 앞에서는 꼭 하나님을 찾았습니다. 죄에 찌들어 살면서도 죽음을 의식하면 하나님께 돌아와 도움을 청하는 '센스'라고나 할까요? 비록 삼손이 하나님의 말씀에 순종하는 삶을 살지는 못했지만, 마음 한구석에는 하나님에 대한 의식이 항상 깔려 있었다는 뜻입니다. 삼손이 이런 믿음을 갖게 된 것은 모태 신앙으로밖에 설명할 수가 없습니다.

삼손의 이야기에서는 '하나님의 영이 그를 사로잡았다'라는 말이 그 어느 사사의 이야기에서보다 자주 나옵니다. 그러나 이것은 삼손에 대한 긍정적인 평가가 아닙니다. 사사 시대의 영적 어두움과 사사로 세움 받은 자들의 불신과 결함을 강조하는 사사기에서 이 표현은 여러 사사 중에서도 삼손이 가장 통제가 어려운 사람이었음을 뜻한다는 것이 학자들의 일반적인 해석입니다. 삼손의 성격이 얼마나 괴팍했는지 하나님의 영이 삼손을 더 자주 통제할 필요가 있었다는 의미입니다.

삼손은 심지어 그가 태어나기 전부터 하나님이 주신 믿음의 신분을 저버린 사람입니다. 하나님은 그를 나실인으로 부르셨습니다. 구약에서 나실인은 인간이 하나님께 가장 가까이 나갈 수 있게 하는 은혜의 제도입니다. 하나님은 삼손을 항상 옆에 두고 싶어 하셨습니다. 그러나 삼손은 평생 나실인이 해서는 안 될 일만 골라 했던 사람입니다. 그에게는 하나님의 특별한 은혜가 별 의미 없이 다가온 것입니다. 이처럼 형편없는 삶을 살면서도 삼손은 정작 자기의 능력은 하나님께로부터 온 것이라는 사실을 알고 있었습니다. 그래서 들릴라가 울며불며 그의 초인적인 힘의 비밀을 구하자, 삼손은 자기가 '하나님의 나실인'이라는 것이 힘의 출처라고 고백합니다(삿 16:17).

놀라운 것은 하나님이 삼손을 책망하지 않으시고 명예의 전당에 이름을 올리게 하셨다는 것입니다. 하나님은 도대체 삼손에게서 무엇을 보신 것일까요? 평소에는 하나님과 상관없이 자기 마음대로

하나님은 이스라엘의 사사 중 가장 문
제가 많고 통제가 어려운 삼손을 사용
하여 신실하게 자기 사역을 이루어 가
셨습니다.

살다가도 죽음을 의식하면 하나님께 도움을 청하는 삼손의 본능적
인 믿음을 보셨기 때문입니다. 이 본능적인 믿음은 오직 여호와만이
하나님이라는 확고한 의식입니다. 그래서 평생 방황한 삼손도 결정
적인 순간이면 하나님께 부르짖거나 하나님을 생각한 것입니다.

삼손의 일생을 생각해 보면 하나님이 그의 믿음과 상관없이 사
역하셨다는 말이 더 정확합니다. 여호와께서 정욕과 복수심 등 삼
손의 경건하지 못한 성품으로 빚어진 일들을 통해 자기 백성을 괴
롭히는 블레셋 사람들을 벌하셨기 때문입니다. 하나님은 이스라엘
의 사사 중 가장 문제가 많고 통제가 어려운 삼손을 사용하여 신실
하게 자기 사역을 이루어 가셨습니다. 삼손은 본인의 의지와 상관
없이 하나님의 구원 역사의 한 부분을 장식한 것입니다.

이것이 바로 하나님의 은혜입니다. 하나님은 한 사람의 믿음/불
신에 크게 개의치 않고 자기 역사를 펼쳐 나가는 분이십니다. 그 사
람 때문이 아니라, 그 사람이 속한 공동체를 불쌍히 여겨 그들에게

자비를 베풀기 원하시는 것입니다. 삼손의 경우도 마찬가지입니다. 삼손 때문이 아니라, 이스라엘이 불쌍해서 삼손의 신앙 상태에 개의치 않고 자기의 구원 사역을 펼치신 것입니다. 그렇기 때문에 세상이 아무리 암울하고 삼손 같은 사람들로 가득하다 할지라도 우리는 절망할 필요가 없습니다. 하나님은 상황이 아무리 절망적이어도 소망의 역사를 써 가는 분이십니다.

우리 중에도 분명 삼손처럼 하나님에 대한 믿음은 항상 마음속에 있지만, 그 믿음대로 살지 못해 하나님께 죄송한 사람들이 있을 것입니다. 하나님은 이런 사람들을 탓하지 않습니다. 결국 우리 모두는 하나님이 선물로 주신 믿음의 분량대로 사는 것이고, 실천하는 믿음을 달라고 기도하면 머지않아 하나님이 우리를 그런 믿음으로 축복하실 것입니다. 그때까지 하나님께 등을 돌리지 않고 마음속으로라도 하나님을 확신하고 고백하는 믿음을 지니고 있으면 됩니다. 삼손처럼 말입니다.

그와
우리

a. 삼손 시대를 살았던 이스라엘 사람들은 하나님께 힘들다며 부르짖지 않아 당하지 않아도 될 고통을 당했습니다. 그들을 도우실 수 있는 하나님이 그들의 삶에 개입하시는 것을 원하지 않았기 때문입니다. 당신은 지금 어떤 문제에 대해 하나님의 개입과 도움을 구하고 있나요?

b. 삼손은 '영적인 금 수저'를 쥐고 태어났지만, 하나님의 마음을 내내 아프게 하는 삶을 살았습니다. 당신의 삶의 한 부분이 하나님의 마음을 아프게 하고 있다면 그것은 무엇인가요? 그 문제에 어떻게 대처해 나갈 수 있을까요?

c. 매우 문란하고 자기 마음 내키는 대로 산 삼손은 '죽어서 더 훌륭한' 사사가 되었다는 평가를 받았습니다. 지금까지의 삶을 돌아볼 때, 만일 당신이 오늘 죽는다면, 당신은 과연 어떤 평가를 받을까요?

d. 삼손이 참으로 형편없는 삶을 살았지만, 하나님에 대한 흔들리지 않는 믿음이 그의 마음속 깊숙이 있었습니다. 그래서 하나님은 삼손의 이름을 명예의 전당에 기록되게 하셨습니다. 만일 당신의 믿음 중 딱 한 가지 때문에 명예의 전당에 이름을 올리게 된다면, 그것은 무엇인가요?

³² 내가 무슨 말을 더 하리요 기드온, 바락, 삼손, 입다, 다윗 및 사무엘과 선지자들의 일을 말하려면 내게 시간이 부족하리로다

20장

입다:
무지와 만용이 빚은 불행

그의 시대

사사기가 시작된 후 입다의 이야기가 기록된 시점까지 총
일곱 명의 사사가 있었습니다. 옷니엘, 에훗, 삼갈, 바락(드보라), 기
드온, 돌라, 야일. 하나님은 이 일곱 사사를 통해 이방인의 억압으
로 인해 고통당하던 이스라엘을 구원하시고 다시는 우상을 섬기지
말라고 당부하셨습니다.

그러나 사사기가 기록하고 있는 여덟 번째 사사인 입다의 시대
에 이르러 하나님의 권면은 그 어떠한 효과도 발휘하지 못했다는
것이 사실로 드러납니다.[1] 이스라엘이 숭배한 우상의 종류가 총 일

---

1) 입다의 이야기에 대하여는 저의 『엑스포지멘터리 사사기』(서울: 도서출판 이엠,
2010), 267-302쪽을 참고하십시오.

곱 가지로 언급됩니다. "바알 신들과 아스다롯과 아람의 신들과, 시돈의 신들과 모압의 신들과, 암몬 사람의 신들과 블레셋 사람의 신들"(삿 10:6). 성경에서 숫자 '7'은 완전함을 상징합니다. 입다 시대에 이르러 이스라엘은 온갖 우상을 숭배하는 죄를 저지른 것입니다.

하나님은 원래 이스라엘에게 가나안을 '여호와화'하라며 그 땅을 주셨습니다. 그런데 입다 시대에 접어들면서 이스라엘이 오히려 철저하게 '가나안화' 되었습니다. 이스라엘의 영적 삶이 그들이 진멸해야 했던 가나안 사람들과 별반 차이가 없게 되었습니다. 또한 회개하지 않으면 머지않아 그들이 가나안 사람들에게서 빼앗은 땅을 다른 민족에게 빼앗길 수도 있음을 암시합니다. 그러므로 입다의 시대는 이스라엘 역사에서 참으로 절박한 시대라고 할 수 있습니다.

이스라엘의 우상 숭배로 인해 하나님은 진노하셨고, 그들을 블레셋 사람들과 암몬 사람들에게 넘기셨습니다(삿 10:7). 하나님이 이스라엘을 한 민족이 아니라 두 민족에게 넘기신 것은 사사기에서 처음 있는 일입니다. 예전에 에글론이 암몬 사람 등을 용병으로 고용하여 이스라엘을 괴롭혔고, 미디안 사람들이 아말렉 사람 등을 기용하여 괴롭힌 적이 있지만, 두 민족이 이스라엘의 공식적인 지배자가 된 것은 이번이 처음입니다.

한 나라가 아니라 두 나라의 지배를 받는다는 것은 이스라엘의 고충이 그만큼 가중되었음을 의미합니다. 사사기 저자는 이때까지 사용하지 않았던 '억압하다'와 '학대하다'와 '고생이 막심하다'라는 세 가지 동사를 사용하여 이스라엘의 어려운 형편을 묘사합니다(삿 10:8-9). 블레셋은 남서쪽에서, 암몬은 북동쪽에서 이스라엘에 압박을 가했습니다. 이스라엘의 우상 중독에 대한 하나님의 진노가 어느 정도였는지 상상이 가는 대목입니다.

블레셋과 암몬은 18년 동안 이스라엘을 괴롭혔습니다. 견디다 못한 이스라엘이 하나님께 부르짖었습니다. 이번에는 아프다며 도와 달라고만 소리친 것이 아니라, 죄의 고백을 덧붙였습니다. 그러나 하나님은 회개하는 그들을 위해 구원자를 세우지 않으시고 오히려 이스라엘이 뻔뻔스럽다며 야단을 치셨습니다(삿 10:10-16).

하나님은 왜 회개하는 이스라엘을 나무라셨을까요? 더욱이 이스라엘이 죄를 고백하는 일은 사사기가 시작된 후 처음 있는 일인데 말입니다. 이스라엘이 가식적이고 위선적인 고백을 하고 있기 때문입니다. 이스라엘은 분명 우상을 숭배하지 말라는 첫 번째 계명을 어겼다고 고백하고 있습니다. 아쉬운 것은 죄 고백에 진실함이 없고, 용서해 달라는 간절한 간구도 없다는 것입니다. 이스라엘이 곤경에 처할 때마다 여호와께 부르짖는 유일한 이유가 적들의 손에서 벗어나기 위해서이지 그분을 경배하고자 함이 아니었습니다. 이스라엘에게 여호와는 그들이 예배해야 할 하나님이 아니라 필요할 때만 이용하고 버리는 하수인과 같았던 것입니다.

자기 백성의 위선적인 고백에 상처를 받으신 하나님은 아픈 심정을 토로하신 후 더 이상 이스라엘을 구원하지 않겠다고 하시며

"너희가 선택한 신들에게나 가서 부르짖어라. 너희가 괴로울 때에 그들에게 가서 구원해 달라고 해라"라고 말씀하셨습니다(삿 10:14; 새번역).

어떤 면에서 입다의 시대는 오늘날 한국 교회의 모습과 참 많이 닮았다는 생각이 듭니다. 하나님을 섬기고 주님의 말씀대로 사는 것은 뒷전이고, 하나님을 이용하여 무언가를 얻으려고 하는 것이 우리의 모습이 아닌가 싶습니다. 아무리 진심으로 회개한다 해도 바로 다음 순간부터 죄짓기에 열심이면 무슨 소용이 있겠습니까? 만일 새로운 한 주 동안 최선을 다하여 경건한 삶을 살겠다는 결단이 없으면, 주일 예배 시간에 지난 한 주 동안 지은 죄를 고백한들 무슨 의미가 있겠습니까? 하나님은 이런 고백을 싫어하십니다.

입다는 이스라엘이 가나안에 정착하여 살기 시작한 지 300년쯤 된 시점에 살았습니다(삿 11:26). 사사 시대가 주전 1370년에 시작된 것으로 간주하면 그는 아마도 주전 1100년대 말에서 1000년대 초에 살았던 것으로 생각됩니다. 이때는 이스라엘의 마지막 사사들인 엘리와 사무엘의 시대이기도 합니다.[2]

그의 삶

입다는 이스라엘의 사사들 중 가장 비극적인 삶을 살았던

---

2) 사사기는 이스라엘의 사사들을 온 나라를 다스린 지도자로 묘사하지 않습니다. 그들은 특정 지역들을 통치한 사람들이었습니다. 그러므로 사사기가 언급하는 사사들은 동시대에 각기 다른 지역을 통치한 수많은 사람들 중 열두 명(이스라엘의 열두 지파를 상징)을 선별한 것입니다.

사람입니다. 그는 창녀의 아들로 태어났고 어릴 때 이복형제들에 의해 집에서 쫓겨나 건달로 살았습니다. 세월이 지나면서 그는 상당한 규모의 건달들을 거느리게 되었고, 여기저기 배회하며 선량한 사람들에게 돈이나 뜯어내는 양아치로 전락했습니다.

입다를 찾아와 도와 달라고 한 이스라엘 장로들도 그가 거느리고 있는 건달들에게 당해 보았기 때문에 입다가 얼마나 잔인한지 잘 알고 있었습니다. 그렇지만 입다만큼 전쟁과 폭력에 능한 사람은 찾을 수 없었기에 그를 찾아왔습니다. 장로들은 입다에게 자기들의 전쟁에 용병으로 나서 달라고는 하지만 차마 지도자로 삼겠다는 말은 하지 못합니다.

입다는 상당한 협상 능력을 지닌 사람이었습니다. 그는 용병으로 싸워 달라는 장로들과 협상하여 그들의 지도자가 되었습니다. 입다는 암몬 왕이 오로지 자기 수하에 있는 군사력이 막강하다는 사실 한 가지만을 내세워 힘없는 이스라엘을 짓밟으려고 하는 일이 얼마나 무모한 일인가를 지적합니다. 심지어 입다는 하나님과도 협상을 하려 듭니다. 하나님이 이미 그를 이스라엘의 사사로 인준하여 전쟁에서의 승리를 약속하셨음에도 불구하고, 무리한 서원을 합니다. 만일 여호와가 그에게 승리를 주시면 자기는 여호와께 인간 번제를 바치겠다고 말입니다!

입다의 이야기에는 그 어느 사사보다 직접 화법이 자주 등장합니다. 사사기 저자는 협상에 능한 입다의 연설을 그대로 기록하고 있습니다. 안타까운 것은 이처럼 협상에 능한 입다가 정작 자기 백성의 일부인 에브라임 지파와는 협상하지 않았다는 것입니다.

기드온 시대에 에브라임 사람들은 전쟁을 승리로 이끈 기드온을 찾아와, 전쟁을 하면서 왜 자기들을 부르지 않았느냐며 가만히 있지 않겠다고 협박했습니다. 참으로 어이없는 일이었지만, 패배한 적들을 정리하느라 바빴던 기드온은 "당신들이 적장들을 죽였으니 전쟁의 가장 큰 영광을 가져가지 않았느냐?"라며 공치사로 그들을 달래 집으로 돌려보냈습니다(삿 8:1-3).

그때 전쟁에 참여하지도 않고 재미를 본 에브라임 지파는 이번에도 입다를 찾아와 전쟁을 하면서 자기들을 부르지 않았다며 험한 말을 했습니다. 이들은 분명 양아치들입니다. 그런데 이들이 한 가지 모르는 것이 있었습니다. 그들이 상대하는 입다는 그들보다 더 큰 양아치라는 사실입니다! 심지어 입다는 매우 폭력적인 사람이라는 사실도 간과했습니다.

평소에는 협상에 능하던 입다가 이번에는 화를 내며 에브라임 사람들을 공격했습니다. 아마도 자신의 서원 때문에 무남독녀를 잃은 것도 그의 상심과 분노에 일조한 것 같습니다. 전쟁은 입다의 승리로 끝났고, 에브라임 사람 4만 2천 명이 죽었습니다(삿 12:1-6). 과거의 기드온은 전쟁에 협조하지 않은 소수의 이스라엘 사람들을 죽였는데, 입다는 대량으로 동족 살상을 저지른 것입니다. 입다가 에브라임 사람들과 전쟁을 하지 않고 협상을 했더라면 얼마나 많은 생명이 살 수 있었을까 하는 아쉬움이 남습니다.

그의 믿음

입다가 살던 길르앗 지역은 암몬 사람들과 모압 사람들의 땅 가까이에 있었습니다. 암몬과 모압은 자기 신들에게 사람을 번제로 바치는 일을 서슴지 않았습니다. 그렇다 보니 입다는 주변에서 인간을 번제로 바치는 예식을 지켜보며 살았습니다. 암몬과 모압 사람들뿐만 아니라 변절한 이스라엘 사람들도 종종 이런 예식을 행했습니다. 당시 길르앗 지역에 사는 이스라엘 사람들은 대부분 여호와 하나님을 멀리하고 온갖 우상을 섬기고 있었기 때문에 입다는 하나님에 대한 지식을 접할 기회가 없었습니다. 즉 오늘날로 말하면 타종교인이나 다름없었습니다. 그는 여호와 종교보다는 암몬의 몰렉 종교와 모압의 그모스 종교에 더 익숙했던 것입니다.

입다가 전쟁에서 승리를 주시면 인간 번제를 바치겠다고 하나님께 서원한 것은 세 가지 측면에서 잘못된 일입니다. 첫째, 하나님은 인간의 경배와 찬양을 받기에 합당한 분이지만, 사람의 협상에 좌지우지되는 분이 아닙니다. "이렇게 해 주시면 제가 이렇게 하겠습니다"라는 식의 태도는 하나님을 몰라도 한참 모르는 것입니다.

둘째, 하나님은 인간 번제를 혐오하시며, 모세를 통해 주신 율법으로 이 가증스러운 제사를 금하십니다. 이런 하나님이 인간 번제를 바치겠다는 서원을 받으실 리 없습니다. 그러므로 잘못된 서원으로 인해 입다의 딸이 희생되는 일도 없었어야 합니다.

셋째, 입다는 남을 이용하여 '신앙생활'을 하려고 했습니다. 본인은 인간 번제가 될 생각이 전혀 없습니다. 즉, 자기 신앙을 지키

입다 시대의 가장 큰 문제는 말씀의 부
재입니다. 하나님을 아는 지식이 부족
한 상황에서 입다는 하나님을 예배하
기 위해 오히려 하나님이 혐오하시는
일을 하게 됩니다.

자고 남을 죽이겠다는 태도입니다. 결국 입다가 승리하고 집으로
돌아왔을 때 제일 먼저 그를 맞이하러 나온 딸이 희생양이 되었습
니다. 입다는 한순간의 잘못된 신앙적 판단으로 딸을 먼저 보내고
평생 피눈물을 흘려야 했습니다. 신앙생활에서 자기만 아니면 된다
는 식의 생각은 참으로 잘못된 것입니다.

만일 하나님의 말씀을 제대로 아는 사람이 입다 주변에 한 명이
라도 있었다면, 그는 분명 입다에게 딸을 번제로 바치지 말고 어리
석은 서원을 한 것에 대해 하나님께 용서를 구하라고 권면했을 것
입니다. 그러나 그 주변에 하나님의 말씀을 아는 사람은 없었고, 무
지한 입다는 딸을 번제로 바치는 끔찍한 짓을 하고 말았습니다. 입
다 시대의 가장 큰 문제는 말씀의 부재입니다. 만일 입다가 하나님
을 제대로 알았다면 이런 비극은 없었을 것입니다. 하나님을 아는
지식이 부족한 상황에서 입다는 암몬과 모압의 신들에 비추어 이스

라엘의 하나님 여호와도 분명히 인간 번제를 좋아하실 것이라는 어이없는 결론에 도달했습니다.

하나님이 입다를 사용하셔서 자기 백성을 구원하신 일은 삼손 시대와 비슷합니다. 하나님에 대한 이해가 절대적으로 부족하여 심지어 여호와와 몰렉의 차이조차 모르는 입다였지만, 하나님은 그와 상관없이 자기 백성을 구원하신 것입니다. 실제로 입다 이야기는 삼손 이야기보다 하나님의 직접적인 개입이 더 결여된 이야기입니다. 삼손의 경우, 하나님이 천사를 보내어 그의 탄생에 대해 미리 말씀하시고, 삼손이 부르짖을 때마다 그를 도우셨습니다. 반면에 입다의 경우는 좀처럼 모습을 드러내지 않으십니다. 게다가 입다는 하나님이 아니라 이스라엘 장로들이 먼저 사사로 세운 사람입니다. 유일하게 하나님이 모습을 보이신 것은 장로들이 사사로 세운 입다를 인준하기 위해 그에게 영을 부어 주실 때입니다. 하나님은 자기 백성이 불쌍해서 입다의 믿음/불신에 상관없이 그를 사용하여 구원을 베푸신 것입니다.

이런 정황을 고려할 때 입다는 참으로 보잘것없는 믿음의 소유자라는 것을 알 수 있습니다. 그는 평생 우상을 섬기다가 처음으로 하나님을 알게 된 사람과 별반 다르지 않습니다. 하나님이 어떤 분이신지에 대해 가르침을 받은 적도 없습니다. 결국 그는 여호와와 이방 신을 구분하지 못하는 과오를 범했습니다. 우리는 입다의 이야기에서 하나님의 말씀인 성경을 체계적으로 배우고 묵상하는 일이 얼마나 중요한가를 깨닫습니다.

그렇다면 이처럼 형편없는 믿음의 소유자인 입다가 어떻게 믿음의 전당에 이름을 올리게 된 것일까요? 가장 기본적인 이유는 그가 이스라엘 역사에서 참으로 어두웠던 사사 시대를 대표하는 네 명의 사사 중 하나이기 때문입니다. 그가 믿음의 모범이 되어서라기보다, 영적으로 어두운 시대를 상징하는 인물도 하나님의 은혜로 구원 사역에 동참했다는 것을 보여 주기 위해 믿음의 전당에 이름을 올렸다는 것입니다.

두 번째 이유는 비록 그가 사사로 세움을 입었을 때 여호와와 몰렉/그모스를 구분하는 분별력은 없었지만, 그를 도울 수 있는 유일한 신은 여호와 하나님이라는 사실을 알고 고백했기 때문입니다. 그래서 입다는 몰렉/그모스에게 서원하지 않고 여호와께 서원했습니다. 비록 잘못된 서원이기는 하지만 말입니다.

세 번째 이유는 그가 하나님께 서원한 것은 꼭 지켜야 한다는 의지로 신앙에 임했기 때문입니다. 이미 여러 차례 언급했듯이 그의 서원은 분명 잘못된 것이며 지켜서는 안 되는 서원입니다. 그러나 입다는 하나님을 아는 지식이 없어 이러한 사실도 몰랐습니다. 그래서 자기가 서원한 대로 하나님이 승리를 주셨으니 그가 인간 번제를 드리는 것이 마땅하다고 생각했습니다. 참으로 어이없는 일이지만, 입다는 사람이 하나님께 한 약속을 지켜야 한다고 생각했습니다.

입다의 이야기는 우리에게 하나님을 아는 참 지식의 중요성을 다시 한 번 강조합니다. 입다에게 여호와에 대한 열정은 있었지만,

입다가 믿음의 전당에 이름을 올리게
된 것은 그처럼 영적으로 어두운 시대
를 상징하는 인물도 하나님의 은혜로
구원 사역에 동참했다는 것을 보여 주
기 위해서입니다.

하나님에 대한 지식이 없어 신앙의 이름으로 흉측한 짓을 하게 된
것입니다. 선지자들은 말합니다. 우상이란 것이 흔히 이미지로 표
현되지만, 때로는 여호와와 비슷하면서 2프로 부족하거나 남는 것
도 우상이라고 말입니다. 입다가 여호와와 우상들을 구분 못한 것
도 이런 이유에서입니다. 우리는 체계적인 성경 공부를 통해 하나
님의 말씀이 제시하는 주님에 대한 참 지식을 소유해야 합니다.

그와
우리

a. 입다 시대에 이스라엘은 우상 숭배에 심취해 있었습니다. 오늘날 기독교인들이 숭배하는 우상은 어떤 것인가요? 당신의 삶에서 우상이 될 위험을 안고 있는 것이 있나요?

b. 하나님은 이스라엘의 회개를 거부하시고 오히려 야단치셨습니다. 그들의 삶에서 회개의 열매가 드러나지 않았기 때문입니다. 당신이 하나님께 죄를 고백할 때마다 그 회개는 어떤 열매를 맺고 있나요?

c. 평생 타종교인처럼 살았던 입다는 여호와와 타종교의 신들을 구분하지 못했습니다. 그래서 그는 몰렉이 좋아하는 것은 여호와도 좋아할 것이라 생각하고 딸을 번제로 바쳤습니다. 당신이 하나님에 대해 알고 있는 것들이 성경에 근거한 것인지 문화와 타종교에서 영향을 받은 것인지 생각해 보세요.

d. 잘못된 서원은 지키는 것이 아니라 회개하고 물러야 합니다. 입다는 이러한 진리를 몰라 딸을 번제로 바쳤습니다. 당신이 과거에 서원한 것 중 아직까지 지키지 못한 것이 있나요? 혹시 지켜서는 안 되는 서원은 없는지 살펴보세요.

4부

약속을 기다리는 여정

³² 내가 무슨 말을 더 하리요 기드온, 바락, 삼손, 입다, 다윗

및 사무엘과 선지자들의 일을 말하려면 내게 시간이 부족하리

로다

21장

다윗:
상처 속에 잉태한
약속의 진주

그의 시대

이스라엘의 마지막 사사였던 사무엘은 사사 시대의 무질
서와 몰락을 상당 부분 정리했습니다. 이어 하나님의 명령에 따라
사울을 이스라엘의 초대 왕으로 세웠습니다. 사울이 이스라엘의 진
정한 왕이신 하나님의 권위를 위임받아 주의 백성을 다스리게 된
것입니다.

그러나 신앙적으로 온 이스라엘의 모범이 되어야 할 인간 왕(신
17:14-20 참조) 사울이 하나님의 말씀에 순종하지 않고 권력을 휘두
르자 하나님은 사무엘을 통해 사울의 왕권을 거두시고 다른 사람을
이스라엘의 왕으로 세우셨습니다. 선지자 사무엘은 사울을 왕으로
세운 자(king maker)가 되었다가 폐위한 자(king breaker)가 된 것입니다.

하나님이 사울을 대신해서 세운 왕이 다윗입니다.[1] 다윗은 어릴 때 이스라엘의 왕으로 지명받았지만, 하나님이 그를 왕으로 세우시고 함께하신다고 해서 다윗이 평탄대로를 걸은 것은 아닙니다. 그는 사울의 미움을 사서 죽을 고비를 여러 번 넘기고 겨우 왕이 되었습니다.

드디어 이스라엘의 왕이 된 다윗은 40년 동안(주전 1010-970년) 나라를 다스렸는데 그가 통치하는 동안 고대 근동의 국제 정세는 매우 평온했습니다. 아시리아는 국제 무대에 첫발을 내딛기 시작하는 상황이라 국가의 힘을 키우는 데 급급했으며, 제국 형성이나 영토 확장에 관심을 둘 겨를이 없었습니다. 아시리아는 다윗이 죽은 지 100여 년이 지난 후에야 비로소 국제적인 강자로 떠오르게 됩니다.

이집트에서는 20대 왕조(주전 1070-930년)가 쇠퇴해 가고, 소아시아에서는 헷 족(Hittite)의 영화가 막을 내리고 있었습니다. 이처럼 국제적인 강자가 없는 상황에서 이스라엘을 포함한 가나안 지역의 약소국가들은 상당한 자유를 누렸습니다. 강력한 외부 세력의 정치적 개입을 염려하지 않아도 되었던 것입니다.

국제적인 평온함도 약소국가인 이스라엘에게는 하나님의 축복이었습니다. 만약 이스라엘이 100년 후에 왕권을 수립했다면 뿌리 내리기가 어려웠을 것입니다. 세상 사람들은 이러한 정황을 우연 혹은 운이 좋다고 말할지 모릅니다. 그러나 역사를 주관하시는 하

---

1) 다윗의 이야기에 대하여는 저의 『엑스포지멘터리 사무엘상』(서울: 도서출판 이엠, 2012), 289-471쪽과 『엑스포지멘터리 사무엘하』(서울: 도서출판 이엠, 2012)를 참고하십시오.

나님을 믿는 우리에게 이 일은 결코 우연이 아닙니다.

다윗은 통일 왕국의 왕이 된 후 얼마 지나지 않아 여부스 족을 물리치고 예루살렘을 정복했습니다(삼하 5:6-9). 다윗이 차지한 예루살렘 성읍은 겨우 가로 100미터, 세로 400미터의 작은 성에 불과했습니다. 그러나 작은 규모의 군대로 많은 군사를 대적할 수 있는 천혜의 요새였습니다. 가나안 정복 당시 여호수아는 예루살렘을 베냐민 지파에게 기업으로 주었습니다(수 18:28). 예루살렘은 또한 유다 지파에게 할당되기도 했습니다(수 15:8). 예루살렘이 유다와 베냐민 지파의 경계선에 위치하다 보니 여호수아가 이 두 지파 중 한 지파에게는 성을, 다른 한 지파에게는 성의 주변 지역을 준 것을 이렇게 표현한 것으로 생각됩니다.

그러나 예루살렘은 이스라엘 정복군이 점령하지 못한 성읍 목록에 등장하기도 합니다(수 15:63). 사사기의 끝부분에 있는 레위 사람과 그의 첩 이야기(삿 19-21장)는 예루살렘이 이스라엘의 지배 아래 있지 않고 이방 족속인 여부스 족의 지배 아래 있었던 것에서 그 비극이 시작됩니다(삿 19:10-12). 그러므로 다윗의 예루살렘 평정은 이스라엘 역사에서 매우 괄목할 만한 일이며, 사무엘과 사울도 해내지 못한 위대한 업적입니다.

이스라엘은 다윗 시대에 내부적인 평안을 누렸을 뿐만 아니라, 주변 국가들을 평정하여 국제적 강자로 자리매김했습니다. 다윗은 주변 국가들뿐만 아니라 유프라테스 강 근처까지 진군했습니다. 하나님은 다윗이 이 모든 전쟁에서 승리하게 해 주셨습니다. 다윗은 그가 평정한 나라들에서 큰 부(富)를 얻었습니다. 노획물뿐만 아니라 많은 조공도 받았습니다. 다윗이 이처럼 모은 재산은 훗날 그의 아들 솔로몬이 성전을 건축하는 데 사용됩니다.

다윗은 40세가 되던 해에 이스라엘 왕이 되어 40년을 통치했습니다. 이때가 주전 1010-970년입니다. 그러므로 다윗이 태어난 때는 대략 사울이 이스라엘의 왕으로 즉위한 주전 1050년쯤 됩니다. 다윗은 주전 970년에 아들 솔로몬에게 왕권을 물려주고 죽었습니다.

그의 삶

다윗은 베들레헴에서 이새의 여덟 번째 아들로 태어났습니다. 다윗이 베들레헴에서 태어난 것은 중요한 의미를 지닙니다. 사사 시대는 이스라엘 역사에서 영적으로 가장 어둡고 절망적인 시대였지만 다행히 온 이스라엘이 우상을 숭배한 것은 아닙니다. 사사 시대를 배경으로 하는 룻기는 베들레헴에 형성된 아름다운 신앙 공동체에 대해 회고합니다. 대부분의 사람들이 암흑 속에 살고 있었지만, 베들레헴에는 하나님의 은혜와 자비의 빛 아래서 믿음의 삶을 사는 사람들이 많았습니다. 그중에 보아스와 모압 여인 룻이 있었고, 그들은 결혼하여 다윗의 할아버지 오벳을 낳았습니다. 오벳은 다윗의 아버지인 이새를 낳았습니다. 다윗은 참으로 아름다운 믿음의 집안에서 태어난 것입니다.

오늘날로 말하면 다윗은 모태 신앙, 곧 영적 금 수저를 손에 쥐고 태어났습니다. 훗날 어린 다윗이 블레셋 장군 골리앗을 대적하러 나갈 때 이 신앙이 진가를 발휘합니다. 어린 다윗이 여호와를 의지하여 골리앗을 물리친 일은 그가 어렸을 때부터 신앙 교육을 잘 받고 자랐음을 암시합니다. 하나님도 어린 다윗의 믿음을 인정하셔서 그를 '내 마음에 합한 자'라 불렀습니다(삼상 13:14). 다윗은 믿음뿐만 아니라 다방면에 재능이 많았습니다. 그는 악기를 잘 다루었고 시와 노래에도 일가견이 있었습니다. 게다가 용맹스러운 용사의 자질까지 갖추고 외모도 꽃미남이었습니다.

그러나 팔방미인인 다윗도 가족들에게는 별로 인정을 받지 못했습니다. 그의 아버지 이새는 사무엘이 모든 아들을 부르라고 할 때 다윗을 빼놓고 그의 형들만 불렀습니다. 다윗이 전쟁터에 나간 형들을 찾아갔을 때 그가 골리앗에 대해 한 말 때문에 형들은 다윗을 나무랐습니다. 다윗의 이야기는 "선지자는 고향에서 인정받지 못한다"라는 예수님의 말씀을 생각나게 합니다.

다윗이 믿음의 집안에서 태어났고 어릴 때부터 훌륭한 신앙 교육을 받고 자랐다고 해서 평생 죄에서 자유로웠던 것은 아닙니다. 다윗의 거짓말로 인해 놉의 제사장 수십 명이 사울에게 살해당했습니다. 다윗은 부하가 전쟁터에 나가 있는 틈을 타 부하의 아내와 간음을 했습니다. 그의 간음으로 인해 우리아의 아내가 임신하자 그 죄를 덮기 위해 더 큰 죄를 지었습니다. 전투를 가장하여 우리아를 죽인 것입니다. 혹시라도 이 일이 드러날까 봐 다른 사람 몇 명도 함께 죽였습니다. 신앙의 금 수저를 손에 쥐고 태어난 다윗이 간음으로도 모자라 살인까지 한 것입니다!

하나님은 누구보다 다윗을 사랑하셨지만, 그의 죄를 못 본 체하지 않으셨습니다. 주님은 타락한 다윗에게 벌을 내리셨고, 이 벌로 인해 다윗의 말년은 참으로 비참했습니다. 다윗은 큰아들 암논이 이복 누이 다말을 강간한 것에 대해 아무 말도 하지 못했습니다. 자신이 간음죄를 지은 과거가 있기 때문에 아들의 죄에 대해 침묵한 것 같습니다. 죄는 이처럼 우리가 나서서 일을 수습해야 할 때 침묵하게 만들기도 합니다.

아버지 다윗이 암논을 벌하지 않자 앙심을 품은 다말의 오빠 압살롬은 암논을 죽이고 모압으로 도망갔습니다. 몇 년 후 다윗은 압살롬을 예루살렘으로 불러들였습니다. 이번에도 다윗은 압살롬을 징계하지 않았습니다. 그러나 압살롬은 아버지의 무징계 원칙을 달가워하지 않았습니다. 오히려 다윗의 태도는 아들에게 상처가 되었습니다. 무징계는 사랑이 아니라 무관심의 표현이기 때문입니다.

아버지에 대한 상처와 분노를 마음에 품은 압살롬은 반역을 일으켰습니다. 생명의 위협을 느낀 다윗은 곧바로 예루살렘을 버리고 요단 강을 건너 피신했습니다. 요압이 겨우 반역을 제압했지만, 압살롬은 죽은 후였습니다. 압살롬의 사망 소식을 들은 다윗은 목 놓아 울었습니다. 그가 흘린 눈물은 외면적으로는 아들의 죽음을 아파하는 증거였지만, 내면적으로는 이런 결과를 낳은 자신의 죄에 대한 통곡의 증거였습니다. 다윗은 많은 생각을 했을 것입니다. 죄의 결과가 이처럼 참혹한 것인 줄 알았다면 죄를 짓지 않았을 것이라며 말입니다.

다윗은 한계를 지닌 사람이었지만, 여호와 하나님은 그에게 상상을 초월한 복을 내려 주셨습니다. 다윗과 그의 후손에게 주의 백성을 다스릴 영원한 통치권을 주셨습니다.

그의 믿음

다윗은 훌륭한 믿음의 가정에서 태어났습니다. 그렇다고 해서 그의 믿음이 완벽한 것은 아니었습니다. 다윗이 믿음의 사람이 해서는 안 될 짓을 하는 것을 보면 그도 분명 한계를 지닌 인간이었습니다. 그럼에도 불구하고 여호와 하나님은 그에게 상상을 초월한 복을 내려 주셨습니다. 별 볼 일 없는 목동이던 다윗을 데려다 이스라엘의 왕으로 세우신 일은 참으로 대단한 복입니다. 그런데 이보다 더한 복이 있습니다. 일명 '다윗 언약'을 주신 것입니다. 사무엘하 7장에 기록된 다윗 언약은 그와 그의 후손에게 주의 백성을 다스릴 영원한 통치권을 주신다는 약속입니다. 온 인류를 구원하기 위해 메시아로 오신 예수님은 이 언약에 따라 다윗의 후손으로 오셨습니다. 다윗은 메시아의 조상이 되는 영광을 누리게 된 것입니다.

다윗의 믿음이 어떠했기에 하나님은 그에게 전무후무한 복을 내리신 것일까요? 사무엘서에 기록된 다윗의 삶을 보면 비록 그가 순간적으로 실족할 때도 있었지만 평생 흔들리지 않는 굳건한 믿음을 지닌 사람이었음을 알 수 있습니다. 다음 네 가지 사건을 보십시오.

첫 번째 사건은 어린 다윗이 오로지 하나님만 의지하여 골리앗과 싸운 일입니다(삼상 17장). 이때 다윗은 아주 어렸고, 골리앗은 이스라엘 장정들도 범접할 수 없는 두려운 상대였습니다. 다윗은 막대기와 돌을 가지고 골리앗과 싸웠습니다. 골리앗은 다윗이 자기를 개 취급한다고 분노하는데, 맞습니다. 믿음의 사람 다윗의 눈에 골리앗은 범(이스라엘의 하나님) 무서운 줄 모르고 날뛰는 하룻강아지에 불과했습니다.

다윗은 골리앗에게 "너는 칼과 창과 단창으로 내게 나아오거니와 나는 만군의 여호와의 이름, 곧 네가 모욕하는 이스라엘 군대의 하나님의 이름으로 네게 나아가노라"(삼상 17:45)라며 그를 단숨에 때려눕혔습니다. 사울과 군사들이 어떻게 하지 못하여 발만 동동 구르던 일을 어떻게 다윗은 순식간에 해냈을까요? 관점의 차이입니다. 믿음이 없는 사람들에게 거인 골리앗은 공포와 두려움을 자아내는 과녁(target)이었습니다. 반면에 믿음의 사람 다윗에게 거인 골리앗은 도저히 못 맞출 수가 없는 큰 과녁(target too big to miss)이었습니다. 다윗은 믿음으로 문제를 바라보는 안목을 지녔던 것입니다.

두 번째 사건은 다윗이 사울을 대하는 자세입니다(삼상 24, 26장). 언젠가는 이스라엘이 다윗에게 넘어갈 것을 알아차린 사울은 어떻게 해서든 다윗을 죽이려고 했습니다. 그러나 하나님은 다윗의 생명을 노리는 사울을 다윗에게 두 차례나 넘겨주셨습니다. 그때마다 다윗의 부하들은 여호와께서 주신 절호의 기회라며 다윗에게 사울을 죽이라고 권했습니다. 그러나 다윗은 '하나님이 기름 부은 자'를 죽일 수 없다며 사울을 죽이지 않았습니다. 종종 이 말에 대해 오해하고 남용하는 경우가 있는데, 다윗은 단순히 '이스라엘의 왕'을 죽이지 않겠다고 한 것이지, 오늘날의 목사직과는 아무 상관이 없는 말입니다. 사무엘서에서 유일하게 하나님의 기름 부음을 입는 사람들은 이스라엘의 왕들이기 때문입니다.

다윗은 왜 사울 죽이는 일을 꺼려했을까요? 하나님이 이미 사무엘을 통해 그를 이스라엘의 왕으로 세우셨으므로, 나라는 하나인데 왕은 둘입니다. 이 두 왕은 모두 하나님이 세우셨습니다. 그러므로 이 문제는 하나님이 해결하셔야 할 문제이지 다윗이 나서서 해결할 문제는 아니었습니다. 그러다가 사울이 다윗을 죽이게 되면 어떡합니까? 다윗은 생각하기를, 만일 자신이 죽게 되면 그를 왕으로 세우신 하나님의 명예가 심각하게 훼손되므로 절대 그런 일은 없을 것이라 믿었습니다. 다윗은 자신의 운명을 하나님의 절대 주권에 맡기는 믿음의 소유자였던 것입니다.

세 번째 사건은 밧세바와의 간음으로 인해 선지자 나단이 찾아와 그를 책망할 때입니다(삼하 12장). 나단은 혈혈단신으로 다윗을 찾아왔고, 다윗은 신하들 앞에서 엄청난 수모를 당했습니다. 다윗이 마음만 먹었다면 얼마든지 나단을 죽이고 자신의 죄를 은폐할

믿음이 없는 사람들에게 거인 골리앗
은 공포와 두려움을 자아내는 과녁이
었습니다. 반면에 믿음의 사람 다윗에
게 거인 골리앗은 도저히 못 맞출 수가
없는 큰 과녁이었습니다.

수도 있었습니다. 그러나 다윗은 늙은 선지자 나단 앞에 무릎을 꿇
고 "제가 여호와께 범죄하였습니다"라며 죄를 고백했습니다. 시편
51편은 이때 쓴 시인데 다윗의 회개하는 마음을 엿볼 수 있습니다.
이 사건은 '하나님의 마음에 합한 자' 다윗의 믿음을 엿볼 수 있는
중요한 사건입니다.

　네 번째 사건은 밧세바와의 간음으로 태어난 아이 이야기입니
다(삼하 12:15-23). 태어나자마자 아이는 앓기 시작했고, 다윗은 자
기 죄 때문에 아이가 죽을 것이라는 사실을 이미 선지자 나단에게
들었습니다. 다윗은 식음을 전폐하며 자기가 죄인이니 자기를 벌하
시고 제발 아이는 살려 달라고 하나님께 간곡히 기도했습니다. 그
러나 선지자의 말대로 아이는 죽었습니다. 다윗의 신하들은 아이가
살아 있을 때 왕이 얼마나 간곡하게 기도했는지 잘 알고 있었기 때
문에 아이가 죽었다는 소식 알리기를 주저했습니다. 신하들은 다윗

이 아이의 죽음을 알게 되면 더 낙심하고 좌절할 것이라 생각했습니다.

그러나 소식을 접한 다윗의 반응은 의외였습니다. 그는 씻고 예배를 드린 후 식사를 가져오라 해서 먹고 정상적인 생활로 돌아갔습니다. 혼란스러워하는 신하들의 질문에 "나는 그 죽은 아이에게 갈 수 있지만 그 아이는 돌아올 수 없다"라고 대답합니다. 다윗의 믿음은 어디까지가 인간이 할 수 있는 일이고 어디서부터는 포기해야 하는지를 아는 믿음입니다. 한 유행가 가사처럼 '지나간 것은 지나간 대로' 정리하고 포기하는 것도 믿음입니다.

그와
우리

a. 다윗은 보아스와 룻의 이야기로 유명한 베들레헴에서 태어났습니다. 그는 믿음의 가정에서 태어나 어려서부터 신앙으로 양육 받았습니다. 당신은 어떻게 믿음을 갖게 되었나요? 당신이 믿게 된 여건을 마련해 주신 하나님과 사람들에게 감사하세요.

b. 하나님이 다윗에게 사울을 죽일 수 있는 기회를 두 번이나 주셨는데도 다윗은 스스로 사울 죽이기를 거부했습니다. 그는 자신의 운명을 하나님의 주권에 맡기기로 했기 때문입니다. 당신이 아직도 하나님께 맡기지 못하는 일이나 삶의 영역은 무엇인가요?

c. 다윗은 밧세바와의 간음으로 태어난 아이가 살아 있을 때는 식음을 전폐하며 살려 달라고 눈물로 기도했습니다. 그러나 아이가 죽고 난 다음에는 모든 것을 정리하고 일상으로 돌아오는 믿음을 소유한 사람이었습니다. 혹시 아직도 당신의 발목을 붙잡고 있는 아픈 과거사가 있나요? 다윗의 이야기가 당신에게 어떤 깨달음을 주나요?

d. 사무엘이 다윗에게 기름을 부어 이스라엘의 왕으로 삼기 전부터 그는 '하나님의 마음에 합한 자'라는 평가를 받았습니다. 다윗처럼 하나님의 마음에 합한 자가 되려면 어떻게 해야 할까요?

³² 내가 무슨 말을 더 하리요 기드온, 바락, 삼손, 입다, 다윗 및 사무엘과 선지자들의 일을 말하려면 내게 시간이 부족하리로다

22장

사무엘:
킹메이커의 눈물

그의 시대

　　여호수아가 죽은 후 시작된 사사 시대는 재난의 연속이었으며 이스라엘 역사에서 가장 암울하고 무질서한 시대였습니다. 사사기 저자는 그때에는 이스라엘에 왕이 없었기 때문에 각자 자기 소견에 옳은 대로 행하던 때라는 말을 반복하여 사사 시대의 절망적인 상황에 대해 많은 것을 증언합니다.

　　결국 가나안 땅을 모두 정복하고 이곳에 하나님의 왕국을 이루어 나갈 사명을 받은 이스라엘은 마지막 사사인 사무엘 시대로 접어들기 전에 여호수아 시대보다 더 위축되어 있었고, 가나안 문화에 긍정적인 영향도 끼치지 못했습니다. 르우벤 지파는 정복 당시 기업으로 받았던 땅의 대부분을 모압에게 빼앗겨 버렸고, 단 지파

이스라엘 사회의 몰락은 종교적인 몰락
에서 비롯되었습니다. 선지자들에 의하
면 우상이 인간을 타락시키는 것이 아
니라 타락한 인간이 우상을 만듭니다.

는 분배받은 땅을 아모리 사람들에게 뺏기고(삿 1:34-36), 북쪽으로
올라가 라이스라는 아주 조그만 땅을 점령하여 단이라고 이름 지었
습니다(삿 18장).

이스라엘의 남서쪽 해안 지역을 차지하고 있던 블레셋은 날이
갈수록 세력이 왕성해져 사사 시대가 끝날 무렵에는 이스라엘의 네
메시스(이길 수 없는 적)가 되었습니다. 또한 블레셋은 이미 이스라엘
로부터 상당한 범위의 영토를 빼앗아 갔습니다. 그래서 학자들은
사무엘서를 시작하고 있는 여인 한나가 당면한 어려운 처지가 사사
시대를 지나던 이스라엘의 불행과 수난을 상징하는 것으로 간주하
기도 합니다.

사사기 저자가 지속적으로 강조하는 것처럼 당시 사람들은 대부
분 여호와 신앙을 버리고 우상을 숭배했습니다. 사사기는 이스라엘
사회의 몰락이 종교적인 몰락에서 비롯되었다는 것을 거듭 강조하

는 책입니다. 선지자들도 이러한 사실을 알기에 사회가 개혁되려면 신앙인들이 먼저 개혁해야 한다고 가르칩니다. 선지자들에 의하면 우상이 인간을 타락시키는 것이 아니라 타락한 인간이 우상을 만든 것이기 때문입니다.

다행히 이와 같은 절박한 상황이 이스라엘이 당면한 현실의 전부는 아닙니다. 인간의 실수와 타락에도 불구하고 하나님은 새로운 시대를 열어 가시려고 역사의 무대 뒤에서 조용히 준비하셨습니다. 하나님은 거의 무너져 내린 이스라엘의 장막을 사무엘, 사울, 다윗 시대를 지나면서 믿기지 않을 만큼 위대하고 화려한 궁전으로 바꾸어 가셨습니다. 이스라엘이 초라하고 협력이 잘되지 않던 지파 연합체에서 불과 반세기 만에 팔레스타인 지역에서 가장 강력한 중앙 집권 국가로 부상한 것입니다.

이처럼 새로운 시대를 만들기 위해 하나님이 사용하신 사람들은 당시 사람들과 다른 믿음과 가치관을 지니고 살아가던 소수였습니다. 사사기가 증언하는 것처럼, 이스라엘 민족 대부분이 우상을 숭배할 때, 베들레헴에는 여호와를 경외하고 서로에게 하나님의 인애 베풀기를 기뻐하는 공동체가 있었습니다. 룻기가 바로 이 공동체에 대해 증언하고 있습니다. 이스라엘의 가장 위대한 왕이자 가장 훌륭한 믿음을 지닌 왕, 곧 '하나님의 마음에 합한 자'라는 칭찬을 받는 다윗의 계보가 이 공동체에서 시작되었습니다.

사무엘의 아버지 엘가나는 에브라임 지파로 매우 경건한 사람이었습니다.[1] 사무엘의 어머니 또한 매우 신실한 여인입니다. 또한 사무엘서 전반부가 언급하고 있는 엘리 제사장도 무능하지만 나름 신실한 사람이었습니다. 하나님은 소수의 신실한 사람들을 사용하여 새 시대를 여십니다.

하나님이 이스라엘의 새 시대를 열면서 가장 중요하게 사용한 사람이 바로 사무엘입니다. 사무엘은 하나님의 명령에 따라 이스라엘의 초대 왕인 사울과 두 번째 왕인 다윗에게 기름을 부어 왕으로 세운 킹메이커입니다. 사울이 하나님께 불순종하자 그를 폐위시킨 킹브레이커이기도 합니다. 사무엘은 이스라엘이 사사 시대를 탈피하고 왕정 시대로 접어드는 과정의 한가운데 서 있었던 것입니다.

사무엘서 저자는 이 모든 것이 여호와의 은혜임을 누누이 강조합니다. 이스라엘이 불안과 격동의 사사 시대를 마감하고 안정과 평화의 왕정 시대로 접어들 수 있었던 것은 전적으로 하나님의 역사이며, 주님의 말씀이 이스라엘에 다시 임하는 것으로 시작됩니다. "여호와께서 실로에서 다시 나타나시되 여호와께서 실로에서 여호와의 말씀으로 사무엘에게 자기를 나타내시니라"(삼상 3:21).

사울이 이스라엘의 왕으로 즉위한 해가 주전 1050년입니다. 사울에게 기름을 부어 왕으로 세운 사무엘은 이스라엘의 마지막 사사였습니다. 그러므로 사무엘의 시대를 주전 1100-1050년으로 간주하는 것이 바람직합니다.

---

1) 사무엘의 이야기에 대하여는 저의 『엑스포지멘터리 사무엘상』(서울: 도서출판 이엠, 2012), 83-238쪽을 참고하십시오.

그의 삶

사무엘은 어머니의 젖을 뗀 어린 시절(가나안 지역에서는 보통 3-4세 정도)부터 실로에 있는 하나님의 장막에서 살았습니다. 어린아이가 제사장의 옷(에봇)을 입고 다니는 것이 귀엽게 보일 수 있지만, 사실은 아픔과 외로움이 서려 있는 애틋한 모습입니다. 사무엘이 아주 어려서부터 여호와의 성막에서 살게 된 것은 순전히 그의 어머니의 서원 때문이었습니다.

사무엘의 어머니 한나는 참으로 신실한 여인이었지만, 하나님이 그녀에게 아이를 주지 않으셨습니다. 남편 엘가나는 한나를 무척 사랑했지만, 한나는 남편의 다른 아내인 브닌나의 비아냥과 핍박으로 인해 무척 힘든 삶을 살았습니다. 아픔을 견디다 못한 한나가 한번은 하나님께 눈물로 기도하며 만일 아들을 주시면 나실인으로 드려 평생 주님 곁에 두겠다고 서원했습니다.

한나의 슬픈 서원으로 인해 태어난 아이가 바로 사무엘입니다. 한나는 서원을 지키기 위해 아이가 젖을 떼자마자 집에서 멀리 떨어져 있는 실로에 데려다 놓고는 겨우 1년에 한 번씩 사무엘을 찾아갔습니다. 엄마와 떨어지지 않겠다고 울며 발버둥치는 어린 사무엘을 뒤로하고 눈물을 훔치며 집으로 돌아가야 하는 한나를 생각해 보십시오. 한나와 사무엘은 서원으로 인해 많은 눈물을 흘렸을 것입니다.

사무엘은 성막에서 자라면서 외로움을 많이 경험했습니다. 그의 선생 엘리는 매우 늙었고, 엘리의 아들들은 여자와 제물을 탐하며 하나님을 두려워하지 않는 못된 제사장이었습니다. 이런 상황에서 사무엘에게 유일한 위로가 된 것은 종종 그를 찾아오시는 하나님이었습니다. 사무엘은 언젠가는 하나님의 말씀을 대언하는 선지자가 되는 것을 꿈꾸며 어린 시절의 외로움을 달래야 했습니다. 드디어 장성한 사무엘이 선지자가 되어 하나님의 말씀을 전하기 시작합니다. 사사 시대의 영적 어둠 속을 헤매던 사람들이 사무엘이 전하는 하나님의 말씀을 듣고 회개하여 이스라엘 곳곳에서 부흥이 일었습니다. 사무엘의 사역은 참으로 많은 열매를 맺었습니다.

사무엘은 사역을 통해 많은 기쁨과 보람을 느꼈지만, 그의 사적인 삶은 외롭고 슬펐습니다. 어렸을 때 어머니의 서원 때문에 가족에게 내팽개쳐지다시피 한 그의 삶을 생각해 보십시오. 어른이 되어서는 비로소 어머니의 서원을 이해하게 되었지만, 어릴 때 부모에 대한 그리움이 상처와 아픔이 되어 사무엘을 힘들게 했을 것은 뻔한 일입니다. 가끔은 부모가 종교적인 핑계로 자신을 버렸다는 생각이 엄습했고, 이럴 때마다 사무엘은 아무도 없는 곳에 숨어 서러운 눈물을 흘렸을 것입니다.

사사가 되어 이스라엘을 다스린 사무엘이 나이가 들자 자기 아들들을 사사로 세웠습니다. 그러나 그들은 아버지처럼 여호와를 경외하지 않고 나쁜 짓을 일삼아 사람들의 원망을 샀습니다. 사무엘은 아들들로 인해 그의 인생에 유일한 오점을 남기게 되었습니다. 어렸을 때 부모로 인해 상처를 경험했던 사무엘이 노년에는 아들들에게 상처를 받았습니다. 이스라엘의 최고 선지자 사무엘이 아들들로 인해 백성들과 하나님 앞에 죄인이 되다시피 했습니다. 어떤 사람의 말대로 자식은 절대 마음대로 안 되는 것 같습니다.

사무엘에게 그의 삶에서 가장 중요한 일을 꼽으라면 당연히 사울과 다윗에게 기름을 부어 이스라엘의 1대와 2대 왕으로 세운 일일 것입니다. 사무엘은 사울을 왕으로 세우는 날 그와 많은 대화를 했습니다. 그리고 사울에게 큰 기대를 걸며 그에게 기름을 부어 왕으로 세웠습니다. 그러나 사울은 왜 사람을 믿어서는 안 되는가를 깨닫게 해 준 전형적인 실체였습니다. 사울은 사무엘에게 큰 실망을 안겨 주었습니다. 실망한 사무엘은 두 차례나 사울을 찾아가 하나님이 더 이상 그를 이스라엘의 왕으로 인정하지 않는다는 사실을 통보했습니다.

사무엘은 사울을 생각할 때마다 아파하며 눈물지었습니다. 하나님이 그를 버리셨다는 말을 듣고도 회개하기는커녕 악화될 여론에만 신경을 곤두세우는 사울이 불쌍해서 울었습니다. 그런 사람을 왕으로 섬겨야 하는 주의 백성이 안타까워서 오열했습니다. 당시 이스라엘에 왕으로 세울 자가 사울 같은 자밖에 없었던 사실이 하나님을 얼마나 아프게 했을까를 생각하며 흐느꼈습니다.

하나님은 사무엘에게 사울을 위해 더 이상 울지 말고 베들레헴에 사는 이새의 아들 중 하나에게 기름을 부어 사울을 대신할 왕으로 세우라고 하셨습니다. 사무엘은 하나님이 정하신 이새의 말째 아들 다윗에게 기름을 부었고, 새로운 시대가 열리기를 기대했습니다. 그러나 하나님이 다윗에게 이스라엘을 넘겨주실 것이라는 사실을 알아차린 사울은 어떻게든 다윗을 죽이려고 안간힘을 썼습니다.
사무엘은 사울에게서 도망 다니는 다윗을 도울 길이 없어 안타까워
하다가 끝내 다윗이 즉위하는 것을 보지 못하고 죽었습니다.

그의 믿음

사무엘은 이 땅을 살다 간 사람들 중에 매우 순수한 믿음
을 소유한 사람이었습니다. 그는 경건한 사람 엘가나와 기도하는
어머니 한나 사이에 태어났습니다. 어머니의 서원으로 어린 나이에
집에서 멀리 떨어진 실로의 성막에서 살았습니다. 사무엘은 성막
에서 당시 이스라엘 종교를 대표하는 제사장 엘리의 양육과 교육을
받았습니다.

엘리는 자식을 잘못 양육하고 영적 분별력은 약했지만, 하나님
을 경외하는 사람이었습니다. 엘리는 또한 겸손한 사람이었습니다.
이스라엘 종교를 대표하는 엘리가 한번은 어린 사무엘에게 하나님
의 말씀을 구했습니다. 경험과 연륜이 많은 제사장이 아무것도 모
르는 어린아이에게 하나님의 말씀을 구한다는 것은 참으로 수치스
러운 일입니다. 그러나 엘리는 개의치 않고 사무엘에게 임한 하나
님의 말씀을 구했습니다. 어린 사무엘은 늙은 엘리의 겸손을 보며
신앙에 대해 많은 것을 배웠을 것입니다.

나이가 많은 엘리 제사장은 사역을 아들들에게 맡겼습니다. 그
러나 하나님을 두려워하지 않은 그의 아들들은 제사장이면서도 많
은 죄를 지었습니다. 결국 하나님은 그들을 전쟁터로 끌어내어 죽

사무엘에게 믿음이란 주의 백성을 위해 하나님께 기도하는 것이었습니다. 그는 하나님의 백성을 위해 기도하지 않는 것을 죄(불신앙)로 규정합니다.

게 하셨습니다. 사무엘은 엘리의 아들들의 일을 경험하면서 더욱더 하나님 앞에 진실하게 살려고 했습니다. 엘리의 무능함과 그의 아들들의 경건하지 못한 행동이 사무엘에게 오히려 타산지석이 된 것입니다.

사무엘이 이런 상황에서 경건하게 하나님만 사모하며 살 수 있었던 것은 어릴 때부터 하나님이 특별히 그와 함께해 주신 것이 크게 작용했습니다. 하나님이 처음으로 사무엘을 찾아오셨을 때 사무엘은 하나님의 음성과 엘리의 음성을 구분할 수 없을 정도로 어렸습니다(삼상 3장).

사무엘의 믿음은 이스라엘을 위한 중보 기도에서 가장 아름다운 빛을 발했습니다. 사울을 왕으로 세운 다음 사무엘은 온 백성을 모아 놓고 고별 설교를 합니다. 이때 그는 "나는 너희를 위하여 기도하기를 쉬는 죄를 여호와 앞에 결단코 범하지 아니할 것"이라고 선언합니다(삼상 12:23). 사무엘이 믿음의 핵심을 무엇이라 생각했는지 엿볼 수 있는 대목입니다. 사무엘에게 믿음이란 주의 백성을 위해 하나님께 기도하는 것이었습니다. 그는 하나님의 백성을 위해 기도하지 않는 것을 죄(불신앙)로 규정합니다.

사무엘은 경우에 따라 잔인할 정도로 정확하고 직선적인 말로 사람들을 비난하는 말씀을 선포하며 후환을 두려워하지 않는 믿음을 지녔습니다. 사울이 불신앙으로 하나님께 버림받을 때 사무엘은 두 번이나 그를 찾아가 오늘날로 말하면 '돌직구'를 던졌습니다. 마음만 먹으면 그를 얼마든지 죽일 수 있는 이스라엘의 왕에게 말입니다! 비록 사무엘이 사울을 왕으로 세웠지만, 사무엘은 사울을 상당히 두려워했습니다. 그래서 하나님이 베들레헴으로 올라가 이새의 아들 중 하나에게 기름을 부어 왕으로 세우라고 하셨을 때, 사무엘은 사울이 이 사실을 알게 되면 그를 죽일 것이라고 두려워합니다(삼상 16:2). 그러나 사무엘이 하나님의 말씀을 대언할 때는 죽음을 각오하고 주님이 주신 대로 선포하는 담대함을 지녔습니다.

담대한 믿음을 가진 사무엘은 또한 마음이 매우 여리고 따뜻한 사람이었습니다. 그래서 그는 이미 하나님이 버린 죄인을 위해서도 많은 눈물을 흘렸습니다. 사울을 책망하며 하나님이 그를 버리셨다고 선언할 때는 매우 담대했습니다. 그러나 집으로 돌아온 그는 죽을 때까지 사울을 위해 눈물로 기도했습니다. 오죽하면 하나님이 사무엘에게 "내가 이미 사울을 버려 이스라엘 왕이 되지 못하게 하였거늘 네가 그를 위해 언제까지 슬퍼하겠느냐"라며 책망하십니다(삼상 16:1). 사무엘은 죄인을 위해 하나님께 눈물로 기도하는 믿음을 지녔던 것입니다.

하나님이 이스라엘의 왕을 버리셨다는 말을 선포하는 것은 왕권에 대한 도전이고 역모라고도 할 수 있습니다. 그런데도 사울이 사무엘에게 무릎을 꿇고 백성들이 사무엘의 말씀에 귀를 기울인 이유는 무엇일까요? 무엇보다도 사무엘이 청렴했기 때문입니다. 그는 고별 설교에서 자기는 그 누구에게 한 가지도 착취한 것이 없다고 말하고 모든 백성이 그 말에 동의합니다(삼상 12:3-4).

사람들은 누가 자신들을 위하고, 누가 자신들을 해하려고 하는지를 쉽게 알아차립니다. 사울과 백성들은 사무엘이 사심을 채우는 사람이 아니며 오로지 하나님을 섬기고 주의 백성을 위해 기도하는 선지자이자 제사장이라는 것을 잘 알고 있었습니다. 그러므로 그가 말을 하면 반발하지 않고 귀담아들었습니다.

그와
우리

a. 사무엘은 어머니 한나의 서원으로 어릴 때 집을 떠나 성막에서 외롭게 살았습니다. 때로는 서원이 이처럼 엄청난 결과를 초래하기 때문에 서원을 할 때는 매우 신중하게 해야 하며, 한번 한 서원은 특별한 일이 생기지 않는 한 꼭 지켜야 합니다. 그러나 성경은 잘못된 서원은 지키려 하지 말고 물리라고 합니다. 당신은 지금까지 신앙생활을 해 오면서 서원을 해 본 적이 있나요? 또 서원을 하고 지키지 못한 것이 있나요?

b. 하나님은 이스라엘에게 왕정 체제를 허락하시기 전에 먼저 사무엘을 통해 영적인 부흥을 주셨습니다. 영적 부흥이 임하면 먼저 회개 운동이 전개됩니다. 우리가 한국 사회의 시민으로서, 한국 교회의 성도로서 회개할 것은 무엇인가요?

c. 세상은 말하기를 자라 온 환경이 그 사람을 만들기 때문에 환경이 나쁘면 어쩔 수 없다고 좌절합니다. 사무엘은 실로에서 무능한 엘리와 악한 그의 아들들과 함께 생활했지만, 담대하고 선한 사역자가 되었습니다. 당신은 자신의 삶에 대해 누구 혹은 무엇을 탓하고 있나요? 사무엘의 이야기가 당신에게 하나님의 은혜로 펼쳐질 새로운 가능성에 대한 도전이 되었으면 좋겠습니다.

d. 사무엘은 선지자로서 백성을 위한 기도를 멈추는 것을 죄로 규정합니다. 당신은 자신을 위해 어떤 기도를 드리고 있으며, 누구를 위해 중보기도를 드리고 있나요?

[32] 내가 무슨 말을 더 하리요 기드온, 바락, 삼손, 입다, 다윗 및 사무엘과 선지자들의 일을 말하려면 내게 시간이 부족하리로다

23장

선지자들:
만져지지 않는 예언을
살아 내는 삶

그들의 시대

구약은 수많은 선지자들을 언급합니다. 그들은 하나님의 대변인이 되어 주의 백성에게 하나님의 말씀과 계획을 가르쳤습니다. 선지자 중 열여섯 명은 우리에게 자신들의 이름과 연관된 책을 남겨 주었습니다.[1] 그 책들 중 네 권의 긴 책은 대선지서, 상대적으로 짧은 열두 권의 책은 소선지서라고 합니다. 이번 묵상에서는 제한된 지면으로 인해 모두 다루지는 못하고, 대선지서인 이사야서, 예레미야서, 에스겔서, 다니엘서를 남긴 네 선지자의 시대와 삶을 살펴보고자 합니다.

---

1) 이 열여섯 명의 선지자들에 대하여는 저의 『엑스포지멘터리 선지서 개론』(서울: 도서출판 이엠, 2012)을 참고하십시오.

예언과 묵시는 하나님이 불안한 시대
를 살아가는 자기 백성을 위로하고 미
래에 대한 확신을 심어 주기 위해 주시
는 말씀입니다.

예언과 묵시는 주로 시대가 혼란스럽고 불안할 때 활성화됩니
다. 예언과 묵시는 하나님이 불안한 시대를 살아가는 자기 백성을
위로하고 미래에 대한 확신을 심어 주기 위해 주시는 말씀이기 때
문입니다. 또한 예언은 죄에서 헤어나지 못하는 주의 백성에 대한
책망과 피할 수 없는 심판을 선언하기도 합니다. 따라서 하나님이
주신 말씀에 따라 다가오는 심판을 선언해야 했던 선지자들은 참으
로 고통스러웠을 것입니다. 사람들은 거짓이라도 자신들이 듣고자
하는 메시지를 선포하는 메신저는 좋아하지만, 아무리 하나님의 말
씀이라도 듣기 싫은 메시지를 선포하는 메신저는 미워하기 때문입
니다.

네 선지자 중 가장 먼저 소명을 받은 사람은 **이사야**입니다. 그는
주전 740년에 선지자의 소명을 받아 50여 년 동안 사역하고 히스기
야 혹은 그의 아들 므낫세가 유다의 왕으로 있을 때 죽었습니다. 이
사야가 사역을 시작한 해는 웃시야가 죽던 해이기도 합니다.

웃시야는 40여 년 동안 유다를 통치하며 정치적인 안정을 가져다주었습니다. 또한 솔로몬 시대 이후 가장 확고한 경제적 부흥을 이루었습니다. 이때 북 왕국 이스라엘에서도 여로보암 2세가 50여 년을 통치하며 백성들에게 경제적 부흥을 안겨 주었습니다. 당시 유다와 이스라엘이 얼마나 큰 부를 누렸는지는 이사야보다 20년 먼저 사역한 선지자 아모스가 남긴 아모스서에 잘 묘사되어 있습니다.

그러나 형제 나라인 유다와 이스라엘의 경제적 부흥은 두 가지 문제를 안고 있었습니다. 첫째, 그 시대의 경제적 부흥은 모든 백성을 잘살게 한 것이 아니라 부익부 빈익빈 현상을 심화시켰습니다. 부자들이 축적한 부의 대부분이 가난하고 힘없는 사람들을 착취한 것이었습니다. 둘째, 경제적 부흥은 영적인 타락으로 이어졌습니다. 그들은 축적한 부로 여호와뿐만 아니라 바알과 아세라 등도 숭배했습니다. 종교적인 혼합주의가 성행한 것입니다.

북 왕국 이스라엘의 왕이었던 여로보암 2세가 죽은 후 나라는 급격하게 쇠퇴했습니다. 그가 죽은 지 불과 30년 만인 주전 722년에 북 왕국 이스라엘은 아시리아 군의 손에 멸망했습니다. 남 왕국 유다에서 사역하던 이사야는 이 비극적인 사건을 지켜보며 유다의 미래도 매우 불안하다는 것을 알았습니다. 하나님이 이미 그에게 유다도 머지않아 바빌론이라는 나라에 망할 것이라는 말씀을 주셨기 때문입니다.

이사야가 죽은 지 60년쯤 지난 주전 627년에 **예레미야**가 선지자의 소명을 받아 약 50년 정도 사역을 했습니다. 주전 627년은 고대 근동의 군주, 아시리아 제국의 마지막 대왕 아술바니발(Ashurbanipal) 이 죽은 해이기도 합니다. 아술바니발이 죽은 후 아시리아는 급속 도로 쇠퇴했습니다. 몇 년 후 아시리아의 속국으로 있던 바빌론은 독립을 선언하고 아시리아 제국을 공격했습니다. 이집트가 아시리 아를 도왔지만 몇 년 지나지 않아 바빌론은 고대 근동의 새 군주가 되었습니다. 이집트는 어떻게든 아시리아의 빈자리를 차지하여 고 대 근동의 군주가 되고자 했습니다. 그래서 아시리아가 완전히 멸 망하기 바로 직전 아시리아의 패잔병을 도와 바빌론과 싸우기 위해 진군했습니다. 그들이 가나안 북쪽에 위치한 므깃도를 지나갈 무렵 그들의 앞을 가로막은 유다 왕이 바로 요시야였습니다.

이집트 왕 느고는 길을 막은 요시야를 죽이고 방향을 틀어 예루 살렘으로 진군했습니다. 느고는 아버지의 대를 이어 유다의 왕으로 즉위한 여호아하스를 이집트로 잡아가고, 그 자리에 여호야김을 세 웠습니다. 이때가 주전 609년이며, 이때부터 유다가 멸망할 때까지 유다의 왕은 이집트 혹은 바빌론이 세웠습니다. 예레미야가 선언한 포로 생활 70년이 이때 시작된 것입니다.

바빌론은 주전 605년에 이집트 군과 합세한 아시리아 패잔병들 과 갈그미스에서 싸워 이겼습니다. 이 전쟁으로 인해 아시리아는 역사 속으로 영원히 사라졌습니다. 바빌론은 승리의 여세를 몰아 아시리아를 돕겠다고 나섰던 이집트를 징벌하기 위해 원정에 나섰 습니다. 두 군대는 이집트와 가나안 접경 지역에서 싸웠지만 무승

부로 끝이 났습니다. 군대를 이끌고 조국으로 돌아가던 바빌론 왕 느부갓네살은 가나안 지역을 지나면서 가나안 약소국가들의 충성 맹세를 받았으며, 유다에서는 귀족들과 상류층 사람들을 인질로 잡아 바빌론으로 끌고 갔습니다.

이때 끌려간 사람들 중에 **다니엘**과 세 친구가 있었습니다. 당시 다니엘과 친구들의 나이는 11-14세 정도였습니다. 다니엘이 주전 605년에 끌려간 것은 확실하지만, 그가 선지자 사역을 시작한 때가 언제인지는 정확하게 알 수 없습니다. 한 가지 우리가 기억해야 할 것은 다니엘은 전임 선지자가 아니었다는 사실입니다. 그는 평생을 정치인으로 살았습니다. 오늘날로 말하면 평신도 사역자 내지는 파트타임 선지자였던 것입니다.

이후 유다 왕 여호야김은 바빌론에서 쿠데타가 일어났다는 소식을 접하고 성급하게 반역을 선포했습니다. 쿠데타는 순식간에 제압이 되었고 분노한 바빌론 군은 유다를 벌하기 위해 가나안으로 진군했습니다. 바빌론 군은 온 유다를 순식간에 점령하고 예루살렘을 포위했습니다. 성이 포위된 상황에서 여호야김은 주전 598년 12월에 의문사를 당하고 그의 아들 여호야긴이 대를 이어 왕이 됩니다.

여호야긴은 3개월 후에 바빌론 군에게 항복하고 인질이 되어 바빌론으로 끌려갔습니다. 여호야긴과 함께 바빌론으로 끌려간 무리 중에 훗날 선지자 소명을 받게 되는 제사장 **에스겔**이 있었습니다. 에스겔과 이미 바빌론에 끌려와 있던 다니엘은 약속의 땅으로부터 2천 킬로미터 떨어져 있는 바빌론에서 주전 586년에 유다가 멸망하는 것을 지켜보았습니다. 한편 예레미야는 예루살렘에서 유다의 최후를 목격했습니다.

그들의 삶

순식간에 경제가 쇠퇴하고 나라가 몰락하던 시대를 살았던 선지자들의 삶이 평탄할 리 없습니다. 게다가 그저 부흥과 번영의 메시지를 듣고자 한 사람들에게 뼈아픈 진실을 말하는 선지자들은 요주의 인물이었습니다. 선지자들은 사랑하는 자식들을 타국으로 내쳐야 하는 아버지 하나님이 안쓰러워 오열했습니다. 인질이 되어 다시는 돌아올 수 없는 먼 길을 떠나는 백성들을 생각하며 통곡했습니다. 조국에 남기는 했지만, 곧 살해당할 유다의 생존자들을 위해 슬피 울었습니다. 오죽하면 우리가 예레미야를 눈물의 선지자로 부르겠습니까?

예레미야는 어머니 배 속에 있을 때부터 택함을 받았고, 말을 잘할 수 없는 어린 나이에 소명을 받았습니다. 하나님이 어린 그를 부르신 것은 감사하지만, 예레미야는 소명으로 인해 상상을 초월하는 고통을 경험했습니다. 그는 암살 위협을 두 차례나 겪었고, 성전에 가서 하나님의 말씀을 전하다가 제사장에게 심한 구타를 당했습니다. 하나님이 주신 메시지를 있는 그대로 전했다는 이유로 매국노로 몰려 감옥에 갇히기 일쑤였습니다.

얼마나 힘이 들었으면, 싫다는 사람을 강제로 끌어다가 선지자로 세워 놓고는 자기를 속이셨다며 하나님을 원망했겠습니까! 하나

주님을 가까이하는 삶은 곧 십자가를
지는 고생을 자청하는 것입니다.

님만 믿다가 완전히 낭패를 봤다고 주님께 대들겠습니까! 그래도
분이 풀리지 않자 차라리 자기가 태어나지 않았으면 좋았겠다며 자
기 생일을 저주합니다! 이 땅에서 주님께 순종하면 잘 먹고 잘살 수
있다는 착각은 버려야 합니다. 때로는 주님을 가까이하는 것은 곧
십자가를 지는 고생을 자청하는 것입니다. 예레미야의 삶이 이러한
사실을 증명합니다.

이사야는 하나님이 주신 소명으로 어려운 삶을 살았습니다. 그
는 다가오는 심판을 강조하기 위해 두 아들의 이름을 스알야숩(남
은 자는 돌아온다)과 마헬살랄하스바스(노획물이 속히 사라진다)로 지었
습니다. 아이들이 자라나면서 당했을 놀림과 수모를 생각해 보십시
오. 하나님은 이사야에게 매우 특이한 소명을 주셨습니다.

"너는 가서 이 백성에게 '너희가 듣기는 늘 들어라. 그러나 깨닫
지는 못한다. 너희가 보기는 늘 보아라. 그러나 알지는 못한다' 하
고 일러라. 너는 이 백성의 마음을 둔하게 하여라. 그 귀가 막히고,
그 눈이 감기게 하여라. 그리하여 그들이 볼 수 없고, 들을 수 없고
또 마음으로 깨달을 수 없게 하여라. 그들이 보고 듣고 깨달았다가

는 내게로 돌이켜서 고침을 받게 될까 걱정이다."(사 6:9-10, 새번역)

이 소명은 통념상 선지자에게 사역에 실패하라는 말씀입니다. 세상에 누가 항상 시험에 들게 하고, 깨달음을 방해하고, 보지 못하게 하는 메시지를 좋아하겠습니까? 그러므로 이사야가 하나님 보시기에 성공한 사역자가 되려면 세상의 눈에는 실패해야 합니다. 반면에 하나님이 사역자의 성공 여부를 가늠하는 기준은 딱 한 가지, 하나님이 주신 소명을 얼마나 성실하게 감당했느냐입니다.

우리는 모든 사람에게 인정받고 세상에서 성공하고 싶어 합니다. 당연한 욕망입니다. 그러나 때로는 실패와 시련의 아픔을 감수해야 합니다. 하나님의 성공 기준과 세상의 성공 기준이 다르기 때문입니다. 세상의 기준으로 보면, 예레미야와 에스겔도 혹독한 시련을 경험한 실패자들입니다.

진보적인 학자들은 **에스겔**의 행동을 보고 그를 정신병자로 취급합니다. 그 정도로 에스겔은 이상한 행동을 많이 합니다. 그러나 그들이 간과한 것 한 가지가 있습니다. 에스겔은 이 모든 행동을 하나님의 명령에 따라 행한 것입니다. 에스겔은 정신병자가 아니라, 하나님의 명령을 몸으로 실천한 선지자입니다. 그를 가장 힘들게 한 것은 온갖 이상한 행동으로 인한 멸시와 오해가 아니라 아내의 죽음입니다.

에스겔은 행복한 결혼 생활을 하고 있었는데, 하나님이 잠시 후 예루살렘과 유다에 임할 일(국가의 죽음)에 대한 상징으로 그의 아내를 죽이셨습니다. 그러고는 절대 울지도 말고 슬픈 내색도 하지 말라고 하셨습니다. 에스겔이 아무런 느낌 없이 아내의 죽음을 대하는 것처럼, 이스라엘의 남편인 하나님도 아내 이스라엘의 죽음을 마치 전혀 상관없는 사람의 죽음처럼 대하시겠다는 메시지를 전하기 위해서였습니다. 어릴 때 결혼하여 바빌론으로 끌려올 때 함께 손을 잡고 온 아내였습니다. 에스겔의 삶의 전부인 아내였습니다. 그런 아내가 죽었는데 절대 슬퍼할 수 없다니 그 고통이 어떨지 상상해 보십시오. 울고 싶은데 울지 못하는 것처럼 고통스러운 것도 없습니다. 하나님의 명령 때문에 에스겔은 하늘이 무너졌는데도 속으로만 흐느껴야 했습니다.

다니엘은 어린 나이에 인질로 바빌론에 끌려가 그곳에서 생을 마감했습니다. 예루살렘에 남은 사람들은 그가 죄를 지었기 때문에 끌려가는 것이라고 수군거렸지만, 어린아이가 도대체 얼마나 큰 죄를 지어 타국으로 끌려가야 한다는 말입니까! 다니엘은 억울하다고 생각할 수밖에 없는 상황에서 바빌론으로 간 것입니다.

다니엘은 하나님이 기회를 주셔서 바빌론의 정치인으로 입문했고, 몇 번의 위기는 있었지만 다른 선지자에 비해 비교적 평탄한 삶을 살았습니다. 그 누구도 해몽하지 못한 바빌론 왕의 꿈을 몇 차례 해몽해 준 일로 인해 높은 지위에 올랐습니다. 그러나 그의 성공은 많은 시기와 질투를 유발했습니다. 너무나도 많은 시기와 질투로 인해 다니엘은 차라리 자신이 평범한 삶을 살았더라면 하는 생각도 해 보았을 것입니다. 결국 사자 밥이 되어 배고픈 사자들이 득실거리는 구덩이에 던져졌지만, 그 어떤 사자도 그를 공격하지 못했습니다. 하나님이 그를 보호하셨기 때문입니다. 평생 이 세상에 홀로 던져진 듯한 삶을 살았던 다니엘에게 유일한 위로는 하나님이 그와 함께하신다는 것이었습니다.

그들의 믿음

하나님이 선지자로 세운 사람이 일반인보다는 더 나은 믿음을 가져야 하는 것은 당연한 일입니다. 그들이 청중들보다는 더 경건하고 거룩해야 메시지를 선포할 때 "너나 잘하세요"라는 반응이 나오지 않을 것입니다. 우리가 묵상하고 있는 네 선지자들도 모두 모범적인 신앙을 지녔습니다. 또한 그들의 믿음은 한 가지 중요한 공통점이 있습니다. 바로 미래에 대한 이상과 꿈입니다. 그들의 믿음은 미래에 대해 꿈을 꾸는 역동적인 신앙입니다.

이사야는 그 어느 선지자보다도 메시아가 통치하는 세상에 대한 꿈을 많이 꾸었습니다. 메시아가 통치하는 세상은 더 이상 저주와 원수 관계가 없는 세상이며, 하나님이 그의 백성을 안고 눈물을 닦아 주시는 위로의 세상입니다. 이사야는 이스라엘뿐만 아니라 수많은 이방인들도 하나님의 백성이 되는 세상, 더 나아가 이방인들 중에서도 제사장들이 나와 하나님 앞에서 사역하는 세상을 꿈꾸었습니다. 또한 그 새로운 세상을 다스리시는 메시아는 먼저 고난을 받으시고 그런 다음에 영광을 받으실 것이라는 꿈을 꾸었습니다.

예레미야는 하나님의 율법이 더 이상 돌에 새겨지지 않고 주의 백성의 마음에 새겨지는 세상을 꿈꾸었습니다. 이런 세상은 선지자의 시대로부터 먼 훗날에 펼쳐질 것이며, 메시아가 통치하는 세상입니다. 신약은 드디어 예레미야가 꿈꾸던 세상, 곧 율법이 돌에 새겨지지 않고 사람들의 마음에 새겨지는 시대가 예수님의 사역을 통해 상당 부분 이 땅에 도래했다고 합니다. 아직 성취되지 않은 부분은 훗날 예수님이 재림하실 때 성취될 것입니다.

에스겔은 같은 시대에 대해 꿈을 꾸면서 일종의 심장이식 수술이 진행되는 세상으로 묘사합니다. 하나님이 사람들에게서 돌과 같이 굳은 마음을 제거하시고 살과 같이 부드러운 마음을 주시는 세상입니다. 에스겔은 또한 바빌론 사람들이 파괴한 예루살렘 성전이 전혀 다른 모습으로 재건되는 꿈을 꾸었습니다. 사도 요한은 계시록에서 에스겔이 본 환상을 바탕으로 새 예루살렘에 대한 꿈을 제시합니다.

다니엘은 메시아에 대한 꿈뿐만 아니라 적그리스도에 대한 환상도 보았습니다. 구약의 그 어느 선지자보다도 구체적이고 체계적으로 적그리스도에 대해 본 것을 기록했습니다. 훗날 사도 요한은 다니엘이 본 환상을 보고 계시록에 적그리스도에 대해 기록해 두었습니다. 다니엘은 또한 세상 모든 사람이 부활하는 꿈을 꾸었습니다. 다니엘은 믿는 사람들은 부활하여 영원히 하나님과 함께 살지만, 악인들은 부활하여 영원히 고통당하는 환상을 보았습니다.

그들과
우리

     a. 선지자들은 항상 고난과 아픔이 함께하는 삶을 살았습니다. 그들은 하나님이 안쓰러워 눈물짓고, 주의 백성들을 생각하며 오열했습니다. 그들이 흘린 눈물은 연약함의 상징이 아니라 애틋한 사랑과 관심의 표현이었습니다. 당신은 남을 위해 울어 본 적이 있나요? 언제, 누구를 위한 눈물이었나요?

     b. 하나님의 기준과 세상의 기준이 대립할 때, 선지자들은 하나님의 기준에 따라 살기 위해 많은 희생과 아픔을 감수했습니다. 그들은 이 세상에서 실패자로 낙인찍히기도 했습니다. 선지자들은 하나님 때문에 기꺼이 고통의 삶을 산 것입니다. 당신은 주님 때문에 고통을 감수해 본 적이 있나요?

c. 백성들이 참 선지자를 미워하고 거짓 선지자에 열광한 이유는 간단합니다. 참 선지자는 주의 백성이 들어야 할 메시지(때로는 부정적이고 뼈아픈 말)를 전하고, 거짓 선지자는 백성들이 듣고자 하는 메시지(항상 달콤하고 긍정적인 말)를 전했기 때문입니다. 당신은 어떤 메시지에 반응하나요?

d. 구약에서 예언과 묵시는 주로 불안하고 혼란스러운 시대에 임했습니다. 우리가 사는 이 시대도 그러합니다. 예언과 묵시는 하나님이 불안해 하는 백성을 위로하고 그들이 미래를 꿈꾸게 하기 위해 주신 것입니다. 불안하고 불확실한 이 시대에 하나님이 당신에게 주시는 꿈은 무엇인가요?

³³ 그들은 믿음으로 나라들을 이기기도 하며 의를 행하기도 하며 약속을 받기도 하며 사자들의 입을 막기도 하며 ³⁴ 불의 세력을 멸하기도 하며 칼날을 피하기도 하며 연약한 가운데서 강하게 되기도 하며 전쟁에 용감하게 되어 이방 사람들의 진을 물리치기도 하며 ³⁵ 여자들은 자기의 죽은 자들을 부활로 받아들이기도 하며 또 어떤 이들은 더 좋은 부활을 얻고자 하여 심한 고문을 받되 구차히 풀려나기를 원하지 아니하였으며 ³⁶ 또 어떤 이들은 조롱과 채찍질뿐 아니라 결박과 옥에 갇히는 시련도 받았으며 ³⁷ 돌로 치는 것과 톱으로 켜는 것과 시험과 칼로 죽임을 당하고 양과 염소의 가죽을 입고 유리하여 궁핍과 환난과 학대를 받았으니 ³⁸ (이런 사람은 세상이 감당하지 못하느니라) 그들이 광야와 산과 동굴과 토굴에 유리하였느니라 ³⁹ 이 사람들은 다 믿음으로 말미암아 증거를 받았으나 약속된 것을 받지 못하였으니 ⁴⁰ 이는 하나님이 우리를 위하여 더 좋은 것을 예비하셨은즉 우리가 아니면 그들로 온전함을 이루지 못하게 하려 하심이라

24장

모든 믿음의 선진들: 잊히지 않는 하나님의 별들

히브리서 기자는 20여 명에 달하는 믿음의 선진들을 구체적으로 언급한 다음, 본문을 통해 그들과 그 외 광야 같은 이 땅에서 나그네로 살았던 모든 믿음의 선진들에 대해 요약적 결론을 내리고 있습니다. 선진들 중 이 땅에서 믿음의 열매를 누린 사람들도 있지만, 많은 선진들이 어렵고 치열한 삶을 살았습니다. 그들은 이 땅에 살면서 장차 다가오는 세상에 대해 그들이 바라는 것들의 증거(보증)는 받았지만, 그것이 삶에서 실현되는 것은 경험하지 못하고 죽었습니다. 이유는 간단합니다. 바로 우리 때문입니다(40절).

성공과 실패

믿음은 우리를 성공하게도 하고 실패하게도 합니다. 사

믿음의 선진들은 고난과 아픔을 통해
하나님께 인정받은 성공한 사람들입니
다. 그들은 믿음으로 고통을 견디어 냈
습니다.

실 저는 성공과 실패라는 말을 별로 좋아하지 않습니다. 이 단어 쌍
(paired-word)은 매우 상대적이어서 어떤 관점 혹은 누구의 관점에서
보느냐에 따라 성공이 실패가 되고, 실패가 성공이 되기 때문입니다.

선진들 중 어떤 사람들은 믿음으로 온갖 승리와 성공을 이루어
냈습니다. 그들은 나라들을 정복하고, 사자들의 입을 막기도 하고,
죽을 위기에서 벗어나기도 하는 등등 우리가 이 땅에서 승리 혹은
성공이라고 하는 것을 다 얻었습니다(33-35절). 믿음으로 이런 것들
을 이룰 수 있다는 것은 참으로 좋은 일이고, 우리도 이렇게 되기를
희망합니다.

그러나 선진들 중 더 많은 사람들은 고문과 조롱을 당하고 옥에
갇혔으며, 돌에 맞고 톱에 잘리고 칼에 맞아 죽었습니다(36-37절).
그들은 양과 염소의 가죽을 입고 도망 다니기도 하고, 궁핍과 환난
을 당하고 학대를 견디어 냈습니다(37절). 히브리서 기자는 고난받
은 선진들을 회고하다가 목이 메어 "이런 사람은 세상이 감당하지

못하느니라"라는 말을 더합니다(38절). 이 선진들은 죄 많은 이 세상이 감히 범접할 수 없는 고귀하고 순결한 하나님의 자녀들이라는 것입니다.

우리는 이처럼 엄청난 고난을 당한 선진들을 과연 실패했다고 말할 수 있을까요? 만약 우리가 성공을 이 땅에서 승승장구하는 것으로 정의하고, 실패를 이 땅에서 고전하고 힘든 삶을 사는 것으로 정의한다면 이들은 분명 실패한 사람들입니다. 그러나 이 선진들은 절대 실패하지 않았습니다! 그들은 고난과 아픔을 통해 하나님께 인정받은 성공한 사람들입니다. 그들은 믿음으로 고통을 견디어 냈습니다.

세상은 숫자와 실적으로 성공과 실패 여부를 가늠합니다. 그러나 주님의 성공과 실패 기준은 다릅니다. 하나님은 우리가 주님께 받은 소명에 얼마나 신실했는가로 성공과 실패를 판단하십니다. 그러므로 우리는 세상에서 성공하고도 하나님께는 실패한 사람이 될 수 있고, 세상에서 실패하고도 하나님께는 성공한 사람으로 인정받을 수 있습니다.

성도는 하나님께 인정받는 삶을 추구해야 합니다. 하나님이 성공했다고 인정하시는 삶은 이 세상에 쌓은 업적과 별 상관이 없습니다. 이 땅에 많은 업적을 남기고도 실패한 자가 될 수 있고, 별 업적을 남기지 못하고도 성공한 자가 될 수 있습니다.

고통으로 채워져야 한다면

창조주 하나님은 세상을 아름답게 만드셨습니다. 천지를 창조하신 하나님은 전능하시며 오늘도 자기가 창조한 세상을 사랑으로 다스리십니다. 그렇다면 선하신 창조주가 아름답게 만들고 사랑으로 다스리시는 세상에 왜 이처럼 많은 고통이 있는 것일까요?

역사는 태초에 하나님이 천지를 창조하신 순간에 시작되었고, 종말에 가서야 끝이 날 것입니다. 태초에 시작된 역사는 종말을 향해 가면서 하나님이 계획하신 것을 모두 이루어 가고 있습니다. 그런데 인간의 죄로 인해 역사의 흐름 중 일부 구간은 인간의 고통과 아픔으로 채워져야만 다음 단계로 넘어갈 수 있게 되었습니다. 만일 인간의 고뇌와 아픔이 역사의 한 부분을 채워야만 하나님이 주관하시는 역사가 다음 단계로 넘어간다면, 성도들의 질문은 "Why me?"(왜 하필이면 제가 고통을 당해야 합니까?)에서 "Why not me?"(왜 저는 고통을 당하면 안 됩니까?)로 바뀌어야 합니다. 우리는 하나님의 역사에 일조해야 하는 사명을 받은 자들이기 때문입니다.

초대 교회 성도들은 하나님이 이루시는 역사에 대해 자신들의 역할을 이렇게 이해했기 때문에 고통과 죽음을 두려워하지 않았습니다. 그러므로 그들은 로마 제국의 어느 지역에서 그리스도인들을 잡아 죽인다는 소문이 돌면 순교를 각오하고 그곳으로 찾아갔습니다. 자신들의 죽음과 고통으로 하나님이 주관하시는 역사의 흐름을 잇고자 한 것입니다.

재판을 통해 기독교인으로 판명되어 순교하는 순간, 그들은 감사 찬송을 부르며 감격의 눈물을 흘렸습니다. 하나님이 자신들을 그리스도의 고난에 동참시킬 정도로 존귀하게 생각해 주신 것에 대한 감격이었습니다. 가진 것 없고 배운 것 없는 자신들을 하나님이 주관하시는 역사의 일부가 되게 하신 것에 대한 감사 찬송이었습니다.

우리가 보기에는 그들이 고난과 죽음을 자청한 것이 어리석어 보일 수 있습니다. 그러나 십자가 구원을 경험한 가난한 성도의 입장에서는 충분히 그럴 수 있습니다. 복음의 은혜가 참으로 놀라운데 그들에게는 주님께 드릴 만한 것이 없었습니다. 가진 것이 없기 때문입니다. 그래서 만일 하나님이 허락하신다면 자신의 목숨을 드리고자 했고, 그들의 고난과 순교는 하나님이 그들의 염원을 허락하셨다는 증표가 되었습니다.

외롭지 않은 믿음의 삶

히브리서 기자는 이 세상을 믿음으로 살았던 수많은 선진들에 대해 말하고 있습니다. 이름을 직접 언급한 선진들은 20여 명에 불과하지만, 그들이 대표하는 시대를 살았던 수많은 믿음의 사람들, 곧 밤하늘에 별처럼 많은 선진들에 대해 증언하고 있습니다. 당시 청중들을 격려하기 위해서입니다. 히브리서 기자의 청중들은 자신들만 매우 특별한 고통을 당하고 있다고 생각하며 좌절했습니다. 이러한 상황에서 그는 "여러분은 외롭지 않습니다. 이미 수많은 선진들이 여러분이 겪고 있는 고통을 겪었습니다. 그들은 자신들이 겪은 고통으로 인해 하나님께 의롭다고 인정받았습니다. 그러므로 여러분도 하나님께 인정받을 수 있습니다"라는 메시지를 전하고 있습니다.

신앙생활을 하면서 가장 힘든 것 중 하나가 외로움입니다. 신앙의 동지가 여럿이 있을 때는 서로 격려하고 권면하여 믿음의 시너지 효과를 발휘합니다. 그러나 홀로 주님을 따른다고 생각하면 너무 어렵습니다. 히브리서 기자는 혼자라는 생각이 들 때면 우리를 앞서간 수많은 선진들을 생각하며 힘을 얻으라고 합니다.

한번은 아직 복음이 뿌리를 내리지 못한 나라에 가서 현지 목회자들을 모아 놓고 일주일 동안 집중 강의를 한 적이 있습니다. 그 지역 목회자들 20여 명이 모여 매일 여덟 시간씩 강의를 들었습니다. 그 지역에서 가장 큰 교회는 성도가 20명 정도 된다고 했고, 세미나에 참석한 목회자들은 대부분 성도가 열 명 이하인 교회에서 사역을 하고 있었습니다. 저는 그들의 성도들이 가장 힘들어 하는 것이 무엇인가를 물었고, 많은 목회자들이 외로움이라고 했습니다. 각 교회마다 성도가 많지 않아서 그런지 대부분의 성도들이 그 지역에서 자기 홀로 신앙생활을 하는 것처럼 외로움을 느낀다는 것입니다. 그래서 저는 세미나 참석자들에게 제안을 했습니다. 마지막 날인 금요일 저녁에는 세미나에 참석한 모든 사역자들의 교회 성도들이 연합으로 모이는 집회를 하자고 했습니다. 그 지역에서는 한 번도 연합 집회를 한 적이 없기 때문입니다.

갑자기 준비한 집회라 연락이 잘 되지 않아 겨우 50여 명이 집

> 홀로 주님을 따른다는 생각이 들 때면
> 우리를 앞서간 수많은 선진들을 떠올
> 리며 힘을 얻으십시오.

회에 참석했습니다. 그런데 이상한 현상이 일어났습니다! 집회에 참석한 사람들이 우리 지역에 기독교인이 이렇게 많았는가라는 질문을 하며 흥분하여 자축하기 시작한 것입니다. 저는 열심히 설교를 하고 선교사님은 열심히 통역을 했지만, 그날 모인 사람들은 제 설교가 아니라 기독교인이 한 자리에 50명이나 모였다는 사실에 은혜를 받았습니다! 우리 기준으로는 50명이 작은 규모라고 할 수 있겠지만, 평생 열 명도 안 되는 교회에서 신앙생활을 하며 외롭다고 느끼던 성도들에게는 외로움을 달래는 좋은 경험이 되었던 것입니다.

히브리서 기자는 외롭다고 느낄 때면 이미 믿음의 삶을 산 선진들을 생각하라고 합니다. 밤하늘을 수놓은 별처럼 많은 선진들을 보라고 합니다. 그들도 이 땅에 살 때는 많이 외로웠습니다. 그러나 지금은 나그네 같은 삶을 잘 살아 내고 다른 선진들과 함께 어두운 세상을 밝히는 별이 되었습니다. 히브리서 기자는 우리에게 이 별들이 밝히 비추어 주는 길을 가라고 합니다.

이 땅에서의 고단한 삶은 잠시이며, 본
향에서 누릴 복된 삶은 영원합니다.

선진들과 함께 누릴 그날

믿음의 선진들은 이 땅에 사는 동안 그들이 바라던 것들
이 삶에서 실현되는 은혜를 경험하고 누릴 만한 믿음을 가진 사람
들입니다. 그러나 그들은 자신들이 바라는 것이 실현되는 것을 보
지 못하고 죽었습니다(39절). 만일 그들이 바라는 것이 실현되는 것
을 경험하고 죽었다면, 그들의 뒤를 이어 이 땅을 살아가는 우리에
게 신앙의 모범은 되지 못할 것입니다.

믿음은 우리 눈이 보지 못하고, 우리가 경험하지 못한 것들이 그
대로 될 것이라 소망하고 기대하는 것입니다(1절). 선진들은 자신이
바라는 것들이 언젠가 꼭 실현될 것이라는 증거(보증)는 받았지만,
약속된 것(바라던 것)은 받지 못하고 죽었습니다(39절). 언젠가 우리
가 이 땅에서의 삶을 마치고 귀향하는 날, 선진들이 믿음으로 소망
한 것들을 하나님이 비로소 실현시켜 우리와 함께 기뻐하게 하시기
위해서입니다(40절).

선진들은 자신들이 이 땅에서 바라던 것을 얻기 위해서라도 우
리가 이 땅에서의 삶을 잘 마무리하고 귀향하기를 학수고대하고 있

습니다. 또한 자신들의 믿음과 삶이 발하는 빛으로 우리가 가야 할 길을 밝히며 응원하고 있습니다. 이 땅에서의 고단한 삶은 잠시이며, 본향에서 누릴 복된 삶은 영원하다면서 말입니다.

그들과
우리

a. 우리는 이 땅에서 인정받고 싶고 하나님께도 인정받기를 원합니다. 그러나 만일 이 두 가지가 함께 갈 수 없어서 둘 중 하나를 골라야 한다면, 당신은 하나님께 인정받는 것과 세상에서 인정받는 것 중 어느 쪽을 더 바라나요?

b. 기독교는 창조주가 태초에 시작하여 종말을 향해 일직선을 그리며 진행되는 역사관을 지녔습니다. 초대 교회 성도들이 생각한 것처럼 만일 인간의 고난이 하나님이 계획하신 역사의 일부를 채워야 다음 단계로 진행될 수 있다면, 당신은 이 땅에서 많은 고난을 당하신 그리스도를 생각하며 어느 정도 고난에 동참할 수 있나요?

c. 이 땅에서 고난당하는 사람들에 대한 우리의 관점이 바뀌어야 합니다. 세상에서 고난당하는 사람의 상당수가 자신의 죄 때문이 아니라 세상의 죄 때문에 고난을 당하고 있습니다. 또한 그들이 감당하고 있는 고난으로 인해 인류의 역사는 다음 단계로 진행되고 있습니다. 따라서 우리는 고난당하고 있는 사람들을 정죄할 것이 아니라 위로해야 합니다.

d. 가장 최근에 천국에 대해 묵상한 것이 언제인가요? 치열한 삶에 시달리다 보면 천국에 대한 생각을 잊고 살 때가 많습니다. 그러나 천국에 대한 기대는 우리를 꿈꾸게 하고 어려운 현실을 견디는 힘이 됩니다. 그러므로 우리는 계속 천국에 대해 묵상해야 합니다. 당신이 소망하는 천국은 어떤 곳인가요?

¹²:¹ 이러므로 우리에게 구름같이 둘러싼 허다한 증인들이 있으니 모든 무거운 것과 얽매이기 쉬운 죄를 벗어 버리고 인내로써 우리 앞에 당한 경주를 하며 ² 믿음의 주요 또 온전하게 하시는 이인 예수를 바라보자 그는 그 앞에 있는 기쁨을 위하여 십자가를 참으사 부끄러움을 개의치 아니하시더니 하나님 보좌 우편에 앉으셨느니라 ³ 너희가 피곤하여 낙심하지 않기 위하여 죄인들이 이같이 자기에게 거역한 일을 참으신 이를 생각하라 ⁴ 너희가 죄와 싸우되 아직 피 흘리기까지는 대항하지 아니하고 ⁵ 또 아들들에게 권하는 것같이 너희에게 권면하신 말씀도 잊었도다 일렀으되 내 아들아 주의 징계하심을 경히 여기지 말며 그에게 꾸지람을 받을 때에 낙심하지 말라 ⁶ 주께서 그 사랑하시는 자를 징계하시고 그가 받아들이시는 아들마다 채찍질하심이라 하였으니 ⁷ 너희가 참음은 징계를 받기 위함이라 하나님이 아들과 같이 너희를 대우하시나니 어찌 아버지가 징계하지 않는 아들이 있으리요 ⁸ 징계는 다 받는 것이거늘 너희에게 없으면 사생자요 친아들이 아니니라 ⁹ 또 우리 육신의 아버지가 우리를 징계하여도 공경하였거든 하물며 모든 영의 아버지께 더욱 복종하며 살려 하지 않겠느냐 ¹⁰ 그들은 잠시 자기의 뜻대로 우리를 징계하였거니와 오직 하나님은 우리의 유익을 위하여 그의 거룩하심에 참여하게 하시느니라 ¹¹ 무릇 징계가 당시에는 즐거워 보이지 않고 슬퍼 보이나 후에 그로 말미암아 연단 받은 자들은 의와 평강의 열매를 맺느니라

결론:
상처 입은 치유자의 삶

인내로써 경주에 임하자(1절)

　　창조 이후 이 세상을 살았던 모든 믿음의 선진들에 대한
이야기를 마무리하면서 히브리서 기자는 우리의 삶을 경주에 비유
합니다. 우리가 달려야 하는 경주는 결코 홀로 하는 것이 아닙니다.
믿음의 선진들이 우리가 달리기를 하는 스타디움을 가득 메우고 있
습니다. 기자는 그들을 구름같이 둘러싼 허다한 증인들이라고 합니
다. 그들이 왜 스타디움을 가득 채웠을까요? 누구를 응원하기 위해
그 자리에 있는 것일까요? 바로 우리를 응원하기 위함입니다!

　　선진들도 이 땅에서 펼쳐진 믿음의 경주에 참가했고 좋은 성적
을 올렸습니다. 이제 그들은 믿음의 후배인 우리를 응원하고 있습
니다! 자신들은 주님의 도우심을 받아 모든 고난을 견디고 경주를

마무리했으니, 우리도 할 수 있다는 것입니다.

　기자는 우리에게 무거운 짐과 얽매이기 쉬운 죄를 벗어 버리고 경주에 임하자고 권면합니다. 첫째, 무거운 짐은 우리가 스스로 지려고 하는 것입니다. 어떤 사람은 온갖 율법적인 것으로 자신의 신앙을 얽매려고 합니다. 어떤 이는 스스로 금욕주의를 지향합니다. 이런 것은 신앙생활에 짐이 될 수 있습니다. 기자가 사용하는 이미지는 매우 정확합니다. 만일 경주를 달리는 선수가 경기장에 입장할 때 무거운 짐을 지고 나타났다면 그 선수에 대해 어떻게 생각하겠습니까? 바보가 아니라면 질 필요가 없는 짐을 굳이 지고 경주에 임하지는 않을 것입니다. 좋은 성적을 거두기 위해서는 입고 있는 경기복도 개량해야 할 상황인데, 필요 없는 짐을 지고 나오다니요! 하나님이 요구하지 않은 것을 경건과 거룩한 삶의 일부로 규정하고 자기가 지고 살아야 할 믿음의 짐으로 둔갑시키는 사람들이 있습니다. 이런 것들은 과감하게 버리십시오! 그리고 가벼운 몸으로 경주에 임하십시오. 아무런 짐을 지지 않고도 버거운 경주입니다.

　둘째, 얽매이기 쉬운 죄에 사용된 이미지는 물려고 달려드는 개입니다. 죄는 마치 개처럼 하나님의 자녀들을 공격한다는 것입니다. 이미지는 이렇습니다. 길을 가고 있는데, 저쪽에서 개 한 마리가 보입니다. 그리고 그 개가 당신을 보더니 당신을 향해 달리기 시작합니다. 어떻게 하겠습니까? 달려오는 개를 달래며 '착하다, 착하다' 하고 쓰다듬어 주겠습니까? 제정신이라면 빨리 튀어야 합니다! 뒤도 돌아보지 말고 전속력으로 달려 어떻게든 개의 이빨을 피해야 합니다.

히브리서 기자는 죄를 우리에게 달려드는 개에 비유하고 있습니다. 종종 신앙인들은 '남이 하면 불륜이지만, 내가 하면 로맨스'라는 논리로 자기 죄를 합리화하려고 합니다. 그러나 그렇지 않습니다. 죄는 미친개처럼 우리를 향해 달려듭니다. 그러므로 죄를 짓지 않는 제일 좋은 방법은 죄에서 최대한 먼 거리를 유지하는 것이고, 혹시 죄가 근접해 오면 빨리 그 자리를 벗어나는 것입니다. 머뭇거리면 개가 사람을 물듯이 죄가 우리를 물기 때문입니다.

스스로 진 짐을 벗고, 개처럼 달려드는 죄를 멀리하고도 쉽지 않은 경주가 바로 삶이라는 경주입니다. 그러므로 히브리서 기자는 인내로써 이 경기를 달리자고 권면합니다. 신앙의 성숙은 하루아침에 이루어지는 것이 아닙니다. 좋은 것은 시간이 걸립니다. 한순간, 한 프로젝트, 한 이벤트에 모든 것을 걸지 말고 느긋하게 인내하며 경주에 임해야 합니다. 도중에 넘어져도 괜찮습니다. 다시 일어나 달리면 됩니다. 한동안 엉뚱한 길로 가도 괜찮습니다. 다시 원래 코스로 돌아오면 됩니다. 결승점에 도달하는 것이 다소 지체될 수는 있지만, 우리 삶은 100미터 경주가 아니라 42.195킬로미터를 달리는 마라톤이라는 것을 기억하십시오.

고난당하신 예수를 바라보자(2-4절)

히브리서 기자는 구름같이 허다한 선진들만 우리를 응원하는 것이 아니라, 예수님도 우리를 응원하고 계시다는 사실을 강조합니다. 주님은 우리를 응원하시는 응원자일 뿐만 아니라, 우리가 바라보아야 할 푯대, 곧 목표로 삼아야 할 분이기도 합니다. 기자는 우리가 위로와 격려를 기대하며 예수님을 바라봐야 할 이유를 세 가지로 정리합니다.

첫째, 예수님은 우리의 믿음을 시작하시고 온전케 하시는 분입니다(2절). 우리가 이 세상에서 믿음을 갖게 된 것은 예수님이 우리 죄를 대신해서 십자가에 죽으셨기 때문입니다. 그러므로 예수님은 우리 믿음의 시작점이요, 우리 믿음의 주인입니다. 또한 예수님은 우리의 믿음을 시작하셨을 뿐만 아니라 온전하게 하시는 분입니다. 성경은 우리 안에 선한 일을 시작하신 이가 그 일을 마무리도 하실 것이라고 합니다. 신앙생활에 대해 조급하게 생각하지 않고, 하나님이 우리 삶을 어떻게 변화시켜 가시는지 느긋하게 지켜보며 그 상황을 즐기는 것도 믿음입니다.

둘째, 예수님은 우리에게 믿음의 모범을 보이셨습니다(2-3절). 예수님은 믿는 자들은 이렇게 살아야 한다며 스스로 믿음의 삶을 살아 내셨습니다. 중요한 것은 예수님이 보여 주신 믿음은 매우 미래 지향적이라는 것입니다. 예수님은 다가오는 영광과 기쁨을 위해 이 땅에서의 수고와 고난을 참아 내셨습니다. 수모와 수치도 견뎌 내셨습니다. 드디어 예수님이 하나님께 나아간 날, 하나님은 예수님을 자기 보좌의 우편에 앉게 하시어 예수님을 높이셨습니다. 이런 영광이 이 땅에서 예수님을 사모하는 사람들을 기다리고 있습니다! 생각만 해도 흥분이 됩니다.

셋째, 예수님은 피 흘리기까지 죄와 싸우셨습니다(4절). 성육신하여 이 땅에 오신 하나님이라고 해서 죄를 짓지 않고 사는 일이 쉬운 것만은 아니었습니다. 죄 많은 이 세상에서 인간으로 살면서 예수님은 많은 고난을 당하셨고, 눈물도 많이 흘리셨습니다. 예수님도 죄와 싸워 보셨기 때문에 우리의 고난과 아픔을 알고 안타까워하십니다. 그러므로 예수님은 더욱더 우리를 응원하십니다. 힘들고 어려운 삶, 믿음으로 견디어 내고 천국에서 만나자고 말입니다. 또한 이 땅에서 믿음으로 사는 것이 힘들고 어렵다 해도 우리 중 몇이나 예수님처럼 피 흘리기까지 죄와 싸우겠습니까?

허락하신 고난을 기꺼이 받자(5-10절)

오늘날 기복적인 신앙에 젖어 있는 우리는 고난과 아픔이 엄습하면 어찌할 바를 모를 때가 많습니다. 하나님께 좋은 것만 받는 데 익숙해져 있기 때문입니다. 그러나 기자는 고난과 시련은 성도의 삶의 일부라고 말합니다. 이 땅에서 우리가 고난당하는 것이 비정상적인 것이 아니라, 오히려 지극히 정상적인 현실이라는 것입니다.

히브리서 기자가 이러한 사실을 설명하면서 사용하는 비유는 부모와 자녀의 관계입니다. 부모는 자녀가 건강하고 바르게 자라도록 양육할 의무가 있습니다. 그래서 부모는 싫다며 우는 아이를 꼭 붙잡고 주사를 맞히기도 하고 약을 먹이기도 합니다. 아이들은 이러한 경험을 좋아하지 않습니다. 그러나 책임 있는 부모라면 자녀가 싫어한다고 해서 이런 일을 방치하지 않습니다. 부모는 자녀를 징계해야 할 필요를 느끼기도 합니다. 아이들이 비뚤어지려고 하거나 나쁜 짓을 할 때입니다. 우리는 자기와 상관없는 아이는 징계하지 않습니다. 그렇다면 히브리서 기자가 말하는 것처럼 징계는 부모와 자식 간의 증표입니다. 자식이 잘못되라고 회초리를 드는 부모는 없습니다. 모두 자식이 잘되기를 바라는 마음으로 징계합니다. 아이는 회초리를 맞고 아프다고 울지만, 부모는 마음으로 흐느낍니다. 그러나 아이가 바른 성인으로 성장하기 위해서는 꼭 필요한 매입니다.

우리 삶을 찾아오는 고난은 모두 하나님이 허락하신 것들입니다. 고난을 이겨 내는 것이 참으로 아프고 힘든 일이지만, 하나님 아버지가 자녀인 우리를 위해 허락하신 일입니다. 당장은 하나님이 왜 이런 아픔을 허락하셨는지 모릅니다. 알려고 해도 알 수 없습니다. 오직 선하신 하나님을 믿고 견디어 내야 합니다. 언젠가는 고난이 우리의 삶을 채운 이유를 온전히 알게 될 것을 소망하면서 말입니다.

고난은 우리를 별이 되게 하느니라(11절)

다행히 하나님이 허락하신 고난은 고난으로 끝나지 않습니다. 우리의 삶이 좋은 열매를 맺도록 합니다. 아픔만큼 성숙해진다는 말이 있듯이 고난을 경험한 사람들은 하나님께 더 가까이 갈 수 있습니다. 하나님도 고난으로 다져진 자녀를 참으로 좋아하십니다. 그들에게는 의와 평강의 열매가 있기 때문입니다.

고난을 경험한 사람들은 예수님의 고난에 동참했기 때문에 의가 있습니다. 하나님은 예수님의 고난에 동참한 사람들을 의롭다고 하십니다. 고난을 경험한 사람들에게는 평강이 있습니다. 하나님은 우리가 감당할 만한 고통을 주시며, 고난당하는 사람들과는 특별히 함께하시면서 참 평안을 주십니다. 참혹한 고난을 겪는 사람들이 마음속의 참 평안을 간증하는 것도 이러한 이유에서입니다.

제가 좋아하는 표현 중 하나는 헨리 나우웬(Henri Nouwen)의 '상처 입은 치유자'(wounded healer)입니다. 세상에서 상처 받고 아픔을 경험해 본 사람은 아파서 신음하는 이웃에게 좋은 치료자가 될 수 있다는 말입니다. 본인의 아픈 경험으로 힘들어하는 사람의 마음을 잘 헤아릴 수 있고 도울 수 있기 때문입니다.

믿음의 선진들도 모두 이 땅에 살면서 많이 아파했습니다. 그들은 하나님이 주신 믿음으로 고난을 견디어 냈습니다. 어떤 이들은 당당하게, 어떤 이들은 겨우겨우 견디어 냈습니다. 그들은 자신이 경험한 아픔을 통해 '상처 입은 치유자'가 되었습니다. 하나님은 상처 입은 치유자들에게 이 어두운 세상을 걸어가는 성도들의 길을 밝히는 별이 되게 하셨습니다. 그들이 이 땅에서 흘린 눈물이 어두운 밤하늘에 반짝이는 별이 된 것입니다. 우리도 언젠가는 하나님의 별이 될 것을 소망하며 이 땅에서 흘리는 눈물을 두려워하지 않았으면 좋겠습니다.

별들과
우리

a. 히브리서 기자는 경주 비유로 성도의 삶을 묘사합니다. 경주에 임하는 사람은 모든 짐을 벗어 놓고 전력으로 질주해야 합니다. 당신이 경건을 지향하면서 스스로 지고 있는 신앙의 짐은 무엇입니까? 그 짐을 십자가 아래 내려놓고 주님이 주시는 가벼운 짐을 지십시오.

b. 종종 사람들은 죄가 추한 것이라고 생각하는데, 그렇지 않습니다. 죄가 추하다면 누가 죄를 지으려고 하겠습니까! 죄의 결과는 추하지만, 죄는 매력적이고 달콤합니다! 히브리서 기자는 죄를 이기기 위해서는 죄 보기를 '달려드는 미친개' 보듯이 하라고 합니다. 당신을 지속적으로 괴롭히거나 유혹하는 죄는 무엇인가요? 어떻게 하면 그 죄가 보이는 순간 줄행랑을 칠 수 있을까요?

c. 히브리서 기자는 우리의 삶을 광야를 지나가는 나그네에 비유했습니다. 그러나 믿음의 경주를 달리고 있는 우리를 응원하는 구름 떼 같은 선진들과 예수님을 언급하며, 우리가 결코 외롭지 않다고 말하고 있습니다. 당신은 신앙생활을 하면서 언제 가장 큰 외로움을 느끼나요? 그 외로움을 어떻게 극복하고 있나요?

d. 고난은 성도의 삶의 일부입니다. 세상은 하나님을 미워하고, 하나님을 사랑하는 우리도 미워하기 때문입니다. 다행히 성도들이 이 땅에서 흘리는 눈물은 헛되지 않습니다. 하나님은 우리가 흘리는 눈물이 밤하늘에 반짝이는 별이 되게 하십니다. 그날을 꿈꾸며 꿋꿋하게 오늘을 살아갑시다. 이것이 하나님이 우리를 위하여 예비하신 경주입니다.

¹ 내가 산을 향하여 눈을 들리라
나의 도움이 어디서 올까
² 나의 도움은 천지를 지으신
여호와에게서로다
³ 여호와께서 너를 실족하지 아니하게 하시며
너를 지키시는 이가 졸지 아니하시리로다

시편 121:1~3